本书系
2016年江苏省体育局重大体育科研课题"深化足球改革的法律问题研究"(ST160108)的最终成果
国家社会科学基金重大项目"中国体育深化改革重大问题的法律研究"(16ZDA225)的阶段性成果

SHENHUA ZUQIU GAIGE ZHONG DE FALYU WENTI YANJIU

# 深化足球改革中的法律问题研究

陈刚　王家宏　赵毅　等著

苏州大学出版社
Soochow University Press

图书在版编目(CIP)数据

深化足球改革中的法律问题研究／陈刚等著．—苏州：苏州大学出版社,2019.5
ISBN 978－7－5672－2761－3

Ⅰ.①深… Ⅱ.①陈… Ⅲ.①足球运动-体制改革-法律-研究-中国 Ⅳ.①D922.164

中国版本图书馆 CIP 数据核字(2019)第 068700 号

| | |
|---|---|
| 书　　名： | 深化足球改革中的法律问题研究 |
| 作　　者： | 陈　刚　王家宏　赵　毅　等 |
| 责任编辑： | 荣　敏 |
| 装帧设计： | 吴　钰 |
| 出版发行： | 苏州大学出版社(Soochow University Press) |
| 社　　址： | 苏州市十梓街 1 号　邮编：215006 |
| 印　　装： | 镇江文苑制版印刷有限责任公司 |
| 网　　址： | www.sudapress.com |
| 邮购热线： | 0512-67480030 |
| 销售热线： | 0512-67481020 |
| 开　　本： | 700 mm×1 000 mm　1/16　印张：16.25 字数：283 千 |
| 版　　次： | 2019 年 5 月第 1 版 |
| 印　　次： | 2019 年 5 月第 1 次印刷 |
| 书　　号： | ISBN 978-7-5672-2761-3 |
| 定　　价： | 58.00 元 |

凡购本社图书发现印装错误，请与本社联系调换。服务热线：0512-67481020

# 出版说明

本书系苏州大学陈刚教授和王家宏教授承担的 2016 年江苏省体育局重大体育科研课题"深化足球改革的法律问题研究"（ST160108）的最终成果，也是王家宏教授作为主持人的国家社会科学基金重大项目"中国体育深化改革重大问题的法律研究"（16ZDA225）的阶段性成果。

深化足球改革中的法律问题牵涉方方面面，本书主要从体制机制改革、职业足球改革和校园足球改革三大维度，研究深化足球改革中的三大重点法律问题：体制机制改革维度中的地方足协改制法律问题；职业足球改革维度中的职业足球联盟构建法律问题；校园足球改革维度中的校园足球伤害法律问题。全书共分为三编，对以上三个问题分别进行了详细论述。

研究足球改革的著作已经相当多了，但专门从法律层面进行研究的还屈指可数。本书不盲目照搬西方国家体制和经验，而是充分考虑到了中国现实的多元性和复杂性，在足球改革的大背景下，力求在所讨论到的三个维度上总结既有经验之成败得失，探索当前改革之趋势和方向。

全书由陈刚、王家宏、赵毅统稿，负责本书的总体设计，确定本书的主要研究内容。课题组参与成员还有樊炳有、陶玉流、王扬、李状、陈华荣、廖书豪、张学丽、周金荟、陈富贵、邱林、丁青、刘广飞、付冰、蔡朋龙、高跃、白杨。其中王扬、陶玉流参与撰写了第一编，李状、廖书豪撰写了第二编（廖书豪撰写部分为第七章第七、八节），张学丽、王扬、周金荟参与撰写了第三编。邱林、闫士展、肖朝政通读校对了书稿，并提出了若干修改建议。课题组的一些前期成果已经发表于《中国体育科技》《体育与科学》《成都体育学院学报》《北京工业大学学报（社会科学版）》《体育科研》《体育成人教育学刊》等刊物，这体现出学术界对本课题研究的高度关注。课题组在调研过程中获得了国家体育总局政策法规司、中国法学会体育法研究会、中国足协、苏州市体育局、泰州市体育局、上海市足协、张家港市足协等单位和相关领导、人员的大力支持，特此致谢。

# 第一编 地方足协改制的法律问题研究

**第一章 地方足协改革的相关政策背景** / 3
  一、国家层面 / 3
  二、地方层面 / 5
  三、法律层面的关键问题 / 7

**第二章 地方足协市场经营权能的法律保障** / 9
  一、问题的提出 / 9
  二、地方足协市场经营权能的规范基础 / 10
  三、地方足协经营活动"非营利性"之认定 / 13
  四、社团自治背景下完善地方足协市场经营权能的制度设计 / 18
  五、小结 / 21

**第三章 政社分开背景下政府支持地方足协生存发展的模式构建** / 22
  一、政社分开背景下地方足协生存发展之困境 / 22
  二、政府支持地方足协生存发展之现状 / 24
  三、政府支持地方足协生存发展存在的问题 / 27
  四、完善政府支持地方足协生存发展的模式构建 / 31
  五、小结 / 34

**第四章 以地方足协为中心的赛事治理模式研究** / 36
  一、由"艾弗森中国行"引发的地方足球赛事治理模式之反思 / 36
  二、"简政放权,政社分开"背景下以地方足协为中心的赛事治理模式之定位 / 37

三、构建以地方足协为中心的赛事治理模式之障碍　/ 42

　　四、完善以地方足协为中心的赛事治理模式之对策建议　/ 45

　　五、小结　/ 48

**第五章　地方足协法人治理之困境及破解对策　/ 50**

　　一、问题的提出　/ 50

　　二、地方足协法人治理之困境及原因分析　/ 51

　　三、改革完善地方足协法人治理的意义　/ 55

　　四、相关理论对地方足协法人治理的启示　/ 57

　　五、改革完善地方足协法人治理模式的对策建议　/ 61

　　六、小结　/ 66

## 第二编　职业足球联盟构建的法律问题研究

**第六章　建立中国职业足球联盟的背景与意义　/ 69**

　　一、中国职业足球联盟建立的可行性　/ 69

　　二、中国职业足球联盟建立的机遇与挑战　/ 71

　　三、职业足球联盟对职业联赛的推动作用　/ 74

　　四、小结　/ 77

**第七章　足球发达国家职业足球的治理经验　/ 79**

　　一、英超联盟　/ 79

　　二、德国职业足球联盟　/ 94

　　三、法国职业足球联盟　/ 99

　　四、西班牙职业足球联盟　/ 106

　　五、意大利职业足球联盟　/ 110

　　六、南非足球联盟　/ 116

　　七、澳大利亚职业足球体系　/ 123

　　八、新西兰职业足球体系　/ 145

　　九、结语　/ 155

**第八章　法治视野下的中国职业足球联盟构建设计　/ 157**

　　一、构建中国职业足球联盟的基本理念　/ 157

　　二、各利益主体构建中国职业足球联盟的基本途径　/ 161

三、小结 / 172

## 第三编 校园足球伤害的法律问题研究

**第九章 校园足球伤害问题的研究意义** / 177
　一、问题的提出 / 177
　二、校园足球伤害的特殊性 / 179

**第十章 校园足球伤害的责任认定问题** / 182
　一、学校的安全保障义务 / 182
　二、学校责任的限度与法定抗辩事由 / 187
　三、江苏法院有关学校责任裁判的最新动向 / 192

**第十一章 校园足球伤害的赔偿范围问题** / 202
　一、为什么研究损害赔偿范围论 / 202
　二、实证案件检索与初步观察 / 203
　三、总体性数据 / 206
　四、损害赔偿范围确定之法理依据与实证表现 / 207
　五、影响损害赔偿范围确定的相关因素 / 212
　六、损害赔偿范围的计算问题 / 217
　七、小结 / 222

**第十二章 多元化校园足球伤害救济模式之构建** / 223
　一、当前救济模式存在的问题 / 223
　二、单一侵权法司法化救济模式之困境 / 224
　三、"去司法化"救济思路的探索 / 229
　四、校园足球伤害多元化救济体系之制度融合 / 234
　五、小结 / 238

**参考文献** / 239

# 第一编

## 地方足协改制的法律问题研究

# 第一章 地方足协改革的相关政策背景

## 一、国家层面

地方足协改革是推动整个足球领域改革的重要抓手。在国家层面上，中央全面深化改革领导小组第十次会议审议通过了《中国足球改革发展总体方案》，这是足球改革的纲领性文件，是指导足球改革全局的具有最高政策效力的文件，地方足协改革在其中占据了重要地位。随后，国务院足球改革发展部际联席会议制定了《中国足球协会调整改革方案》，进一步明确了中国足协的职能以及管理体制，为地方足协改革提供了明确的指导。国家发改委等于2016年制定了《中国足球中长期发展规划（2016—2050年）》，为中国足球的改革明确了阶段性的目标，将地方足协的改革作为足球体制改革的攻坚工程之一。

作为足球行业的管理者，中国足协制定了一系列文件促进地方足协改革，《中国足球协会2020行动计划》《中国足球改革发展试点工作的方案》《关于推进地方足球协会调整改革的指导意见》等都对地方足协改革做出了详细而又具有可操作性的规定。所有这些文件无不体现了地方足协改革的重要性，对此，我们将以列表格的形式展现相关内容（见表1）。

表 1　中央层面文件中关于地方足协改革的内容

Table 1　Central level documents on the contents of the local football association reform

| 文件名称 | 关于地方足协改革的内容 |
| --- | --- |
| 《中国足球改革发展总体方案》 | (1) 中国足球协会会员应当体现地域覆盖性和行业广泛性。(2) 地方、行业足球协会参照中国足协管理体制调整组建，按中国足协章程以会员名义加入中国足协，接受中国足协行业指导与管理。(3) 地方、行业足球协会担负本地区、本行业的会员组织建设、竞赛、培训、各类足球活动开展、宣传等职责。 |
| 《中国足球协会调整改革方案》 | 指导、加强地方足球协会的建设和完善，逐步优化地方足球协会的层级结构，使之担负起本地区会员组织和发展的责任，为完善中国足协会员结构奠定基础。 |
| 《中国足球中长期发展规划（2016—2050年）》 | 地方、行业足球协会参照中国足球协会调整组建。 |
| 《中国足球协会2020行动计划》 | 加强对地方足协改革的统一指导。(1) 部际联席会议在有关地方足协改革指导意见的基础上，针对突出问题，出台配套的地方足协改革方案，如提出体现改革精神的政府购买服务清单模板，给出地方足协人事改革的具体指引，对国有资产划转与收益权进行明确等，切实解决地方足协在改革中遇到的人、财、物问题。(2) 理顺协会治理结构。依据《章程》（《中国足球协会章程》）完善制度体系建设，加快研究会员协会结构组成，建立有效的分层治理结构，形成协会化管理层级。(3) 制定会员协会评价标准，完善准入审核制度，适时启动会员协会审核工作。(4) 加强基础业务数据统计的组织建设和信息系统建设。 |
| 《中国足球改革发展试点工作的方案》 | (1) 地方足球协会是体系建设的基础，体制机制改革任务艰巨，一方面需要参照中国足球协会调整改革的方向和思路进行改革，逐步建立健全地方足球协会的工作架构，形成依据《中国足球协会章程》的管理体制机制；另一方面需要结合各地情况，积极探索，使会员协会组织建设得到社会的广泛认同，具备承载改革要求的能力，并统领本地区足球工作。(2) 地方会员协会的核心任务是构建"成人业余联赛—青少年联赛—校园足球"的结构，其赛制模式为"周末联赛制"，形成整体发展的主体框架，既为参与足球活动的群体搭建平台，更为优秀足球人才搭建成长平台。(3) 形成以竞赛体系为构架的足球发展结构体系、培训体系。 |

从以上文件中，我们可以提炼出地方足协改革的主要内容，包括参照中国足协管理体制调整改革，发挥地方足协在本地区会员组织建设中的作用，建立地方足球分层治理机构，形成整个中国足球领域内的良好管理体制。其中，如何保障地方足协生存发展以及地方足协实现生存发展后的主要任务是文件主要强调的内容，政府购买服务、国有资产的管理是实现地

方足协生存的主要政策措施，构建"成人业余联赛—青少年联赛—校园足球"的赛事结构是地方足协开展工作的核心任务。这些文件是针对当前地方足协存在的问题而采取的有效措施，可以有力地指引各级地方足协改革，对于整个足球领域管理体制的完善也具有十分重要的意义。

## 二、地方层面

国家层面的高度重视在地方引起了巨大反响，对各省区关于地方足协改革的实证考察显示，已有浙江、陕西、内蒙古、湖北、河南、河北、海南等省区发布规范性文件落实《中国足球改革发展总体方案》。虽然各省区关于足协改革的内容不完全相同，但都是根据本地区的实际情况制定的，是解决本地区足球问题的有效措施。下面将用表格的形式展示各地区足协改革的内容（见表2）。

表2　地方层面文件中关于地方足协改革的内容
Table two　local level documents relating to the reform of the local football association

| 规范性文件名称 | 各地足协改革的内容 |
| --- | --- |
| 《浙江省人民政府办公厅关于推进足球改革发展的实施意见》 | （1）深入推进省足球协会改革：明确定位浙江省足协为社团法人，负责团结联系全省足球力量、推广足球运动、培养足球人才、组织参与职业联赛等；参照中国足球协会的管理模式，按照政社分开、依法自治的原则改革。（2）强化省足协的改革保障，体现在优化内部领导机构、内部独立运行的自主权、实行财务公开、鼓励省足协承接政府购买服务。（3）逐步推进省以下各级足协的建设，提升地方足协公共服务能力。 |
| 《陕西省足球改革发展实施方案》 | （1）调整组建省足协，实现省足协与省足球运动管理中心脱钩。（2）健全内部管理机制，实现决策权、执行权、监督权既相互制约又相互平衡的运行机制。（3）优化领导结构，领导结构要体现专业性和代表性。（4）优化协会管理体制，省以下各级协会参照省足协改革，加强对民间足球社团的指导和管理。 |
| 《湖北省足球改革发展总体方案》 | （1）调整改革省足球协会。按照政社分开、权责明确、依法自治的原则推进省足协调整改革工作；完成省足协与省体育局脱钩；省足协拥有内部独立运行的自主权。（2）建立健全全省足球协会管理体系。制定明确的省足协会员准入标准及管理规定，积极引导全省各地、各行业调整组建足球协会组织。（3）处理好湖北省足协与武汉市足协的关系。省足协要加强对武汉市足协的工作指导，充分发挥武汉市在全省足球改革发展中的引领作用。 |

续表

| 规范性文件名称 | 各地足协改革的内容 |
|---|---|
| 《河南省人民政府办公厅关于推进足球改革发展的实施意见》 | (1) 推进省足球协会改革。按照政社分开、权责明确、依法自治的原则推进省足协调整改革工作。新组建的省足球协会与省体育局脱钩,不设行政级别。其领导机构的组成应当体现广泛性和专业性。(2) 健全足球协会管理体系。省以下足球协会参照省足协管理体制调整组建,并与各地体育部门脱钩。(3) 完善足球协会内部管理机制。各级足球协会要按照社团法人机制组建和运行,健全法人治理结构,完善协会会员大会、理事会、专项委员会会议制度,建立决策权、执行权、监督权既相互制约又相互协调的机制。省足协拥有内部独立运行的自主权。 |
| 《河北省足球改革发展实施意见》 | (1) 推进省足球协会改革。按照政社分开、权责明确、依法自治的原则推进改革。新组建的省足球协会与省体育局脱钩,不设行政级别。制定明确的会员入会标准,扩大会员数量。积极推进省体育局足球管理中心由事业单位向社团常设办事机构(足球协会秘书处)转变。(2) 健全市、县足球协会。各地足球协会要与体育行政部门脱钩,并承担本地、本行业的会员组织建设、竞赛组织、人员培训、活动开展、宣传舆论等职责。(3) 全省各级足球协会要切实按照社团法人机制组建和运行,健全法人治理结构,完善协会会员大会、理事会、专项委员会会议制度,建立决策权、执行权、监督权既相互制约又相互协调的机制。 |
| 《海南省贯彻〈中国足球改革发展总体方案〉的实施意见》 | (1) 改组建设省足协。按照政务公开、权责明确、依法自治的原则改组建设省足协。省足协按照社团法人机制运行,拥有内部独立运行自主权。领导机构的组成应当体现广泛代表性和专业性。积极吸收企业家、律师等各方代表成为省足协会员。(2) 加强省足协运行机制和治理制度建设。修订和完善章程;增设省足协秘书处作为常设办事机构,充实专职工作人员,固定办公地点。建立决策权、执行权、监督权既相互制约又相互协调的省足协内部管理机制。(3) 健全协会管理体系。鼓励和支持各市县、行业调整组建本市县、本行业足球协会。各市县、行业足球协会担负本市县、本行业的会员组织建设、竞赛、培训、各类足球活动开展、宣传等职责。 |

从各地关于足球改革的文件中,我们可以发现几点共性因素:一是推进省级足协的改革。各地关于省级足协的改革内容基本一致,政社分开、权责明确、依法自治是改革的基本原则,省级足协与省级体育行政部门脱钩是主要措施,领导机构要有广泛性和专业性,省级足协拥有在内部机构设置、工作计划制订、财务和薪酬管理、人事管理等方面的独立自主权。二是健全协会管理体系,省以下的市县、行业足球协会要参照省级足协改建,承担本市县、本行业的会员组织建设、竞赛、培训、各类足球活动开

展、宣传等职责。三是内部管理体制要按照社团法人机制运行,健全法人治理结构,完善协会会员大会、理事会、专项委员会会议制度,建立决策权、执行权、监督权既相互制约又相互协调的机制。

虽然各地关于足协改革的共性因素有很多,但各地也有很多自己的个性措施。例如,浙江省规定了足协改革的保障性措施,包括实行财务公开、鼓励省足协承接政府购买服务;湖北省首次规定了湖北省足协与武汉市足协的关系,为省级协会与城市协会的关系问题做了典范;河北省首次规定了积极推进省体育局足球管理中心由事业单位向社团常设办事机构(足球协会秘书处)转变;海南省首次规定了积极吸收企业家、律师等各方代表成为省足协会员。这些共性和个性改革措施说明现有的地方足协改革措施既能兼顾足协改革中的共性难题,又可以考虑本地区的实际情况,比较客观真实地反映了各地区改革的现状,能够有力促进地方足协改革的步伐。

### 三、法律层面的关键问题

通过对中央和地方政策文件的梳理,我们发现地方足协改革最主要的问题包括:(1)如何保证地方足协的自我生存。只有地方足协有了足够的人、钱、物以后,政府对地方足协定位的职能才有可能被实现,否则,一切都只能是空中楼阁。(2)如何处理地方足协与政府的关系是关键而又不容回避的问题。地方足协的生存发展离不开政府的支持,但地方足协又不能完全依赖政府,否则,又会成为政府的附属机构。因此,不能完全强调地方足协自治,自治是有限度的,地方足协既要承担建设本地区会员组织的任务,又要接受地方政府的委托,承担一部分政府职能,因此,地方政府要给予地方足协适度的支持。(3)正如《中国足球改革发展试点工作的方案》所强调的那样,地方足协的核心任务是构建"成人业余联赛—青少年联赛—校园足球"的赛制模式,因此,地方足协在地方赛事治理体系中占据主导地位。(4)地方足协内部的治理机制是中央和地方文件都强调的内容,如何实现决策权、执行权、监督权既相互制约又相互平衡是地方足协内部治理的理想目标。

上述问题很大程度上可以归结为以下法律问题。

首先,地方足协自我生存的障碍更多地体现为法律层面上的障碍。地方足协作为非营利性的社团法人,在应然意义上应当享有相当充分的市场经营权能。然而包括《体育法》在内的现行法律法规对体育社团的市场经营权能做出的规定相当模糊，《社会团体登记管理条例》与一些部门规范性文件甚至做出了相互矛盾的规定。这些模糊与相互矛盾的规定导致地方足协市场经营权能的内涵不明确，使地方足协的市场经营活动缺乏法律依据，限制了地方足协依靠自身的经营活动获得自治所需的资金来源。

其次，地方足协与政府的关系问题涉及两种政府对地方足协扶持行为的法律定位问题。政府对地方足协的扶持有两种，即政府购买地方足协的服务与政府通过行政给付的方式支持地方足协的发展，不同法律定位意味着不同法律制度的适用。对前者而言，政府通过购买地方足协服务的方式来转移自己的职能，适用的是《政府采购法》及相关法律制度，该类关系中的民事性质更强，如果出现争端，适用民事诉讼救济；而政府通过行政给付的方式支持地方足协的发展适用行政法的相关原理，必须遵守法律优先、法律保留等行政法的基本原则，地方足协可以通过行政诉讼获得相应的救济。在实践中，政府经常混淆这两种方式，有时本应通过政府购买服务的制度来支持地方足协的发展，地方政府却通过内部购买等行政给付方式。这种购买方式没有考虑到地方足协在现阶段的发展困境，既破坏了地方足协的自治，也使政府购买的目标难以实现。

再次，地方足协在地方赛事治理体系中的地位问题涉及赛事审批法律问题。随着《全国体育竞赛管理办法（试行）》的废除，中央层面的赛事审批制度被取消了，然而，地方层面的体育赛事审批制度却没有全部被取消，仍然有大部分的省市没有取消体育赛事的审批制度。这其中既有立法的原因，也有地方利益、部门利益的原因，因此，如何破解立法中的难题，准确定位地方足协在地方赛事治理体系中的作用，是地方足协改革的关键法律问题之一。

最后，地方足协法人治理体制机制的构建也存在着法律难题。考察美、日、德关于体育社团的立法发现，他们都有专门的法律规定社团内部法人治理体制机制，其中既有强制性的规则，也有任意性的规则，这样就保障了国家意志和社团自治的有效结合。然而，我国的社团立法却非常粗糙，以地方足协为代表的体育社团立法非常不完善，《体育法》《社会团体登记管理条例》《民法总则》都没有对体育社团、社会团体、非营利组织法人内部的治理体制机制做出明确的规定，法律层面的模糊也导致了实践中各个地方的足协在内部治理体制机制上存在着诸多的弊端。

# 第二章
## 地方足协市场经营权能的法律保障

### 一、问题的提出

在《中国足球改革发展总体方案》提出以后,中国的足球事业发展迎来了一个历史性的机遇,传统"一个班子,两块牌子"的中国足球管理体制被正式废除,"政社分开,社团自治"的改革方针被确定下来。① 无疑,改革后的中国足协将成为一个独立的社团法人,这对足协摆脱政府依赖,发挥社会自治组织的作用具有重要意义。然而,对于各级地方足协而言,如何在改革背景下实现自我独立——特别是经济上的自我独立,仍然是改革尚未涉及的空白。中国足协垄断着全国性足球竞赛的商业开发权,可以从全国性足球竞赛的冠名权、赞助权、电视转播权中获得大量收入,在与行政机关脱钩后不存在经济上的困难;但就地方足协而言,与行政机关脱钩且不再作为政府预算单位后,自我造血功能如何实现将是一个亟待解决的难题。大连市足协就曾在近期的一个工作报告中写道:"许多地方足协既无固定资产亦无市场运营条件,如强行实施改革,将在人员安置、经费开支等方面出现许多难以逾越的问题。"② 一方面,地区性的足球竞赛商业开发程度不高,商业价值较小,在比赛门票、电视转播、企业赞助方面可获得的资金来源不多;另一方面,法律、法规、协会章程赋予了地方足协大量社会公共管理职能,履行这些职能必然需要大量资金,如果入不敷出,

---

① 赵毅. 足球改革背景下中国足协法律地位之困境及破解 [J]. 苏州大学学报(法学版),2016 (4):1-12.

② 蒲垚磊. "管办分离"说得热火朝天 但为何有地方足协不愿脱钩? [EB/OL]. [2019-03-09]. http://sports.163.com/15/12/19/10BB6KG8S300051C89.html.

地方足协连生存都有问题，更遑论在足球改革中发挥一定的行业自治主体作用了。

《中国足球协会会员协会管理办法》（1999年版）第21条规定，地方足协的经费来源主要包括：一、会员协会会员缴纳会费。二、上级拨款。三、社会赞助。四、注册服务费、转会分成费、门票分成及其他比赛管理费。五、有条件的会员协会创立公司，依法经营的收入。六、其他合法收入。在企业提供的赞助与会员缴纳的会费都非常有限的情况下，地方足协要具备发挥职能所必需的物质条件，要么依赖于政府的财政拨款与补贴，要么从有偿的经营活动中获得生存所必需的收入。① 就前者而言，根据资源依赖理论，当地方政府与地方足协掌握的资源不对等时，两者便不再是平等与合作的关系，而是权力与顺从的关系。② 因此，"政社分开，社团自治"的改革方针要求足球行业必须舍弃对政府的完全依赖，转向于从市场经营权能中，寻找地方足协实现自我造血的体制机制。

《体育法》已经明确了包括足球协会在内的体育社团的市场经营权能。然而，在法律地位上，地方足协又属非营利社团法人。如何理解这种"非营利"属性？《社会团体登记管理条例》和一些规范性文件有着相互矛盾的理解。如何在足球改革背景下解释这些规范之间可能的冲突？地方足协的市场经营权能到底能在多大程度上得到发挥？又如何对地方足协的市场经营权能进行法律上的规制？这些都是本章致力探索的问题。

## 二、地方足协市场经营权能的规范基础

### （一）《体育法》和足协章程的模糊确认

《体育法》和各级各地足协章程中，都不乏对足协市场经营权能的确认。《体育法》第42条规定："国家鼓励企业事业组织和社会团体自筹资金发展体育事业，鼓励组织和个人对体育事业的捐赠和赞助。"第44条又规定："县级以上各级人民政府体育行政部门对以健身、竞技等体育活动为内

---

① 肖嵘，汤起宇，吕万刚. 我国省区市体育社团经费来源现状及其发展思路的研究 [J]. 北京体育大学学报，2005（7）：874-876.

② 冯欣欣，曹继红. 资源依赖视角下我国体育社团与政府的关系及其优化路径研究 [J]. 天津体育学院报，2013（5）：382-386.

容的经营活动,应当按照国家有关规定加强管理和监督。"可以发现,无论中国足协还是地方足协,皆属《体育法》第42条之"社会团体",由此当然享有法律赋予的"自筹资金"、获得"捐赠和赞助"的权能。这种权能包括市场经营权能吗?虽然第42条没有直接的表述,但我们可以从第44条中赋予行政机关对体育"经营活动"的监督义务中反向推导出来。当然,由于《体育法》中的这些规定只是非常原则性的,特别是没有规定体育社团具体从事经营活动的范围,这就导致了以足协为代表的体育社团在市场经营权能方面存在着先天缺陷。

最新修订的《中国足球协会章程》(2017年3月7日印发)在第63条规定的中国足协经费来源中,包含了"在核准的业务范围内开展活动和服务的收入"以及"其他合法收入"。这说明,中国足协认定自身有"开展活动和服务"并取得"收入"的权能,当然,该章程并未使用"经营"的表述,且将这种活动和服务局限在核准的业务范围内,表现出在法律和政策不明朗情况下极为谨慎小心的态度。

相比之下,一些地方足协章程的规定要比中国足协大胆一些——毕竟生存下去才是地方足协的第一要务。比如,《江苏省足球运动协会章程》(2007版)第6条规定了该会的十大业务范围,其中一项即"积极开展有关经营活动,兴办相关产业,筹集和积累资金,增强自我发展的能力和后劲"。《上海市足球协会章程》第7条规定该会职责之一即为"积极开展与足球运动有关的活动和咨询服务,负责比赛场地、器材、设施的检查和标准制定,广开经费来源渠道,增强自我发展能力"。《福建省足球协会章程》第6条规定的协会业务范围之一为"发展足球运动、培育足球运动市场、开发无形资产、促进足球运动产业化"。《广州市足球协会章程》第6条规定的协会业务范围之一为"开展有偿服务活动,解决活动经费"。从这些地方足协章程中,我们可以明显感受到各地足协对于市场经营权能的急切渴望,它们反映了作为足球行业治理主体之一的地方足协对于加强自身能力建设的迫切需求。事实上,不论《体育法》(第36条)还是《社会团体登记管理条例》(第5条),都赋予了体育社团按照章程规定开展活动的权利。然而,从上述地方足协章程的相关规定看,它们还是太保守了。江苏足协的章程与《体育法》如出一辙,只有非常笼统的"经营活动"的表述,福建足协、上海足协的章程则将这种经营活动完全限定在与足球运动有关的事项内，广州足协甚至只局限于有偿的"服务"活动。当然，这些地方足协章程的规定仍然是有意义的，至少它们比《中国足球协会章程》更明确地认可了《体育法》所确认的体育社团的市场经营权能。

## （二）《社会团体登记管理条例》与相关规范性文件、判例的解释空间

为何无论是中国足协还是地方足协的章程对于自身经营权能的表述都呈现模糊化、保守化态势呢？这与社团章程效力的审查机制息息相关。在我国，体育社团的成立采严格的登记许可主义，社团的成立必须经过业务主管机关审查同意，并经民政部门登记。社团章程处于严格审查的范围之列，而根据《社会团体登记管理条例》第4条，社团不得从事营利性的经营活动，由此上述足协章程大多在打"擦边球"，以防被认为有违该项限制。所以，正是因为《社会团体登记管理条例》第4条的限制，足协市场经营权能之有无——如果有，范围又如何——长期处于一种不确定的状态。2012年，中国足协就受到过民政部的行政处罚，原因是违反了《社会团体登记管理条例》第33条第1款第8项"违反国家有关规定收取费用、筹集资金或者接受、使用捐赠、资助的"规定。① 更早的2007年，中国地区开发促进会因以营利为目的收取费用，被民政部处以撤销登记的行政处罚。② 所以，对地方足协而言，同样有因进行经营活动而被民政部门认定违反禁止从事营利性活动规定的风险。

正是在这个意义上，我们已经可以初步发现，《社会团体登记管理条例》第4条与《体育法》第42、44条可能存在潜在的冲突——如果后者被解释出体育团体可以从事经营活动的话。不仅如此，具有规范性文件性质的《民政部、国家工商行政管理局关于社会团体开展经营活动有关问题的通知》（民社发〔1995〕14号，已被废止）同样放松了社会团体开展市场经营活动的限制。根据该项通知的第3条和第4条，社会团体可以以投资设立企业法人型的经营机构和非法人型的经营机构开展经营活动，但不得以社会团体自身的名义开展经营活动，且经营范围应与社会团体设立的宗旨相适应。《财政部、国家计委关于事业单位和社会团体有关收费管理问题

---

① 网易体育. 详解民政部处罚中国足协 条例包括没收违法所得［EB/OL］.［2017-05-26］. http：//sports. 163. com/12/0915/11/8BEJBB3000051C89. html.
② 民政部对中国地区开发促进会作出撤销登记的处罚［EB/OL］.［2019-03-09］. http：//www. gov. cn. zfjg/content_793988. htm.

的通知》（财规〔2000〕47号）亦规定事业单位和社会团体等非企业（不包括国家机关）按照自愿有偿原则提供服务，"其收费应作为经营服务性收费由价格主管部门进行管理"。在被称为中国体育反垄断第一案的"粤超公司"诉广东省足协和"珠超公司"案中，最高人民法院也在再审裁定中认定，广东省足协虽然是非营利性社团法人，但并不意味着其不能从事一定的经营活动，其在一定情况下可以具有市场经营者的地位，可以在章程范围内开展民事活动，独立承担民事责任。①

显然，不同的立法者、执法者和司法判例对于非营利性社团法人是否能够从事经营活动具有不同的理解。《社会团体登记管理条例》的规定最严，但并非没有解释空间。该条例第4条禁止包括地方足协在内的社会团体从事"营利性"经营活动，但并未禁止"非营利性"经营活动的开展。这也正是为何在上述案例中最高人民法院承认广东省足协作为非营利社团法人，却能够开展一定经营活动的原因。《中国足球协会会员协会管理办法》（1999年版）第21条亦规定有条件的会员协会可以创立公司取得合法的经营收入，虽然这种想法在当时看来非常理想化，但如果我们将其限定在"非营利"公司的范畴，亦未尝没有空间。这一设想在16年后成为现实。作为最早脱钩的地方足协，广州市足协已经计划在经济上靠自己造血，成立非营利性质的"广州足球发展公司"，通过市场化运作支持广州的职业联赛、业余赛事、国际比赛的运营，开展与足球相关的经营活动，享有该类赛事和活动的知识产权、市场开发和推广权利。② 所以，问题的关键不在地方足协是否能够从事经营活动，而是要分清哪些属于营利性经营活动，哪些属于非营利性经营活动。

## 三、地方足协经营活动"非营利性"之认定

### （一）"非营利性"的扩张解释趋向

按照主流商法理论，营利性是指经济主体通过经营活动而获取经济利

---

① 姜熙. 开启中国体育产业发展法治保障的破局之路——基于中国体育反垄断第一案的思考[J]. 上海体育学院学报，2017（2）：47-54，70.

② 网易体育. 广州足协彻底脱钩体育局 成立公司经营实体化[EB/OL]. [2017-05-26]. http://sports.163.com/15/1126/07/B9B5O9AC00051C89.html.

益的特性。① 那么，是否可以武断地认为，只有营利性组织方才具有市场经营的权利呢？这样的话，就意味着以地方足协为代表的非营利性社会组织不具备市场经营活动的权利。这样的理解显然是狭隘的，主流商法理论已经承认，市场经营主体不限于以营利为目的的商主体，也包括了非营利组织；甚至，无论是公益法人还是非营利组织，它们均可实施以营利为直接目的的行为，只不过这些组织之所以可以以营利为直接目的，是因为它们要将营利作为其实现公益目的的手段而非终极目的，而营利性组织是既以其为直接目的又以其为终极目的的。②

对于地方足协而言，就其作为非营利性社团法人的定位不应局限于其是否从事了经营活动，而更应在于：首先，在足协的宗旨上，足协不得以营利作为组织章程的目的；其次，足协从事经营活动所得利润不得在组织成员之间分配；最后，足协的资产在注销、解散之前或之后，都不得在组织内部的成员之间分配。因此，"非营利性"之限制是相对于足协的最终目的而言的，其在从事市场经营活动过程中的营利行为则不应受到过多限制。只要足协在从事市场经营活动过程中取得的利润不在成员之间分配，而是用于与其宗旨和业务活动相符合的范围，就应当认定为不违反足协的"非营利性"属性。这种关系概括起来说就是手段和目的的关系，经营活动的行为只是手段，不能决定行为的性质，公益目的才决定行为的性质，用市场经营行为达到公益事业的目的，是手段和目的的统一，不违背非营利性的属性。正如学者所概括的那样，现代非营利性机构必须是一个混合体：就其宗旨而言，它是一个传统的慈善机构；而在开辟财源方面，它是一个成功的商业组织。当这两种价值观在非营利性组织内相互依存时，该组织才会充满活力。③ 所以，足协应予准许以自己的名义从事经营活动而不应受到过多限制。

对足协之"非营利性"所作之扩张解释，不仅符合世界发展的潮流，也适合我们国家当下的国情。从世界各国对非营利性社团法人从事经营活动的规定来看，大部分国家都持认可态度。根据经营活动的目的对非营利

---

① 范健. 商法 [M]. 北京：高等教育出版社，2011：9-57.
② 范健. 商法 [M]. 北京：高等教育出版社，2011：9-57.
③ 盖威. 中国社团立法研究：以市民社会为视角 [M]. 北京：中国书籍出版社，2015：208.

性属性的影响,又有"用于社团生存的目的"和"用于公益事业的目的"之分。前者是原则禁止主义,仅将非营利目的限制为用于社团本身生存所必须,以新加坡等国及中国台湾等地为代表;后者是附条件许可主义,只要社团经营活动的最终目的是公益事业,就可以认定其为非营利性,以韩国、日本、美国为代表。[①] 由此可见,在非营利性社团法人的"非营利"属性上,世界主流趋势呈扩张解释态势,更多采符合公益事业目的这一标准。从我国的现实国情来看,以足协为代表的非营利性社团法人,多脱胎于计划经济时代,一开始是作为政府的职能部门来运作的,缺乏民间社会力量的参与与支持。因此,它们在社会合法性上存在先天不足,缺乏公民社会的信任,在公民捐赠、会费缴纳上都难以满足非营利性社团法人履行职能所必需的资金条件。在社团改革之前,尚还有政府的补贴使其能够勉强运营,然而,诸如足球行业这样大刀阔斧的改革,虽然实现了法律和政策上的社会自治主体地位,但也切断了它们从政府获得大量资金来源的可能性。

在此背景下,如何强化地方足协获得自身发展的资金渠道便是一个亟待解决的问题,而市场经营权能的充分保障可以有效解决地方足协的生存问题。只要能够保证没有破坏"非营利性"这一最终目的,不管地方足协在市场经营活动的过程中采用了何种方法、手段,都应当被法律所认可。同时,也不应当如民社发〔1995〕14 号文那样,限制足协不能以自己的名义开展经营活动。有许多与足协宗旨、目的密切相关的服务性活动,如教练员、运动员、裁判员的培训和足协对外界提供的技术咨询服务等,只能以足协自己的名义开展。如果不允许其收取一定的超出成本的费用,将极大增加足协的负担,影响足协在更广泛的领域提供公共服务。在足协提供商品和服务的价格上,财规〔2000〕47 号的规定也值得商榷,不应不分情况全部依据自愿有偿的原则,应当区分相关的经营活动与不相关的经营活动。对于相关的经营活动,因为有国家税收的优惠,为了避免对中小企业产生不公平竞争,可以允许足协在定价上,只收取略高于成本的费用;而对于不相关的经营活动,应当允许足协完全依照市场价值规律收取相应的

---

① 金锦萍. 中国非营利组织法前沿问题 [M]. 北京:社会科学文献出版社,2014:67-69.

费用。

(二) 相关与不相关市场经营活动之区别解释

如前所述，虽然可以采用"最终目的"这一标准认定地方足协的市场经营活动是否具有非营利性，但将地方足协所有的非营利性市场经营活动都同等对待也是不可取的。非营利性的市场经营活动分为相关的市场经营活动与不相关的市场经营活动，两者在开展的方式、规模的控制、价格的制定等方面都存在显著区别。因此，区分解释相关与不相关的市场经营活动，对于足协既能获得自身生存发展所需要的资金，又能保证服务社会的公益事业目的，皆具重要意义。

在认定相关与不相关的市场经营活动方法上，有收入来源判定法和预定目的判定法。① 收入来源判定法指根据市场经营活动与协会的宗旨是否存在紧密联系，将与协会宗旨存在紧密联系的活动称为相关的市场经营活动，反之则是不相关的市场经营活动。② 比如足协开展对裁判员、教练员的培训并收取一定费用，就是与协会宗旨紧密联系的相关市场经营活动。预定目的判定法指不论市场经营活动是否与协会的宗旨紧密相连，只要协会的市场经营活动所获收入用于公益事业，就可以被判定为相关的市场经营活动。就如足协开设一家餐馆，这与足协的宗旨不相符合，但只要将开设餐馆所获收入用于非营利性目的，就可以被认定为相关市场经营活动。从实现技术的角度上看，收入来源判定法相对于预定目的判定法而言，标准更为严格，也更容易判断，比较符合当下我国现行法律法规的语境。预定目的判定法需要大量与之配套的法律制度才能实现，比如税法的相关规定和相关收入投入公益事业的证明，实现的成本较高，不宜为我们所采取。从实现的效果上看，收入来源判定法更有利于地方足协发挥履行公共事务的职能。这是因为，地方足协的相关市场经营活动将享免于商事登记、税收优惠等优惠政策，如果采用预定目的判定法，将使优惠的范围界定过宽，足协会利用国家的这些优惠政策进行大规模经营活动，而如果将大部分精

---

① 蔡磊. 非营利组织基本法律制度研究 [M]. 厦门：厦门大学出版社，2005：175 - 176.

② 郑国安，等. 国外非营利组织的经营战略及相关财务管理 [M]. 北京：机械工业出版社，2001：32 - 40.

力投入市场经营活动中,就会忽视向社会提供公共服务的目的。① 因此,采用收入来源判定法界定足协市场经营活动是否属于相关市场经营活动更具意义。

区别解释相关市场经营活动与不相关市场经营活动颇为重要,两者在开展活动的方式、范围、价格等问题上皆有诸多不同。在开展活动的方式上,各地方足协章程都确认了能够以自己的名义开展相关经营活动,但无论从地方足协章程还是民社发〔1995〕14号文,都看不出地方足协可以以自己的名义开展不相关经营活动。对于地方足协是否可以设立经济实体开展经营活动,各个地方足协的章程语焉不详,但民社发〔1995〕14号文进行了笼统确认,我们可以理解为,社会团体既可以投资设立企业法人或者非法人的经营机构开展相关经营活动,也可以开展不相关经营活动。但是,如果允许地方足协设立非法人型经济实体从事不相关经营活动,就存在着地方足协为非法人型经济实体承担无限责任的风险,这将严重影响地方足协公共职能的发挥。相比之下,相关经营活动主要都是一些服务类活动,即使由非法人组织行使并承担无限责任,风险也没有那么大。由此可以看出两者区分的重要性。

在市场经营活动的范围上,对于地方足协在符合其宗旨范围内的相关经营活动,都应当得到承认,而不应该加以限制;对于不相关的经营活动,关键在于风险的把控和责任的承担。如果将地方足协投资的数额限制在一定范围之内,并且对该投资承担有限责任,那么,法律就不应该对足协经营活动的领域加以过多限制;如果足协对其投资承担的是无限责任,那么,就应该对其进行严格的限制。

在足协经营活动的价格定位上,对于与足协宗旨有关的相关市场活动,应当限定在略高于成本的水平上,不能过低也不能过高,这体现了足协作为管理公共事务的职能组织在经营活动中的"非营利"属性,这也能兼顾其自身之生存。足协在从事不相关的经营活动时,价格应当完全按照市场价值规律的要求,因为在该部分并不存在国家税收等方面的优惠政策,不会影响与中小企业的公平竞争,且不相关经营活动与其宗旨并不直接相关,

---

① 吕来明,刘娜. 非营利组织经营活动的法律调整 [J]. 环球法律评论,2005 (6): 730 – 736.

追求收入的最大化,不会影响足协的"非营利"属性。因此,在价格的定位上,应当区别对待相关的市场经营活动与不相关的市场经营活动,才可以在足协的"非营利"性与自我生存之间取得一个较为合理的平衡。

总之,对地方足协经营活动营利性之判断,标准应当是经营收入的最终目的,只要经营活动符合协会的宗旨与目的,都不应被认定为具有营利性。地方足协市场经营权能的内容既包括其可以从事与自身目的相关的经营活动,也包括可以从事与自身目的不相关的经营活动。

## 四、社团自治背景下完善地方足协市场经营权能的制度设计

社团自治之内涵不仅包含社团要独立于政府,还包含社团作为政府授权的管理公共事务的组织既要为成员服务,还要为社会服务。承认地方足协的市场经营权能非常必要,但更要对地方足协的经营活动建立有效的约束机制,以防其滑向为特定成员谋福利的深渊,这将破坏社团自治的本来含义。

### (一) 建立市场经营权能法律规制的统一立法模式

现行立法对以足协为代表的非营利社团法人的规制,存在规范层级不统一、规范冲突以及规范缺位的问题。① 《体育法》作为体育领域的基本法,只是原则性地宣示了体育社团可以自筹资金发展体育活动,没有明确规定体育社团的市场经营活动权限,这种模糊规定是体育社团市场经营活动权限不明确的根源所在。作为行政法规的《社会团体登记管理条例》规定非营利性社团法人不得开展营利性的经营活动,对非营利性社团法人的市场经营权限限制最严。民社发〔1995〕14号文虽然将非营利性社团法人之经营权限限制为不得以自己的名义开展经营活动,且只能投资设立法人型企业和非法人型企业开展相应经营活动,却又与现实中的社团法人经营实况严重不符,与各地方足协章程中对以自己名义从事相关经营活动的自我确认抵触。这些法律、行政法规、规范性文件和章程之间的缺位、冲突与错误,容易引发理论混乱和执法不统一,造成多部门、多头执法,甚至

---

① 陈金罗,金锦萍,刘培峰,等. 中国非营利组织法专家建议稿 [M]. 北京:社会科学文献出版社,2013:63-64.

会造成以非营利性为目的的相关经营活动都得不到认可,这与现在的足协改革方向是背离的。因此,有必要统一立法模式,对以足协为代表的非营利性社团法人的市场经营活动权限做出全面而完整的规定。这也有助于引导足协在法治的背景下,利用市场经营权能走向自治。在《社会团体登记管理条例》或相关立法迟迟无法得到突破的情况下,较好的办法是充分利用《体育法》之修订良机,在《体育法》中实现体育社会团体市场经营权能法律规制模式的统一。

（二）创设市场经营权能的风险控制规则

足协作为非营利性社会组织,主要目的不是营利和追求利润,而是更好地履行公共服务的职能。① 因此,足协不能像营利性组织那样,为了追求利润的最大化,去投资风险性极高的领域;如果允许足协在风险极高的领域从事经营活动,一旦投资失败,足协的资产将被用于弥补亏损,届时足协将无法履行公共服务职能。民社发〔1995〕14 号文没有将非营利性社团投资的风险考虑在内,规定了非营利性社团既可以投资设立法人型的企业,也可以投资设立非法人型的企业,后者就意味着足协将以其财产承担无限的责任,这对于足协履行公共服务职能来说存在极大的风险。因此,在进行地方足协市场经营权能的制度设计时应考虑到这种风险,不管社团是以自身名义从事风险极高的投资,还是进行非法人型组织的投资,都应予以严格禁止。具体而言,可以从投资领域的限制性规定和非营利社团理事的谨慎义务上加以规定,在地方足协投资的不相关经营活动中,应重点限于银行储蓄、国债、基金等保值增值之渠道。对于非营利社团理事的谨慎投资义务,可以借鉴美国的谨慎投资人规则。该规则包括三个方面:首先是合理注意义务的要求,要求社团理事在做出投资决策之前,需要调查标的的安全性和可能的收益,在运用他人所提供的资料和听取专家意见之后,做出自己的判断;其次是应有的技能要求,除了需要做谨慎的调查与评估之外,社团理事的投资还需要注意是否达到了专业技能的要求;最后是小心的要求,社团理事要谨慎行事,尽量避免投机性的冒险行为,以此来降

---

① 金锦萍. 论非营利法人从事商事活动的现实及其特殊规则 [J]. 法律科学 (西北政法学院学报), 2007 (5): 127-133.

低投资风险。①

**(三) 制定基于公平竞争考量的税收区别对待政策**

税收优惠政策是社团正常发展的重要政策支撑,体现了国家对非营利性社团的扶助和支持。对于非营利社团的经营活动是否要征收企业所得税,我国现行法持支持态度。国家税务总局《事业单位、社会团体、民办非企业单位企业所得税征收管理办法》明确规定,只有财政拨款、政府资助、社会团体所收取的会费、社会团体所获得的捐赠收入、税后利润所获收入免征企业所得税,其他经营活动都要征收企业所得税。这一规定不区分非营利社团法人的相关经营活动与不相关经营活动,在相关经营活动价格受限的情况下,还征收相同的企业所得税,有加重非营利社团法人负担的嫌疑,造成非营利性社团法人与营利性社团法人不公平竞争的后果。因此,政府应制定基于公平竞争考量的税收区别对待政策,该政策可以包括两个方面:在相关市场经营活动中,由于经营活动价格受到政府监管,只能收取略高于成本的费用,政府也应当基于公益事业目的,减少甚至免除相关经营活动收入的税费;在不相关市场经营活动中,经营活动价格免除了公共利益考量,再加上与中小企业公平竞争的考虑,政府应当收取与营利性企业相同的税费。

**(四) 坚持保障非营利属性的"禁止分配"原则**

非营利属性是地方足协之所以成为非营利性社团法人之本质特征。如何保障地方足协在市场经营活动过程中,始终保持自身的属性不改变,是制度设计上不可忽视的问题。"禁止分配"是体现非营利属性的最重要指标,现行《社会团体登记管理条例》在"禁止分配"规定上,建立了比较多的制度,包括在宗旨上规定不得以营利为目的;所获得的收入不得在组织成员之间分配;社团组织专职工作人员的工资和待遇参照事业单位有关规定执行;禁止侵占、私分、挪用社会团体资产;禁止违反国家有关规定收取或使用费用、筹集资金;社团注销后的财产不得在成员之间分配,要转移给最相类似的其他公益组织。但这些规定仍然不够完善,要防止地方足协内部人员对协会资产侵吞和侵占,就必须建立更为严格的监管制度,

---

① 盖威. 中国社团立法研究:以市民社会为视角 [M]. 北京:中国书籍出版社,2015:90 – 120.

包括信息公开、外部审计和落实责任追究制度。信息公开是防腐的重要手段，只有把权力放在阳光下运行才不会腐败，对于地方足协所获的一切收入都应及时公布出来，供社会大众监督。就审计而言，不能只由地方足协内部的会计机构审计，而应该交由独立第三方专业机构审计，只有独立机构才不会有利益冲突问题，才有可能公平公正地审计财务。审计报告将交由民政部门审查，若有审查不合格的，将既追究独立机构的责任，也追究地方足协的责任，同时民政部门也需要对自己的审查错误承担责任。如此一来，各个环节都有了相关的审查责任人，就不会因为监管缺位导致地方足协内部人员腐败，非营利属性在市场经营的活动中不会被破坏，这就有效保证了法治要求下的足球行业自治。

## 五、小结

有组织对全球22个国家非营利部门调查的统计结果显示：非营利部门的收入来源包括慈善事业、会费和公共部门的支持，而仅会费和其他商业收入就占非营利部门总收入的近一半（49%）。① 可见，市场经营活动收入对世界范围内的非营利组织来说都具有重要意义。在我国当前足协改革的大背景下，强调地方足协的自我生存能力尤为重要，这离不开足协市场经营权能的有效发挥。因此，政策制定者有必要重视现行法规政策对以足协为代表的非营利组织发挥市场经营职能的阻碍，在综合运用统一立法模式、风险控制规则、税收区别对待政策和禁止分配原则的多重规制手段下，保障地方足协在法治背景下走向自治的道路。

---

① ［美］莱斯特·M. 萨拉蒙，等. 全球公民社会——非营利部门视界［M］. 贾西津，魏玉，等，译. 北京：社会科学文献出版社，2002：27.

# 第三章 政社分开背景下政府支持地方足协生存发展的模式构建

## 一、政社分开背景下地方足协生存发展之困境

自《中国足球改革发展总体方案》公布以来，中国足球管理体制不断理顺，中国足球改革成果显著，其中，最具代表性的就是足球协会实体化、自治化进程不断加快。① 2016 年，中国足球协会与中国足球运动管理中心脱钩，传统"两块牌子，一套人马"的管理体制被正式废除，按照"政社分开，权责明确，依法自治"的原则，中国足球协会在"内部机构设置、工作计划制订、财务和薪酬管理、人事管理、国际专业交流"等方面拥有自主权；地方足球协会参照中国足球协会，也纷纷进行实体化、自治化改革，截至 2017 年 3 月，全国已经有 3/4 的地方足协完成了与地方体育局的脱钩。②

在政社分开的改革背景下，地方足协由之前的政府预算单位转变成一个自收自支的民间非营利组织，换句话说，地方足协获得资金的来源发生了变化，由之前作为政府附属机构的一部分，资金主要来源于地方财政拨款，变为现在的社会自治组织，资金要由自己来筹集。③ 这是"政社分开，

---

① 赵毅. 足球改革背景下中国足协法律地位之困境及破解［J］. 苏州大学学报（法学版），2016（4）：1-12.
② 杜佳静. 七成地方足协已"脱钩" 3 年内达到 7 万块场地［EB/OL］.［2017-08-16］. http://sports.163.com/17/0616/08/CN1OMJUK00051C89.html.
③ 王晓易. 蔡振华承认地方足协改革缓慢，没了"权"连生存都成问题［EB/OL］.［2017-08-06］. http://news.163.com/17/0118/10/CB2C3RF0000187VE.html.

## 第三章 政社分开背景下政府支持地方足协生存发展的模式构建

权责明确,依法自治"改革原则定位的必然要求,但地方足协在与地方政府脱钩后是否有能力实现自我生存,进而实现自治?答案显然是没有,原因在于:第一,我国地方足协发展进程不同于西方国家。西方国家的体育社团经历漫长的发育过程,在自我生存和自身能力建设方面并不依赖于政府;而我国体育社团从设立之初就是政府的附属机构,在自我生存与发展方面完全依赖于政府。发展进程的不同在制度设计方面应当有所体现,地方足协在与地方体育局脱钩后,在自我生存与发展方面仍然要依赖于政府的支持。第二,与我国法律对地方足协自我生存的阻碍有关。我国法律对以地方足协为代表的体育社团在自身市场经营权能方面,设置了诸多的障碍,影响了地方足协自我生存的能力。第三,地方足协生存发展依赖于政府也与地方足协自身的特殊性相关。中国足协是中国所有职业联赛赛事所有权的拥有者,在赛事转播权、赞助权、冠名权等方面可以利用市场开发获得大量的收入①,再加上中国足协是《体育法》授权的管理全国体育竞赛的组织,拥有一定权力资源,实现自我造血和生存不是什么难事;但地方足协有所不同,地方足协尤其是市县级地方足协既没有职业联赛的平台、实现自我生存的固定资本,也没有《体育法》授权的权力资源,能够实现自我造血、自我生存的机会少之又少。

中国足球改革是深化中国体育体制改革的突破口,中国足协在中国足球改革中发挥着龙头作用,而地方足协对于健全中国足协管理体制,完善中国足协会员结构发挥着无可替代的重要作用。另外,地方足协又是接受地方政府委托,承担一定公共职能的社会组织,对于地方足球事务的治理起着重要作用。因此,对地方足协发展的支持已经不单单只是足球协会内部的事项,而是政府必须高度重视的事项。对于地方足协的发展,地方政府应给予政策上的特殊优待,这种政策的特殊优待在某些省份已经有所体现,表现为具有中国特色的足球改革联席会议制度,这对于充分调动、协调政府资源发挥着重要作用。

---

① 王晓易. 蔡振华承认地方足协改革缓慢,没了"权"连生存都成问题[EB/OL]. [2017-08-06]. http://news.163.com/17/0118/10/CB2C3RF0000187VE.html.

## 二、政府支持地方足协生存发展之现状

根据上文的论述，我们已经知道，政府扶持地方足协的发展不仅必要而且具有重要意义，但问题是政府该以何种方式支持地方足协的生存发展。在实践中，一般有两种做法，一是政府通过购买地方足协公共服务的方式支持地方足协生存发展；二是政府通过行政给付的方式支持地方足协生存发展。这两种做法各有其产生背景和适用条件，不可等同视之。

### （一）政府通过购买地方足协公共服务支持地方足协生存发展

政府购买地方足协公共服务是指改变政府对公共服务的直接提供方式，把属于政府职能范围内的足球公共服务通过契约化的方式移交给地方足协，最后根据地方足协提供的公共服务数量和质量来支付费用。① 政府通过购买公共服务的方式支持地方足协发展具有深厚的理论背景。政府购买公共服务是20世纪60年代以来，由西方国家针对"福利国家"危机而提出来的，发展至今，形成了诸多理论。其中，新公共管理理论主张重新定位政府的职能，在公共服务的生产和提供过程中，政府的作用应当由"划桨"转为"掌舵"，政府的角色应当是政策的制定者，而不是执行者；具体的表现方式是公共产品和服务的提供与生产可以分开，建议公共产品和服务由政府提供，由更富有效率的企业和社会组织来生产。② 公共产品细分理论提出，由于公共产品的非竞争性和非排他性导致的"市场失灵"以及由于缺乏竞争性、降低成本的积极性、有效的监督导致以低效率、寻租为表现形式的"政府失灵"，不得不引入适当的竞争机制和公私合作机制来实现公共产品配置与供给的优化。③ 这些机制具体表现在两个方面，一是"外部转移"，即将一些私人部门能完成的事情交给私人生产；二是"内部改革"，即在政府部门内部引入竞争机制，打破政府对公共服务的垄断。多中

---

① 王浦劬，[美] 莱斯特·M. 萨拉蒙，等. 政府向社会组织购买公共服务研究——中国与全球经验分析 [M]. 北京：北京大学出版社，2010：4.

② 胡科，虞重干. 政府购买体育服务的个案考察与思考——以长沙市政府购买游泳服务为个案 [J]. 武汉体育学院学报，2012（1）：43 - 51.

③ 许小玲. 政府购买服务：现状、问题与前景——基于内地社会组织的实证研究 [J]. 思想战线，2012（2）：75 - 78.

心治理理论由奥斯特罗姆夫妇提出,他们主张允许多个权力中心或服务中心参与公共事务的管理,通过建立市场、政府和公民社会互相合作、互相竞争的多中心体制和互补机制,实现公共服务的有效供给。① 交易费用和综合绩效理论提出公共产品和公共服务究竟是通过组织内部来生产还是通过市场来提供,取决于谁在生产公共产品或服务时更有效率,也就是以综合成本最低、综合绩效最高为价值追求的比较和评价。②

　　对以上各家理论的总结发现,对政府购买服务必要性论述的侧重点各有不同:新公共管理理论侧重于从重新定位政府职能的角度论述;公共产品细分理论侧重于从治愈"政府失灵"和"市场失灵"的角度论述;多中心治理理论侧重于从协商参与的角度论述;交易费用和综合绩效理论侧重于从效率的角度论述。虽然各个理论的侧重点有所不同,但通过政府购买服务转变政府治理方式是共通的,这也成为世界范围内政府治理的趋势所在。政府通过购买地方足协公共服务的方式对于降低公共服务的生产成本,提高公共服务生产质量,转变政府治理方式,建立服务型政府具有重要意义。因此,这种方式不管是在中央还是在地方,都得到了很高的认可。在中央层面上,党的十八届三中全会通过的《中共中央关于全面深化改革若干重大问题的决定》中指出,激发社会组织活力,凡属事务性管理服务,原则上都要引入竞争机制,通过合同、委托等方式向社会购买;2015年实行的《政府采购法实施条例》明确将政府购买服务纳入《政府采购法》的范围,为政府购买服务提供法律依据;国务院出台的《关于政府向社会力量购买服务的指导意见》为政府购买服务提供了政策指引;财政部、民政部、工商总局也出台了《政府购买服务管理办法(暂行)》,为政府购买服务提供了具体的管理规则。在地方层面上,江苏省出台了《江苏省本级向社会组织购买公共体育服务暂行办法》;常州市出台了《常州市向社会力量购买公共文化体育服务实施办法(暂行)》;无锡市出台了《关于无锡市政府购买行业协会商会学会公共服务的实施细则(试行)》;等等。

　　从以上中央和地方层面的文件中,我们可以看到政府购买社会组织公

---

① 王凌燕. 行政法视野下政府购买公共服务的思考 [J]. 长春理工大学学报(社会科学版), 2013 (4): 26 - 28.
② 财政部科研所课题组. 政府购买公共服务的理论与边界分析 [J]. 财政研究, 2014 (3): 2 - 11.

共服务已经成为我国非常普遍的政策选择。在足球协会内部也有这样的定位，《中国足球协会2020行动计划》规定，地方部际联席会议将针对足协改革出台配套的方案，例如，提出政府购买服务清单模板。在这样的背景下，地方足协可以抓住政府职能转移的机会，积极承接政府购买服务，既利用政府支付的资金获得生存发展，又可以在提供公共服务的过程中锻炼和提高自己的业务能力。①

### （二）政府通过行政给付支持地方足协生存发展

政府通过行政给付的方式支持地方足协发展是在政社分开背景下产生的，在足协改革之前，地方足协与地方足球运动管理中心是"两块牌子，一套人马"的组织架构，地方足协附属于政府机构，经费来源于政府的预算。因此，政府对地方足协的财政拨款是内部行政行为，不涉及外部行政相对人的权利，这种内部行政行为的做出只能是上级行政机关基于职权的需要而决定，地方足协没有权利通过自己的努力申请获得财政拨款。当地方足协与地方体育局脱钩后，地方足协就成了一个自收自支的民间非营利组织，此时，政府对地方足协直接无偿的财政拨款就是一种外部行政行为，是行政给付行为的表现。根据行政法的一般原理，行政给付行为的做出既可以是行政机关基于自身职权的需要而决定，也可以是行政机关基于行政相对人的申请而决定。在行政法学上，行政给付就是行政权的行使主体基于保障公民、组织的生存权和发展权，根据法律和政策，通过各种途径和方式向公民和组织直接提供公共物品和服务的授益性行政活动。② 行政给付的目的是为了保障公民、组织的生存权和发展权，行政给付的形式一般为行政救助和行政物质帮助，行政给付作为行政行为的一种必须要有法律依据，政府没有法律依据而做出行政给付行为的就是超越职权、滥用职权。虽然我国没有专门的法律规定行政给付制度，但有关行政给付的规定散见于《老年人权益保障法》《未成年人保护法》《防震减灾法》等法律之中，这与丰富多彩的行政给付实践并不适应。

行政给付制度适用于地方足协的生存发展不仅具有法律依据，而且是

---

① 崔正，王勇，魏中龙. 政府购买服务与社会组织发展的互动关系研究 [J]. 中国行政管理，2012（8）：48-51.

② 崔卓兰，周隆基. 社会管理创新与行政给付新发展 [J]. 当代法学，2013（1）：53-60.

回应实践需要的必然要求。在法律依据方面,根据《体育法》第 41 条的规定:"县级以上各级人民政府应当将体育事业经费、体育基本建设资金列入本级财政预算和基本建设投资计划,并随着国民经济的发展逐步增加对体育事业的投入。"此法条虽然没有直接规定政府应当通过行政给付的方式支持体育社团的发展,但通过文义解释、体系解释的法律解释方法,我们仍然可以认为地方政府根据《体育法》的相关规定,有义务对以地方足协为代表的体育社团给予财政帮助。因为,根据《体育法》的分类,体育事业包含了社会体育、竞技体育、学校体育、体育社会团体的发展,地方足协作为体育社会团体,承担了大量的公共职能和公共体育事业,自然应当被纳入体育事业的范畴而被《体育法》第 41 条所覆盖。在回应实践需要方面,正如中国足协主席蔡振华提出的,地方足协改革缓慢,没有权力的地方足协连生存都极为困难①,更遑论期待地方足协能在地方足球事务治理中发挥着主导作用。因此,政府有必要给予处于弱势的地方足协一定的财政资助、场地设施资助、人员资助,这些资助在法律上的表现形式就是行政给付,通过政府的行政给付,地方足协可以承担大量的公共职能,满足群众多元化的公共体育需求,同时,也是体现足协改革精神的必然要求。

行政给付制度在实践中已经得到了广泛的应用。根据笔者对国务院足球改革发展部际联席会议办公室工作人员的访谈,在 2017 年,财政部投入 2.28 亿的资金支持校园足球发展,体育总局投入 1.12 亿的资金支持足球事业发展,发改委投入 18 亿的资金支持足球场地设施建设,这样的支持力度是空前的,为地方足协的发展提供了一个良好的外部环境。在地方层面上,各地政府也都采用了税收优惠政策、财政金融政策来扶持地方足协的发展。因此,行政给付制度的规范与完善对于地方足协的发展具有重要意义,我们有必要对行政给付制度在实践中出现的问题提出解决对策。

## 三、政府支持地方足协生存发展存在的问题

### (一) 政府购买服务在培育地方足协发展中的错误定位

在实践中,政府购买服务经常和培育体育社团的发展捆绑在一起,将

---

① 王晓昜. 蔡振华承认地方足协改革缓慢,没了"权"连生存都成问题[EB/OL]. [2017-08-06]. http://news.163.com/17/0118/10/CB2C3RF0000187VE.html.

体育社团作为政府购买服务的主要甚至是唯一承接主体，由于体育社团缺乏自治，导致政府在购买公共体育服务中忽视对承接主体的竞争要求。例如，在2015年上海市举办的市民大联赛中，作为承接主体的绝大部分是体育社团，在50个中标单位中只有3个是属于企业的俱乐部①；江苏宜兴体育局直接委托各地体育协会举办赛事，北京市体育局向各附属体育协会购买服务②；常州市在2014年购买了18项公共体育服务，16家单位与政府签约，其中属于体育协会和体育总会的单位11家，市级体育场馆管理公司1家，体育系统之外的承接组织仅4家，2015年常州市购买公共体育服务项目的中标单位达到28家，其中属于地方体育协会的单位14家，场馆管理单位5家，市体育发展公司、体育总会、体育公园各1家，体育系统之外的承接组织仅有6家③。以上案例说明，在购买公共服务中，政府更偏向于将体育社团选定为承接主体，将培育体育社团的发展作为政府购买服务必须考虑的价值之一，从而政府购买服务制度本身需要的条件却被忽视了。

正如新公共管理理论、公共产品细分理论、多中心治理理论等所强调的那样，政府购买服务本身有着核心的价值追求，表现为政府通过市场竞争机制的引入，将公共服务的生产交给更有效率的企业和社会组织，政府只发挥决策和监督作用，利用成本、绩效的评价体系，以求用最低的成本获得最优的服务质量。实现这些核心价值追求的首要原则在于竞争机制能够充分发挥，没有竞争机制，降低服务成本、提高服务质量只能是空中楼阁。通过竞争机制的充分发挥，政府可以在众多公共服务的生产商中挑选最有实力的个体，并且，公平竞争机制可以保证各个竞争主体在自己能力范围内提供最质优价廉的报价，为政府决策提供更多的参考范围。没有公平竞争机制的保障，政府购买服务行为就会呈现出内部化特征和形式性购买④，这与政府本身生产提供公共服务没有任何区别；同时，体育社团自

---

① 2015上海市民体育大联赛竞标结果出炉　51单位中标[EB/OL].[2017-08-06].http://sports.online.sh.cn/sports/gb/content/2015-03/02/content_7310141.htm.

② 王占坤，吴兰花，张现成.地方政府购买公共体育服务的成效、困境及化解对策[J].天津体育学院学报，2014（5）：409-414.

③ 冯维胜，曹可强.政府购买公共体育服务的评估实践与反思[J].首都体育学院学报，2016（6）：484-487.

④ 许小玲.政府购买服务：现状、问题与前景——基于内地社会组织的实证研究[J].思想战线，2012（2）：75-78.

治也会受到冲击,因为政府可以借此机会干预体育社团的内部事务。实现政府购买服务的公平竞争也是法律的明确要求,《政府采购法》第3条规定政府采购应当遵循公开透明原则、公平竞争原则、公正原则和诚实信用原则;《国务院办公厅关于政府向社会力量购买服务的指导意见》规定按照公开、公平、公正原则,坚持费随事转,通过竞争择优的方式选择承接政府购买服务的社会力量,确保具备条件的社会力量平等参与竞争;财政部、民政部、工商总局制定的《政府购买服务管理办法(暂行)》第10条规定购买主体应当在公平竞争的原则下鼓励行业协会商会参与承接政府购买服务,培育发展社会组织,提升社会组织承担公共服务能力,推动行业协会商会与行政机关脱钩。

因此,在现阶段政府购买服务与培育体育社团发展捆绑在一起的大背景下,地方足协也不例外,这既破坏了政府购买服务的公平竞争制度,使政府购买服务的绩效难以达成,也缺乏相应的法律依据,违反了法律规定,错误地定位了政府购买服务在支持地方足协发展中的作用。

(二) 在政府购买服务中存在着行政合同与行政给付法律关系的混淆使用

政府购买服务与行政给付是两种完全不同的制度,必须区别对待。根据行政法学的一般原理,在政府购买地方足协公共服务合同中,存在着三方主体,即政府、地方足协和公民,其中,政府和公民之间是行政给付的法律关系,政府和地方足协之间是行政合同的法律关系,而地方足协与公民之间并不存在着直接的法律关系[①];在行政给付中,存在着双方主体,只涉及政府对地方足协财政资助的行政给付法律关系,并不存在享有独立利益的第三方主体。地方足协在与地方体育局脱钩后,政府对地方足协的财政支持,由之前政府直接拨款变为政府购买服务的方式,预算不变,只是科目变了[②],此时,政府与地方足协之间既有可能是政府购买服务的行政合同法律关系,也有可能是政府对地方足协财政资助的行政给付法律关系。那么,为什么同样一个购买行为在政府和地方足协之间会产生不同的法律关系?这种不同的法律关系会对各自的权利义务产生什么样的影响?

---

① 张敏. 政府购买公共服务后的行政担保责任 [J]. 行政论坛, 2015 (5): 64 - 68.

② 王晓易. 蔡振华承认地方足协改革缓慢,没了"权"连生存都成问题 [EB/OL]. [2017-08-06]. http://news.163.com/17/0118/10/CB2C3RF0000187VE.html.

同样的政府购买行为会在政府与地方足协之间产生不同的法律关系，原因在于提供服务的义务主体不同。因为，政府通过购买地方足协服务的方式支持地方足协发展，既有可能是购买地方足协自身职能范围内的服务，也有可能是政府职能范围内的服务。提供服务的义务主体不同，决定了政府与地方足协法律关系的不同。当政府向地方足协购买政府职能范围内的服务时，政府是服务的监督与提供者，地方足协是服务的生产者，公民是服务的直接消费者，政府与地方足协之间是委托与被委托的行政合同法律关系；而政府向地方足协购买足协职能范围内的服务时，体现的是政府对处于弱势社团的帮助，是无条件的给予，并没有像行政合同法律关系那样需要支付一定的对价，政府与地方足协之间是行政给付法律关系。也许有人会问政府购买地方足协自身职能范围内的服务也可以产生多数人的利益，从而间接体现为政府职能的履行，这样就可以被纳入行政合同法律关系之中，区分政府购买足协职能范围内的服务与政府职能范围内的服务就没有任何意义。这样的想法既没有考虑到政府职能的法定性，也没有考虑到地方足协本身的特殊性。在政府职能的法定性上，"法无授权不可为，法已授权不可违"，政府承担职能只能是基于法律的明确规定，而不能是间接体现，否则，政府对社会上的一切事物都有职责，这明显违背依法治国的基本方略。所以说，在政府购买服务制度中，政府购买的一定是法律明确规定的政府职能范围内的服务，而不能是通过其他社会组织提供的行业服务。在地方足协本身的特殊性上，地方足协作为社会组织有可能接受政府委托承担一定的公共职能，此时政府就与地方足协形成了行政合同法律关系，但当地方足协履行自身职能范围内的服务时，产生的多数人利益就只能是会员利益，作为行业利益代表的地方足协已经吸收了会员利益，此时并不存在独立于地方足协的第三方公民利益。因此，当政府购买地方足协自身职能范围内的服务时，政府与地方足协就形成了行政给付的法律关系。

　　通过以上理论的阐述，我们不禁要对现行政府支持地方足协生存发展的模式提出质疑。政府将改革之前的直接拨款模式变为现在名义上"政府购买服务模式"，这种模式实质上既包括政府购买地方足协自身职能范围内的服务，也包括政府购买政府职能范围内的服务，这两种属性不同的服务应当分别适用行政给付制度和政府购买服务制度，将两种不同的制度混合在一起，就会对两种制度所适用的不同法律关系造成破坏。在行政合同的法律关系之中,政府与地方足协之间是平等的合作关系,在合同订立方面,由政府通过公开招标、竞标的方式选取合同相对人;在合同内容方面,双方可以自由协商公共服务的提供价格、质量、时间、评估方式以及违约责任;在合同履行方面,需要地方足协支付一定的对价,也就是提供符合合同约定的服务数量和质量;在合同救济方面,地方足协可采取民事诉讼的方式救济自己的权利。在行政给付的法律关系中,政府与地方足协之间是管理与被管理的不平等地位,行政给付行为既可以政府依职权做出,也可以依地方足协的申请而做出;行政给付行为的内容没有商谈的余地,只能由政府单方面决定;行政给付履行的实现只能是政府依靠行政强制力、依靠行政监督的方式;拒绝、撤销行政给付或者不完全履行行政给付,地方足协可通过行政诉讼的方式获得救济。由此可见,行政合同法律关系与行政给付法律关系之间的权利义务存在着莫大区别,若将两种制度混淆使用,势必会对地方足协的权利造成破坏,影响制度本来的应有功能。

## 四、完善政府支持地方足协生存发展的模式构建

### (一)以行政给付促进政府购买服务的规范运行

解决政府购买服务在培育地方足协发展中的错误定位问题,最主要的措施不在于从需求方,即政府方面解决问题,而在于从供给方,即社会组织方面解决问题。政府购买服务制度本来用意是利用市场化、民营化的力量生产高质量、低成本的公共服务,但奈何我国地方足协发展水平不尽如人意,地方足协对政府具有高度依赖和附属性,在自身能力建设、自治化程度上都不能实现独立关系竞争性购买。很多社会组织获得的订单并不是在充分的市场竞争下订立的,往往通过政府授权、接受政府委托,甚至基于熟人关系、内部化的运作等参与公共服务的供给。① 因此,促进政府购买服务制度的规范运行就必须加强地方足协自身能力的建设,使地方足协真正确立社会自治组织的地位,为政府购买服务提供足够多的竞争主体。

加强地方足协自身能力的建设可以从多种角度出发,其中,行政给付

---

① 黄剑宇. 政府购买公共服务的影响因素及其优化机制——基于合作治理变革趋势的分析视角[J]. 福建农林大学学报(哲学社会科学版),2014(6):55-60.

是最直接、也最有效的措施。在实践中也有运作比较良好的案例,比如四川省绵阳市在 2016 年就正式启动了"社会组织孵化中心",该中心是绵阳市社会组织孵化平台,通过平台汇集的资源优势和集聚效应,为社会组织提供初创支持、开展定向孵化、实施项目扶持,每年可孵化 100 个左右的社会组织①,可以说,在实践中取得了良好的效果。资金是地方足协发展最大的困难,政府可以通过资金给付的方式资助地方足协,例如,允许地方足协根据自身发展的需要,向政府申请获得一定的财政拨款完成行业性或者公共性的社会服务,政府应对此类申请放松条件,只要是能够促进地方足协发展的,政府都应当允许,但政府也必须加强对财政拨款使用的监督,以防止贪污腐败的发生。税收优惠也是政府支持地方足协发展的重要资助方式,在现行的政府购买服务中,政府向地方足协支付的服务价款仍然在税收征收之列,没有相应的税收减免,政府应当对地方足协在承接政府购买服务中获得的资金给予税收减免,以降低地方足协运行成本,减轻地方足协的资金压力。② 同时,也可以鼓励企业等社会力量对地方足协捐款,捐款可以抵销企业的所得税,这样企业等民间社会力量就会有动力去给予地方足协一定的捐赠。政府还可以通过鼓励金融机构对符合条件的地方足协给予信贷支持,使地方足协有资本去运行可以获得高收益的项目,使地方足协在获得自我生存的资金来源上多一些渠道。体育彩票基金也是政府撬动财政杠杆的又一个重要工具,各地政府可以发行以体育竞赛为竞猜对象的体育彩票,积极吸纳社会资金,然后再通过财政预算和财政支出的方式,返还给地方足协等体育社会团体。

通过以上行政给付的方式,地方足协真正获得了可以生存发展的资源,政府在购买地方足协公共服务时,不必将培育地方足协的发展作为必须考虑的价值之一,而是将降低服务成本、提高服务质量作为政府必须考量的价值,进而在选择承接主体时,按照《政府采购法》《招标投标法》等法律的要求,以公平竞争的方式择优选择承接主体,这样既可以促进地方足协的发展,又使政府购买服务的绩效有效达成。

---

① 刘美岑. 绵阳市社会组织孵化中心正式启动[EB/OL]. [2017-08-06]. http://www.sc.chinanews.com/bwbd/2016-12-26/64094.html.

② 沈海燕. 政府购买社会组织公共服务的现状、问题与对策[J]. 大连海事大学学报(社会科学版), 2016(3): 40-45.

## （二）厘清政府职能和地方足协固有职能

在现在的政府购买服务中，没有分清哪些是政府职能，哪些是地方足协固有职能，而一律采用政府购买服务制度，从而对制度所适用的法律关系造成破坏，弊端已如上述。因此，地方政府在购买地方足协公共服务时，必须明确哪些是政府职能，哪些是地方足协固有职能。对属于政府职能的，必须依据《政府采购法》，适用政府购买服务制度，利用招标、投标程序选择承接主体，并通过与地方足协签订行政合同的方式履行。对属于地方足协固有职能的，因为该职能是行业协会内部的职能，没有必要采用政府购买服务制度，不适用招标、投标等程序，而直接采用行政给付的方式，由地方政府依据自身职权的需要，或者根据地方足协的申请而做出，并通过行政监督的方式保证行政给付拨款的正确使用。

在政府职能和地方足协固有职能划分上，在地方体育事业中政府职能包括公共体育规划和政策研究、宣传服务，公共体育基础设施的管理和维护服务，公共体育资讯收集与统计分析，公共体育运动竞赛组织与实施，政府组织的群众性体育活动的组织与实施，政府组织的体育职业技能再培训，政府组织的国民体质测试及指导服务，等等。[1] 地方足协固有职能包括向政府和社会表达会员合法权益的代表职能，通过行规行约、价格自律、质量监督等方式保障会员利益不受损害的维护职能，为会员提供信息咨询、协调会员之间纠纷、为会员沟通搭建平台的服务职能。[2] 各地政府可以建立政府购买服务清单模板，将政府职能范围内的服务纳入清单模板之内，对于政府购买服务清单模板内的服务采用政府购买服务制度，对于清单模板之外的服务则采用行政给付的方式。从而，行政合同的法律关系与行政给付的法律关系各有其适用的空间，政府购买服务可以与行政给付在地方足协的发展中并行不悖。

## （三）立法的明确保障

我国现行体育社团的发展缺乏法律保障，《体育法》对体育社团保障条件的规定少之又少，并且内涵模糊，难以成为行政机关制定措施的明确法

---

[1] 财政部科研所课题组. 政府购买公共服务的理论与边界分析 [J]. 财政研究，2014（3）：2-11.

[2] 徐家良. 互益性组织：中国行业协会研究 [M]. 北京：北京师范大学出版社，2010：110-113.

律指引。这方面我们可以借鉴韩国的法律制度。在韩国很难找到类似英语文件中政府将社会服务项目外包给社会组织的例子,但韩国于2000年制定了《非营利性私人组织支持法》,规定了政府对社会组织的义务、财政支持的社会组织类型、社会组织提供服务的类型、社会组织提供服务的能力以及政府的监督和评估。建立一个高效而相对独立的交往模式是韩国政府鼓励民间团体发展的有效方法,现在,韩国社会组织数量在不断增长,2010年达到了25 000个①,可以说专门的《非营利性私人组织支持法》有效促进了韩国社会组织的发展。我国没有专门的非营利组织法,只有行政法规性质的《社会团体登记管理条例》,制定一部专门的政府资助非营利组织法不太可能,《社会团体登记管理条例》作为管理社会团体的行政法规,不可能单章设定政府对体育社团的扶持义务,因此,我们只能期望在《体育法》中设定政府扶持体育社团的义务。在我国正在对《体育法》进行修改之际(体育总局已经委托专家起草专家建议稿),我们可以抓住此机遇,在即将修改的《体育法》保障条款中明确规定政府对体育社会团体的扶持义务、政府支持体育社会团体的类型、政府支持体育社会团体的财政种类。通过全国统一立法的规定,给政府设定明确的行政给付职责,并将行政给付实施的效果纳入政府的绩效考核之中,这样就可以倒逼各地政府积极制定措施支持地方足协的发展。

## 五、小结

在政社分开的背景下,地方足协逐渐与地方体育局脱钩,脱钩并不意味着政府就可以对地方足协的生存发展不管不顾,一是因为脱钩后的地方足协没有办法实现自我造血、自我生存,二是地方足协对于完善中国足协管理体制具有重要意义,在地方足球治理中发挥着关键性的作用。所以,政府必须将保障地方足协的生存发展纳入自己的职责之中,政府购买服务与行政给付是实践中普遍选择的做法,但两者之间有容易混淆的地方。在政府购买服务中必须严格适用制度所需要的条件,不能因为培育体育社团

---

① 王浦劬,[美]莱斯特·M. 萨拉蒙. 政府向社会组织购买公共服务研究——中国与全球经验分析[M]. 北京:北京大学出版社,2010:280-285.

的发展，就罔顾了政府购买服务对承接主体的竞争要求。同时，必须区分政府购买的是地方足协自身职能范围内的服务，还是政府职能范围内的服务，前者适用行政给付制度，后者适用政府购买服务制度。通过正确定位政府在地方足协发展中的作用，我们可以期待一个能够承担政府委托职能和维护行业会员利益的、具有强大实力的社会自治社团。

# 第四章
## 以地方足协为中心的赛事治理模式研究

### 一、由"艾弗森中国行"引发的地方足球赛事治理模式之反思

艾弗森是美国著名篮球运动员，于2015年来到中国进行商业演出，艾弗森此次演出并没有给中国球迷带来惊喜，反而引起了无数争议。艾弗森来到中国与总代理商天津启迪文化传播有限公司签订的是执教合同，而启迪文化传播有限公司与各地分代理商却签订了包含艾弗森上场打球的合同。总代理商的违约导致艾弗森与球迷的矛盾不断升级，先是艾弗森在哈尔滨站没有上场打球，引起当地球迷的愤怒；然后在西安站，比赛还没有开打就被叫停；最后在合肥站，艾弗森迟迟不肯上场打球，引起球迷巨大的愤怒，为了平息球迷的愤怒，作为合肥站主办方的合肥蓝奥体育文化传播有限公司总经理的孙亮，竟下跪请求球迷的原谅。这一跪引起了体育界和媒体的巨大轰动①，同时，也让我们反思该事件背后所隐藏的体制机制问题。

国外明星来中国主办、参加商业性比赛不用经过审批，这是继2014年国务院印发《国务院关于加快发展体育产业促进体育消费的若干意见》以来，体育赛事审批制度不断改革的结果。随着商业性、群众性体育赛事审批的不断取消，民间主体办赛的积极性高涨，但随之而来的配套措施却并不到位，导致赛事监管出现真空，政府对于市场主体的违法、违反诚信行为不能及时有效地发现和纠正。因此，为了避免类似艾弗森事件的再次发

---

① 周畅，张端. 艾弗森中国行又拒绝登场　主办方下跪致歉[EB/OL]. [2017-08-13]. https://sports.qq.com/a/20150530/007254.htm.

生，就必须确立新的赛事治理模式，明确市场监管主体，制定赛事审批取消后的配套措施。在"简政放权，政社分开"背景下，在足球领域，这种新的赛事治理模式就是确立以地方足协为中心的赛事治理模式，这种模式既符合我国国情，也最有条件能够实现。因为，随着《中国足球改革发展总体方案》的公布，各地方足协纷纷与政府脱钩，截至 2017 年，只有 1/4 的地方足协没有完成脱钩，地方足协的实体化、自治化进程远远走在其他项目运动前列①，这是地方足协承担赛事治理职能的前提条件和基础。所以，在足球领域确立以地方足协为中心的赛事治理模式具有充足的条件，也可以为其他项目运动领域改革树立榜样和范例。

## 二、"简政放权，政社分开"背景下以地方足协为中心的赛事治理模式之定位

### （一）简政放权背景：商业性、群众性体育赛事审批的取消

在 2014 年 4 月 3 日举行的全国政协双周协商座谈会上，政协委员姚明对现行的体育赛事审批制度发起了诘难，做了《取消赛事审批　激活体育市场》的主旨发言。② 这一发言引起了媒体与社会各界的强烈关注，《人民日报》发表多篇对姚明的采访报道，对现行体育赛事审批制度进行系统的介绍和批判。③ 随后国务院在 2014 年印发《国务院关于加快发展体育产业促进体育消费的若干意见》，提出取消商业性和群众性体育赛事活动审批，加快全国综合性和单项体育赛事管理制度改革，公开赛事举办目录，通过市场机制积极引入社会资本承办赛事；有关政府部门要积极为各类赛事活动举办提供服务。为了落实国务院的要求，体育总局连发三个文件对体育赛事管理进行改革，分别是《体育总局关于推进体育赛事审批制度改革的若干意见》《体育总局关于印发全国性单项体育协会竞技体育重要赛事名录

---

① 杜佳静. 七成地方足协已"脱钩"　3 年内达到 7 万块场地[EB/OL]. [2017-08-06]. http://sports.163.com/17/0616/08/CN1OMJUK00051C89.html.

② 姚明. 取消赛事审批激活体育市场[EB/OL]. [2019-03-09]. http://sports.163.com/14/0415/21/9PTCUAFS0005227R.html.

③ 薛原. 人民日报关注赛事审批之弊①：赛事审批制度到了改革关口[EB/OL]. [2017-08-13]. http://sports.people.com.cn/n/2014/0421/c143318-24919697.html.

的通知》《体育总局关于印发在华举办国际体育赛事审批事项改革方案的通知》。根据这三个文件的要求,确立了体育赛事审批的分级分类管理制度,除了涉及国家安全、社会危害等类别的体育赛事外,其余商业性和群众性体育赛事都一律取消审批,并确立全国免予审批的赛事名录。

在改革之前的赛事管理模式中,申办全国性和国际性的体育竞赛由国务院体育行政部门审批许可,申办地方性的体育竞赛由地方政府体育部门许可。这种许可不分政府举办的公共体育赛事和商业性、群众性赛事,一律要求获得政府的审批同意,并且附加了组织机构、经费、场所、保证金、竞赛方案、相关材料、其他相关政府部门的许可等诸多烦琐与严苛的条件。复杂的程序和高门槛导致社会主体申办体育赛事成为一件极为困难的事情,且体育行政部门对于是否赋予申请人办赛的许可具有相当大的自由裁量权限,这种权力缺乏监督,容易造成权力寻租和与民争利的现象。① 实践中,多有体育管理部门在赛事审批中收取不菲的审批费用,却并不提供实质性的服务②,造成社会办赛成本居高不下。甚至,有的社会主体将某种赛事品牌运营得非常成功时,体育主管部门看到有利可图,会将这种赛事交给自己下属的项目管理中心或自己控制的其他机构运营,以此来攫取本应由社会取得的利润。③ 综上所述,体育竞赛审批制度对社会资本进入赛事设置了极高的门槛,严重影响了社会办赛的热情和积极性,阻碍了体育赛事的商业化、市场化运作,也引起了社会各界对赛事审批制度的深恶痛绝。这种计划经济体制下的赛事管理制度,早已不能适应市场经济下政府职能转变的要求④,所以,国务院取消体育竞赛审批制度,是顺应市场经济条件下市场在资源配置中发挥决定性作用的要求,对于推动体育产业化发展也具有十分重要的意义。体育竞赛作为推动体育产业化的核心力量,蕴含了大量的商业资源,包含了本体产业(赞助费、冠名费、广告费等)、体育

---

① 姚明. 取消赛事审批激活体育市场[EB/OL].[2019-03-09]. http://sports.163.com/14/04/15/21/9PTCUAFS0005227R.html.

② 薛原. 人民日报关注赛事审批之弊①:赛事审批制度到了改革关口[EB/OL].[2017-08-13]. http://sports.people.com.cn/n/2014/0421/c143318-24919697.html.

③ 薛原. 人民日报关注赛事审批之弊①:赛事审批制度到了改革关口[EB/OL].[2017-08-13]. http://sports.people.com.cn/n/2014/0421/c143318-24919697.html.

④ 邱伟昌,等. 上海体育赛事组织管理发展对策研究[J]. 体育科研,2007(2):22-27.

用品制造业和相关的旅游、服务业。以中国足球超级联赛为例,其在2010、2011、2012年度赛季收入总额为13 600万元、17 700万元、14 430万元,这些收入仅含赞助费、冠名费、电视转播费等本体产业。① 因此,一个运营成熟的体育竞赛可以带来巨大的商业利润,有效促进体育产业化的发展。

(二)政社分开背景:政府购买地方足协公共体育赛事服务

政府购买地方足协公共体育赛事服务是指改变政府对公共体育赛事服务的直接提供方式,把属于政府职能范围内的公共体育赛事服务通过契约化的方式移交给地方足协,最后,根据地方足协提供的公共服务数量和质量来支付费用。政府购买地方足协公共体育赛事服务具有深厚的理论背景,20世纪60年代至70年代,西方国家普遍进入"福利国家"模式,社会保障和社会服务获得全面发展,但随之而来的是政府财政压力与日俱增,政府机构从事服务的效率低下,西方国家普遍经历了福利国家的危机,为此西方政府不得不从"国家福利"转向"多元福利",希望将社会组织和非营利组织引入公共服务的供给中。② 其中,公共产品细分理论提出,由于公共产品的非竞争性和非排他性导致"市场失灵"以及由于缺乏竞争性、降低成本的积极性、有效的监督导致"政府失灵",因此,不得不引入适当的竞争机制和公私合作机制来实现公共产品配置与供给的优化。③ 具体表现在两个方面:一是"外部转移",即将一些私人部门能完成的事情交给私人生产;二是"内部改革",即在政府部门内部引入竞争机制,打破政府对公共服务的垄断。

政府购买服务在世界各国也都取得了良好的效果,逐渐成为世界各国政府创新社会治理的新选择,在我国法律政策和社会实践中也都得到了认可和推广。在中央层面的法律政策中,党的十八届三中全会通过的《中共中央关于全面深化改革若干重大问题的决定》中指出,激发社会组织活力,凡属事务性管理服务,原则上都要引入竞争机制,通过合同、委托等方式

---

① 朱忠梁,韩春利,王秋华. 我国体育竞赛业发展探析——以中超联赛、乒超联赛、ATP上海大师杯为例[J]. 河北体育学院学报,2015(3):20-23.

② 财政部科研所课题组. 政府购买公共服务的理论与边界分析[J]. 财政研究,2014(3):2-11.

③ 许小玲. 政府购买服务:现状、问题与前景——基于内地社会组织的实证研究[J]. 思想战线,2012(2):75-78.

向社会购买；2015年实行的《政府采购法实施条例》明确将政府购买服务纳入《政府采购法》的范围，为政府购买服务提供了法律依据；国务院出台的《关于政府向社会力量购买服务的指导意见》为政府购买服务提供了政策指引；财政部、民政部、工商总局也出台了《政府购买服务管理办法（暂行）》，为政府购买服务提供了具体的管理规则。在地方层面的法律政策中，江苏省出台了《江苏省本级向社会组织购买公共体育服务暂行办法》；常州市出台了《常州市向社会力量购买公共文化体育服务实施办法（暂行）》；无锡市出台了《关于无锡市政府购买行业协会商会学会公共服务的实施细则（试行）》。在社会实践中，政府购买体育社团公共体育服务是各地政府比较普遍的选择，例如，在2015年上海市举办的市民大联赛中，作为承接主体的绝大部分是体育社团，在50个中标单位中，有47个属于体育社团；2017年常州市购买公共体育赛事服务34项，其中提供服务的体育协会23个，占承接主体的绝大多数①；2013年南京市体育总会以办好亚青会、迎接青奥会为契机，鼓励支持体育社团承办高规格体育赛事，2013年全市体育协会举办各类群众活动和赛事550余次，参与人数约50万人②。由此可见，在政府职能转移的大背景下，地方足协在地方公共体育赛事供给中将发挥主导性的作用。

**（三）以地方足协为中心的赛事治理模式之定位**

在"简政放权，政社分开"的大背景下，地方足球赛事治理模式将逐步淡化政府的作用，表现为在商业性、群众性的体育赛事管理中，通过政府行政审批的方式管制足球赛事，出现了如上文所述的种种弊端，但取消赛事审批后，放任市场的无序发展，同样也会带来类似"艾弗森中国行"的问题。在这样的背景下，地方足协由于自身的特殊优势，将代替政府在地方群众性、商业性足球赛事治理中发挥中心作用，这一中心作用在地方公共体育赛事中也能得到体现。因为，在当前推广政府购买服务的大背景下，地方政府都乐于将公共体育赛事通过招标投标等市场竞争的方式，转移给体育社团、企业等社会力量承办，体育社团又占据了承接主体的绝大

---

① 孙靓. 全城热炼再掀全民健身热潮 2017年政府购买公共体育服务项目揭晓［EB/OL］.［2017-08-13］. http://news.cz001.com.cn/2017-05/16/content_3324673.htm.
② 江苏加快推进体育社会组织发展［EB/OL］.［2017-08-13］. http://sports.people.com.cn/n/2013/1113/c22176-23531694.html.

## 第四章 以地方足协为中心的赛事治理模式研究

多数,所以,地方足协也将在地方公共体育赛事供给中发挥着中心作用。

以地方足协为中心的赛事治理模式,不仅有治理现代化理论的支撑,还在于顶层设计的要求。党的十八届三中全会通过的《中共中央关于全面深化改革若干重大问题的决定》提出,完善和发展中国特色社会主义制度,推进国家治理体系和治理能力现代化。治理现代化在体育领域的表现就是,以体育善治为治理目标,以重塑体育本身所具有的普世价值为治理基础,以多元参与方式等共议为治理主体要求①,"善治、普世价值、多元参与"等治理现代化的核心字眼实际上也暗含了治理理论的要求。治理理论的创始人之一,詹姆斯-罗西瑙将治理定义为一系列活动领域里的管理机制,它们虽未得到正式授权却能有效发挥作用。② 与统治不同,治理指的是一种由共同目标支持的活动,这些管理活动的主体未必是政府,也无须依靠国家的强制力量来实现。作为社会—控制体系的治理,它指的是政府与民间、公共部门与私人部门之间的合作与互动。所以,治理理论给予我们的启示就是,构建以地方足协为中心的赛事治理模式,这种模式就是以地方足协作为治愈政府失灵和市场失灵的工具,自然地就接替政府成为社会—控制体系的管理者,这种管理是在政府、社会、私人都有效参与的前提下实现的,它以各方主体共同的目标为活动准则,使各方主体在服从管理的前提下,尽可能地保障各方主体的利益。

在中央的顶层设计方面,在有关足协改革的所有法律政策文件中,具有最高法律效力的《中国足球改革发展总体方案》指出,地方、行业足球协会担负本地区、本行业的会员组织建设、竞赛、培训,各类足球活动开展、宣传等职责。中国足协内部制定的《中国足球改革发展试点工作的方案》,明确指出地方会员协会的核心任务是构建"成人业余联赛—青少年联赛—校园足球"的结构,形成以竞赛体系为构架的足球发展结构体系、培训体系。从上述两个文件中,我们可以推导出,体育竞赛作为地方足协核心的工作任务,地方足协必须被赋予足够多的管理权力来推动地方足球赛事的发展。在"简政放权,政社分开"的大背景下,我们完全可以放大这

---

① 王润斌,肖丽斌. 治理现代化视野中体育赛事审批制度的取消[J]. 体育成人教育学刊,2015(1):9-13.
② 徐家良. 互益性组织:中国行业协会研究[M]. 北京:北京师范大学出版社,2010:110-113.

种管理权力，形成以地方足协为中心的地方足球赛事管理模式。

## 三、构建以地方足协为中心的赛事治理模式之障碍

### （一）商业性、群众性赛事审批改革的立法滞后

本课题组以各地关于体育赛事审批的法规政策为研究对象，考察我国体育赛事审批制度改革的立法进程，具体方法为以"体育竞赛"为标题，在北大法宝网上收集相关文章，最终收集到18篇地方政府规章和2篇直接涉及审批制度的规范性文件。其中现行有效的规章（包含已修改的规章）共11篇，有效的规范性文件2篇。这13篇文章中涉及的既有经济发达、体育产业化程度较高的地区，也有经济欠发达、体育产业化较弱的地区。样本具有全面性，对说明我国地方体育赛事审批制度改革的立法进程具有较强说服力。

对这13篇规章及规范性文件研究发现，各地体育赛事审批制度改革进程不一，地区差异性较大。赛事审批改革比较彻底的地区有河北省、山东省淄博市。其中河北省政府规章规定取消所有的体育赛事审批，也没有规定体育赛事的备案制度，开创了我国地方体育赛事审批制度改革的先河；山东省淄博市政府规定了所有体育赛事都不需要审批，只需要备案。赛事审批改革有所涉及，但改革力度比较小的地区有广东省、辽宁省、山东省。其中，广东省体育局的规范性文件规定全国性、国际性、省级、特殊体育赛事仍需要相关部门审批，其他体育赛事则不需要审批；辽宁省政府规章规定了冠名为"辽宁"或同义词的体育赛事取消审批，其他体育赛事仍然需要审批；山东省政府规章规定省级体育赛事的审批制度取消，改为备案制度。赛事审批没有进行相应改革的地区有浙江省、山西省、宁夏回族自治区、黑龙江省及北京市、山东省青岛市。其中，北京市政府规章规定了区县级别的体育赛事取消审批；其他省市仍然规定所有的体育赛事都需要审批。《上海市体育竞赛管理办法》虽然没有直接规定审批，而是规定了登记制度，规定区县级别以上的体育赛事都要经过登记许可，但实质上仍然属于审批制度。

从以上的分析中，我们可以看出自国务院在2014年印发《国务院关于加快发展体育产业促进体育消费的若干意见》以来，地方体育赛事审批并

没有取得突破性的进展，仍然有相当多的省市没有对体育赛事审批制度做出相应的改革，即使有所改革，改革的力度也不够彻底。至于没有对体育赛事审批制度进行改革的地区，仍然沿用政府审批管制的方式，这是因为政府不愿放权于社会，对于我们构建以地方足协为中心的足球赛事治理模式是主要的障碍，所以，必须彻底废除政府对商业性、群众性体育赛事的审批制度。

（二）取消商业性、群众性赛事审批后的配套措施不到位

商业性、群众性的体育赛事审批被取消后，相应的配套措施没有跟上来，也是阻碍地方足协发挥地方赛事治理中心作用的又一重要因素。具体表现在以下几个方面：首先，旧的审批许可方式被废除，但没有确立新的管理方式，造成体育赛事市场的无序竞争格局。我国政府已经习惯了用事前审批许可的方式管理地方足球竞赛，这是长期计划经济时代思维的产物。在放松赛事审批之后，他们往往无所适从，不知道自己该在地方体育竞赛中发挥什么样的作用，这种迷茫在实践中就表现为政府对民间体育赛事的不管不问。如果不加以改变，类似"艾弗森中国行"的事件还会再发生，政府又可能会以市场失序为由重新收回已下放的权力。其次，虽然赛事审批在体育系统内被取消了，即赛事申请不用再盖体育部门的公章，但一般的体育赛事尤其是大型体育赛事，还要经过公安、消防、卫生、工商等部门的审批，在以往审批管理的方式下，体育部门会协助申请者向其他管理部门沟通，取消审批后就意味着申请者要一一向有关管理部门申请，这无疑增加了时间和金钱成本，增加了地方足协治理的难度。① 最后，对于那些户外运动、有一定危险性的比赛，如果发生意外，由谁来负责也是一个大问题。如果放任不管，赛事承办方可能会逃避责任，损害的只能是运动员的利益。为了维护良好的竞赛管理秩序，防止赛事承办方一味地追求自身利益而损害参赛主体的合法权益，就必须确立以地方足协为中心的赛事治理模式，将这些违法行为纳入自身的监管范围之内。

（三）地方足协承办公共体育赛事之困境

地方足协承办公共体育赛事固然是一种双赢选择：一方面，地方足协

---

① 林德钊，刘刚. 体育赛事审批制度改革任重道远[EB/OL]. [2017-08-13]. http://culture.people.com.cn/n/2015/0512/c172318-26987600.html.

可以利用政府的拨款获得生存资金，在承办赛事过程中锻炼自己的业务能力；另一方面，政府可以借此机会转移自己的职能，降低公共财政支出，提高公共服务质量。但在实践中，地方足协仍然存在着实体化、自治化进程的欠缺，具体表现在以下几个方面：首先，仍然有相当一部分地方足协同构于地方足球项目运动管理中心，这种"两块牌子，一套人马"的组织架构使地方足协成为地方体育局的附属机构，地方足协的自治性毫无可言。其次，已经完成与地方体育局脱钩的地方足协，成为自收自支的民间非营利组织，资金都要靠自己来筹集，但地方足协既没有掌握职业联赛资源，也没有《体育法》授予的权力资源，很难实现自我造血和自我生存，连自我生存都困难，又如何能提供高质量的公共服务。最后，地方足协内部治理结构也存在着诸多问题，如体现会员意志的会员代表大会不能有效发挥它的作用；作为执行机构的理事会经常僭越会员大会的职能，损害会员的权益；体现权力机构、执行机构、监督机构相互制约、相互平衡的民主管理体制没有建立，监事会缺失是各个地方足协普遍存在的现象。

如果地方足协自身没有能力承接公共体育赛事服务，政府购买公共体育赛事服务就不能实现制度本来的目标，既破坏了地方足协的自治，使地方足协更加依赖政府，为政府干预地方足协内部事务提供了理由，也使政府购买服务制度破坏了公平竞争的要求，达不到降低公共服务成本、提高公共服务质量的目的。原因在于，当地方足协在生存上完全依赖于地方政府时，根据资源依赖理论，政府和地方足协就会形成权力和顺从关系，而不是平等合作关系。① 这种权力和顺从关系既违背当前社团改革的方向，也使政府购买服务的绩效难以达成，政府购买服务依靠市场竞争机制选择最质优价廉的承接者，而不是依靠内部关系、熟人关系选择承接者。所以，当前政府购买服务实践中，普遍存在着内部购买、形式性购买的弊端②，这也成为地方足协承办公共体育赛事的困境之一。

---

① 冯欣欣，曹继红. 资源依赖视角下我国体育社团与政府的关系及其优化路径研究［J］. 天津体育学院学报，2013（5）：382－386.
② 苏明，贾西津，等. 中国政府购买公共服务研究［J］. 财政研究，2010（1）：9－17.

## 四、完善以地方足协为中心的赛事治理模式之对策建议

### （一）制定全国统一的竞赛管理行政法规

构建以地方足协为中心的赛事治理模式，前提在于体育部门享有的赛事审批权能够被真正取消，然而，现实情况是全国性的体育赛事审批随着《全国体育竞赛管理办法（试行）》（以下简称《办法》）的废除被取消，但在地方层面，仍有相当多的省份沿用审批方式管理赛事。也许有人会发出这样的疑问，根据已废除的《办法》规定，举办国际性和全国性的体育竞赛由国务院体育行政部门审批，举办县级以上的体育竞赛由当地体育行政部门审批，所以，《办法》的废除，是否就意味着地方体育竞赛审批被完全取消了呢？这样的疑问没有考虑到以下两个方面的事实：一方面，因为我国法律的效力层级，《办法》作为国务院的部门规章，在法律效力上低于地方人大制定的地方性法规，与地方政府制定的地方政府规章具有同等的法律效力。所以，《办法》的废除并不意味着地方政府的赛事审批权被取消，地方政府仍然可以制定法规和规章来管理地方体育赛事。另一方面，《体育法》第31条第3款规定地方综合性运动会和地方单项体育竞赛的管理办法由地方人民政府制定，《体育法》将地方体育竞赛的管理权力授予给地方政府，《体育法》是全国人大制定的法律，效力自然高于部门规章，所以，作为部门规章的《办法》被废除，并不意味着《体育法》的授权被剥夺。

综合以上论述，体育总局对地方体育竞赛并不享有主导性的权力，根据现有的法律，最多只能是给予指导性的建议。因此，必须由更高层级的国家机关制定法律法规来规范现有的竞赛管理制度，这种法律法规的形式只能是由国务院制定统一的竞赛管理行政法规，而不能由《体育法》来规制。《体育法》作为体育领域的基本法，只能原则性地规定哪些机关享有体育竞赛的管理权力，而不可能对体育竞赛做详细的规定。全国统一的行政法规就会给予社会主体办赛明确的权益保障，让他们有明确的预期并投入更多的资本，体育赛事的商业化、市场化运作就能够真正实现。

### （二）由审批许可管理向事中监管、事后评估治理转变

在计划经济时代，以政府主导的体育赛事审批制度能够将社会资源和体育资源更加优化地组合起来，这种举国体制下的体育管理制度能够在短

时间内快速提升体育事业的发展,尤其是竞技体育的发展。① 然而,随着人们对体育赛事观赏需求的增加,更多充满竞技性、观赏性的体育赛事需要进入市场,体育赛事申办的主体越来越多元化。现有的审批制度已经不适应当代社会发展的需要,政府亟须转变治理的观念,重新定位自己的职能。具体来说,就是政府要适应市场在资源配置中起决定性作用,要学会简政放权,激发企业和市场的活力,让市场主体自由投资体育赛事。

当然,政府的简政放权并不意味着完全放任市场的发展而不加以管制,只不过是管制的方式不能再用审批许可的方式,政府要为赛事提供相应的服务和维持基本的公平竞争秩序,才能保证体育赛事市场化运作后能够健康发展。具体来说,就是政府将审批许可的管制方式改为事中监督、事后评估的方式,当然,事中监督、事后评估并不直接由行政机关来实施,而是政府通过购买地方足协公共服务的方式,转移给地方足协实施。理由在于,地方足协有专业化的人才、充足的时间和信息优势,能够实现有效的监管和评估。在事中监督方面,随着各地地方足球协会实体化进程的不断加快,政府可以将对体育赛事事中的运营监督交给各地地方足协来办,地方足协在体育赛事运行过程中,发现违法违纪行为的,可以直接向体育主管部门报告,并向赛事承办方发出警告。这种事中监督的方式要比政府事前审批有效得多,事前审批属于事前的资质审查,这样的审查只能是对相关材料的审查,并且只有一个行政机关审查各个行业的体育赛事,在技术、人员、精力方面能否实现有效审查值得怀疑。即使审查合格,也不能保证体育赛事运营过程中的违法行为能够得到纠正。所以,政府购买地方足协事中监督服务是一个比较理想的赛事治理模式。在事后评估方面,政府可以授权地方足协评估体育赛事举办的社会效益和举办方的守法程度,并以之为依据建立起赛事承办的信用体系。信用等级越高的企业可以承办的体育赛事规模越大,享有的权利也就越多。反之,信用等级越低的企业可以承办的赛事规模也就越小,受到的限制也越多,直至取消举办赛事的资格。这种对赛事的举办既有激励又有惩罚的制度,可以实现对社会主体承办赛事的有效监管,毕竟市场经济也是信用经济,如果失信的成本过高,社会

---

① 南音. 负面清单管理语境下体育赛事审批制度改革[J]. 中共山西省委党校学报,2015(2):112-113.

主体就会严格依照法律的规定来运营赛事。

（三）完善取消体育赛事审批后的配套措施

取消体育赛事审批，并不意味着就完成了体育赛事的治理，还需要与之相关的配套措施，因为体育赛事的治理是一个系统性工程，取消赛事审批只是地方足协发挥治理中心作用的前提条件，为了更加有效地治理体育赛事，政府还必须提供更多的改革措施。具体来说，在改革体育赛事审批制度后，体育系统内的赛事审批被取消了，但同时还要公安、卫生、消防、工商等部门的审批。为了减少企业申请时间，提高行政部门工作效率，政府可以将有关体育竞赛的审批机构都集中在一个窗口，这就是行政法中的相对集中行政许可权，通过确定一个机构统一受理行政许可申请，统一送达行政许可决定。这样就避免了申请人多头跑的局面，减轻了企业的负担。这样的申请许可服务完全可以允许由地方足协来实施，企业通过支付地方足协一定的费用，由地方足协来做与相关部门的沟通工作，既减轻了企业的负担，又增加了地方足协与社会的联系和信任，可以更好地发挥地方足协服务社会的作用。大型体育赛事，尤其是具有一定危险性的体育赛事，安保、医疗和保险等服务是必不可少的，已经取得许可证的企业在承办此类赛事时可以向当地公安局请求给予一定的安保支持；在医疗方面，赛事申办方应当积极做好赛前准备，在药品、医护人员、道路交通等方面都要有充分的准备，当发生事故时，可以确保万无一失；在保险方面，应当由地方足协来监督赛事申办方有没有为运动员参保，对于没有参保的运动员不准上场比赛，通过保险的全覆盖，可以为发生意外的运动员提供及时充分的救济。

（四）独立关系竞争性购买地方足协公共体育赛事服务

公共体育赛事服务体现的是公共利益，地方足协承办公共体育赛事就必须提供物美价廉的服务，而这种低成本、高质量的服务只能通过市场竞争机制选择最有实力的社会组织来实现。这种市场竞争机制的表现就是通过招标、投标、竞争性谈判等方式选择承接主体，而现在的政府购买服务赛事存在着内部性、形式化购买的现象，是否购买往往取决于行政机关的个人需要、社会组织与行政机关的熟人关系等，这种购买方式是不可能达到政府购买公共体育赛事服务绩效的。① 所以,政府必须培育地方足协的发展,为政府购买公共体育赛事服务提供更多的竞争主体,只有供给方形成充分的竞争,政府才能在各个竞争主体中选择最有实力、最质优价廉的服务提供者。地方足协通过承办公共体育赛事服务,可以充分发挥在赛事治理中的作用,赛事规则的制定可以由自己决定;在赛事商业开发方面,可以与地方政府合作开发,获得生存的资金来源;在赛事服务质量方面,地方足协要接受政府和群众的监督,提供最优的服务质量,在这一过程中,又可以倒逼地方足协完善自身内部的组织治理,通过提高自身的工作效率来提升服务质量。

### (五) 地方足协与草根足球社团的协同治理

草根足球社团是地方足球赛事治理中不可忽视的重要力量,草根足球社团一般由民间爱好足球人士组成,对于足球活动的开展具有很大的积极性,相对于官方的足协而言,更有活力。草根足球社团可以有效激发社会办赛的活力,北京回龙观业主足球协会就是一个成功的范例。回龙观业主足球协会自成立以来,已举办十多场回龙观业主超级联赛,在社会上引起了巨大反响,最多时有超过上万人以上的观众观赛,并且也有众多的投资商赞助,获得了社会的认可。② 回龙观业主足球协会在成立之初,也遇到很多困难,如比赛场地缺乏、裁判员缺乏、资金缺乏等,这也是现在的草根足球社团在开展活动时普遍遇到的困难。因此,地方足协有必要给予草根足球社团一定的帮助,在比赛场地、裁判员培训和比赛规则的供给方面,都可以给予草根足球社团一定的帮助。扶持草根足球社团的发展,可以减轻地方足协治理地方体育赛事的压力,形成地方足协与草根足球社团协同治理地方体育赛事的格局。

## 五、小结

地方足协在"简政放权,政社分开"的大背景下,可以在地方足球赛

---

① 许小玲. 政府购买服务:现状、问题与前景——基于内地社会组织的实证研究[J]. 思想战线,2012 (2):75 - 78.
② 侯局长. 北京回龙观足球超级联赛_劲爆百科[EB/OL]. [2017-08-13]. http://www.jinbaosports.com/index.php? a = show&c = index&catid = 1615&id = 2896&m = content.

事治理中发挥着关键性的作用，这既符合中央对地方足协的定位，也是治理现代化视野下治理理论的要求。构建以地方足协为中心的赛事治理模式仍然存在着诸多的障碍，例如，体育赛事审批改革不彻底，全国仍有很多地方没有改革体育赛事审批制度；已经取消赛事审批制度的地方，没有制定配套的改革措施，地方体育赛事呈现出管理真空的局面；地方足协自身存在的问题，使地方足协在承办公共体育赛事时，没有按照独立关系竞争性购买，不能有效达成政府购买服务的绩效。本章主张制定全国统一的竞赛管理行政法规，倒逼各地方改革现有的赛事审批制度，为地方足协的治理奠定基础；政府通过购买地方足协事中监管、事后评估的公共服务方式，使体育赛事由政府管制变为地方足协治理；政府在取消赛事审批后要制定相应的配套改革措施，为地方足协的治理扫清障碍；政府要通过独立关系竞争性购买的方式，使地方足协承办公共体育赛事服务，具体可以通过培育地方足协的发展，为政府购买服务提供更多的竞争主体；草根足球社团在地方足球赛事治理中发挥着重要作用，地方足协可以给予草根足球社团场地、裁判、体育赛事的规则，来支持草根足球社团活动的开展，形成地方足协与草根足球社团协同治理的局面。

# 第五章
## 地方足协法人治理之困境及破解对策

### 一、问题的提出

随着 2015 年《中国足球改革发展总体方案》的推出，地方足协的改革已经上升为国家层面亟须解决的重大难题，国务院和各地政府也都纷纷制定政策推进地方足协的改革。其中，理顺地方足协与地方体育局的关系，实现地方足协与地方体育局的脱钩；撤销足球项目运动管理中心，实现"政社分开，管办分离"，是现阶段各地政府改革地方足协的主要措施。随着以上改革措施的逐步落实，可以预见的是更深层次的改革将要启动，对于改革尚未触及的地方足协内部管理体制和运行机制，将成为未来改革的重点措施。① 原因在于地方足协内部治理存在着诸多问题，如会员代表大会的虚置、监事会机构的缺失、章程的形式化与格式化、选举制度的不完善等，所有这些内部治理问题严重影响地方足协职能的发挥，是比政府过度干预还要影响地方足协发展的关键性因素。正如部分学者所指出的，我国的体育社团可以对政府形成依附性自主关系，也就是说体育社团可以不独立于政府，接受政府干预，但是体育社团不能不具有自主性，自主性要求体育社团积极履行自己的职能，体育社团的各个机构能够有效运转。② 因此，本章将对地方足协法人治理做实证的考察，分析我国地方足协法人治理的困境，并提出可能的破解对策，以期能为地方足协的改革提供一些指引。

---

① 何强. 转变体育发展方式进程中的项目协会改革 [J]. 北京体育大学学报，2015（1）：15-24.
② 王诗宗，宋程成. 独立抑或自主：中国社会组织特征问题重思 [J]. 中国社会科学，2013（5）：50-67.

## 二、地方足协法人治理之困境及原因分析

### （一）地方足协法人治理结构之困境

在法人治理结构上，地方足协内部机构设置不健全。地方足协既可以因为接受政府委托和授权从而享有管理社会事务的公权力，还可以根据协会会员的授权享有管理行业事务的公权力。根据现代社会民主与法治的基本原理，凡存在权力的地方必须以权力约束权力，才能防止权力滥用。这样的权力约束机制具体到地方足协来说，就是建立一个权力机构、执行机构和监督机构相互制约、相互平衡的机制。因此，作为权力机构的会员代表大会、执行机构的理事会和监督机构的监事会，都是必不可少的机构。但是，实践中，有的地方足协，如北京市足球协会甚至都没有设立会员大会，而是由行政机关人员构成的理事会作为最高权力机关，这是因为已经成立25年的北京市足球协会连会员都没有确定，一直到2017年2月10日在北京市先农坛体育场御耕苑召开了"北京市足球运动协会会员建设工作会"，确立了86个单位和组织作为北京市足球协会的团体会员。① 没有最高权力机构的地方足协只能由行政机关人员组成的理事会来控制，协会完全成了行政机关的附属机构，毫无自治可言，更谈不上保护行业成员的利益。在执行机构的设置上，基本上地方足协都设置了理事会，虽然名称不同，有的地方称执委会、委员会（江苏省）、常务委员会（上海市、浙江省），但都行使着相同的权力（以下都称为理事会）。相当一部分理事会成员并不经由民主选举的程序任命，大部分由业务主管机关或者是体育行政部门的领导担任。这样一来，作为地方足协意思表示机构、决策机构和执行机构的理事会，就不能发挥应有的职能，不能真正代表会员的利益，而成为行政机关的附庸。在监督机构的设置上，只有广东省足协和北京市足协设置了监事会，其余省份的地方足协皆没有设置监事会，而且也没有设置类似监事会的监督机构。监事会的作用在于监督最高权力机构、执行机构的规范运行，是权力机构、执行机构和监督机构相互平衡与相互制约必

---

① 北京市足球运动协会会员建设工作会召开[EB/OL].[2019-03-09]. http://www.sohu.com/a/125978568_509345.

不可少的机构之一。缺乏监事会的制约，理事会、被理事会实际控制的会员大会、主席会议或者秘书处就很容易侵蚀会员的权益，而会员也很难得到救济。

### （二）地方足协法人治理机制之困境

在法人治理机制上，地方足协存在着协会章程虚置、协会会员的覆盖率不足、各机构之间职权交叉等问题。在地方足协的章程上，各地的足协章程并没有被实际遵守，违反章程的事项屡见不鲜，章程虚置化程度非常严重。例如，会员代表大会没有按期召开，理事会、主席等领导阶层的任命时间严重超过章程规定的时间，却没有受到民政局的监管和惩罚。在地方足协内部机构的职权设计上，各机构之间也存在着职能交叉、职能僭越的问题。例如，福建省足协章程规定了理事会决定会员的吸收和除名，江苏省足协章程规定了委员会选举和罢免主席，这些职权涉及会员准入和协会负责人选举等协会运行的关键性问题，本来属于最高权力机构即会员大会专属的职权，却被执行机构所僭越。福建省足协章程和江苏省足协章程规定了常务理事会行使着理事会的大部分职权，除了选举、罢免理事长、秘书长，向会员代表大会报告工作和财务情况外，其他一切职权都可以由常务理事会行使，这就导致了常务理事会职权过大、与理事会职权存在交叉，导致个别领导人控制整个协会的现象，不利于地方足球协会的法人治理。

在协会会员的覆盖率方面，会员的范围和种类指地方足协可以容纳什么样的主体成为会员；准入资格指成为地方足协的会员需要什么条件。在协会会员的范围和种类上，存在着有没有个人会员的区别，福建省足球协会、江苏省足球协会、上海市足球协会、广东省足球协会、浙江省足球协会、陕西省足球协会章程规定了会员既包括单位会员，也包括个人会员。其中，江苏省足球协会是在2016年开放了个人会员的资格[①]；山西省足球协会只规定了单位会员，而不包括个人会员。即使是在单位会员的范围和种类上，也存在着较大的区别。广东省足协和山西省足协规定得最为全面和详细，规定城市足球协会、地区（市级）足球协会、行业系统足球协会、

---

① 许琰. 江苏足协首次代表大会在宁召开　将接纳个人会员[EB/OL]. [2017-08-08]. http://news.cz001.com.cn/2016-06/18/content_3232255.htm.

青少年足球组织、女子足球组织、各类足球联赛及社会专项足球组织都可以成为广东省足协和山西省足协的会员；上海市足协次之，规定各区县、行业足球协会和业余训练单位、足球俱乐部及从事足球运动的企事业单位可以作为上海市足协的会员；福建省足协、浙江省足协、陕西省足协都没有对单位会员的种类做出规定，这些协会的会员一般都只存在市级足球协会和行业、系统足球协会，与足球运动有关的更为广阔的足球组织并不包括在内。在会员的准入资格上，拥护协会章程、有加入协会的意愿、在协会业务范围内有一定影响是各地足协章程规定的共同要素，只有广东省足协对单位会员加入没有设置任何准入门槛。

综上所述，现阶段的地方足协在会员覆盖率方面存在着各地程度不一的现象，在单位会员种类和范围方面，一般都只包括市级足球协会和行业足球协会；在个人会员方面，有的地方足协没有将个人会员纳入会员范围，这些说明现阶段地方足协的会员种类和范围远远不能达到民主治理广度的要求。在会员准入的门槛上，一般都对会员设置了比较多的条件，尤其是个人会员，这就限制了会员的范围，影响了地方足协民主的广度和深度。

**（三）地方足协法人治理之政府介入困境**

在政府介入以地方足协为代表的社会团体法人治理规范方面，民政部于1998年制定了《社会团体章程示范文本》，各地也都纷纷制定了本地的社会团体章程示范文本，例如，湖南省2015年颁布的《社会团体章程示范文本》、珠海市民政局2009年颁布的《关于印发珠海市社会团体章程示范文本的通知》。这些规范性文件旨在为社会团体的章程内容和格式提供范本，其内容主要涉及社团内部的法人治理机制问题。这些文本共同的特点是强制性色彩浓厚，名义上虽为范本，实质上却具有强制性的效力。因为，体育社团章程是民政部门年度重点审查的对象，只有章程符合条件，社团才能被允许继续从事活动。因此，各级民政部门在审查社团提交的章程是否符合条件时，自然也就以这些章程示范文本作为强制性的许可要件。由于这些章程示范文本没有强制性规范与任意性规范的区分，导致民政部门过度干预了体育社团自主制定章程的内容，导致社团章程的形式化、格式化，进一步地，体育社团法人治理也明显受到政府的过度干预。

在政府对地方足协法人治理监管方面，由于现有社会团体双重管理体制的束缚，以及政府监管手段的单一，地方足协许多违反法律规定的行为得不到有效及时的纠正。我国体育社团的成立需要有业务主管机关的挂靠和民政部门的登记，这两个部门都是体育社团的管理机关，但在这两个部门之间存在着职权交叉、职责不明的现象，导致的后果是两个部门对于自己不想管的事项都不管，就会出现管理和监督的真空地带。并且，登记管理机关和业务主管机关监管的手段比较单一，一般是对社会团体提交的年度工作报告进行审查，这样的监督方式并不能及时有效地纠正社会团体的违法行为。

### （四）地方足协法人治理困境之原因分析

究竟是什么原因导致现有的地方足协法人治理之困境？这就需要从影响地方足协法人治理的外部因素说起。在我国，以地方足协为代表的体育社团并不像西方国家的体育社团那样，从自下而上的渠道发展而来，我国的地方足协是地方政府为了满足行政管理职能的需要而设立的，其诞生之初就是政府的附属机构。所以，地方足协内部的治理形态在很大程度上取决于政府需要。但是，近年来政府工作目标都聚集在如何理顺政府与足协的关系上，普遍存在着重外部体制机制的建设，而忽视内部治理结构及机制完善的现象。例如，2015年中央深改组发布的《中国足球改革发展总体方案》，绝大部分内容是足协如何摆脱政府依赖，发挥社会组织自治作用，而很少涉及足协内部治理的完善；《行业协会商会与行政机关脱钩总体方案》也是将行业协会与行政机关脱钩作为重点关注的内容。在我国，行政机关掌握着地方足协发展所需要的权力资源、物质资源、财政资源，没有行政机关的扶持，地方足协实现生存发展都不可能，更遑论实现法人治理。因此，只有行政机关给予地方足协法人治理一定的支持，譬如，制定政策给予地方足协一定的财政资源、人力资源，地方足协完善法人治理才有可能。

地方足协法人治理不完善的另一原因在于社团章程没有被严格遵守，社团章程虚置化比较严重。一是缺乏强有力的监管机构。民政部门虽然作为社团管理机关，但地方体育局同时也是社团的业务主管机关。同样作为行政机关，民政部门就很难对体育局的领导人员长时期担任地方足协领导进行有效监管，只能是视而不见，而地方足协也乐于体育局的领导人员长期固定，这样就可以获得行政部门的资源。二是章程制定没有充分反映成员的意志。章程的形式化、格式化比较严重①，这样的章程就很难被会员自觉遵守，当章程被破坏时，自然也就没有人出来反抗。

地方足协没有建立完善的法人治理机制，也有很大一部分原因在于立法的不完善。在我国主要有《民法总则》《体育法》《社会团体登记管理条例》规范以地方足协为代表的非营利性体育社团，然而，这些法律中对体育社团法人治理的规定少之又少。《民法总则》只对非营利社团法人的章程、会员代表大会和理事会做了简略的规定；《体育法》对体育社团内部治理完全没有规定；新修订的2016年《社会团体登记管理条例》主要规定了社会团体的成立登记、监督管理和罚则，对社会团体内部法人治理的规定非常少，都是原则性的、模糊性的规定，在实践中的可操作性不强，难以成为地方足协法人治理的法律依据。对比公司法人治理，可以发现《公司法》对各种形态的公司法人治理结构都做了详细的规定，这也是公司法人治理成功的必备条件之一。对比西方发达国家的法人治理，可以发现他们的社团立法对社会团体法人内部治理做了详细而又有可操作性的规定，如《美国非营利法人示范法》《日本特定非营利活动促进法》《德国民法典》等②。所以说，完善的立法是提高社团自身能力的一个重要条件。

## 三、改革完善地方足协法人治理的意义

近些年来，体育社团的改革日益受到人们的关注，但是已有的研究大多集中在体育社团的双重管理体制、政府对体育社团的干预等，对体育社团内部治理的研究则非常少见。也有学者提过中国足球的法人治理问题，但侧重于从宏观层面上探讨，包括俱乐部的法人治理、中国足协的法人治理、职业联赛理事会的法人治理等，对中国足协法人治理的具体内涵没有明确阐述③，这说明对足协法人治理的研究非常缺乏。在现阶段探讨政府

---

① 史康成. 全国性体育社团从"同构"到"脱钩"改革的路径选择 [J]. 北京体育大学学报，2013（12）：1 – 5.

② 盖威. 中国社团立法研究：以市民社会为视角 [M]. 北京：中国书籍出版社，2015：93 – 122.

③ 易剑东，施秋波. 论完善中国足球法人治理结构的关键问题——写在《中国足球改革总体方案》颁布一周年 [J]. 体育学刊，2016（3）：1 – 8.

与地方足协的关系固然有重要意义,因为我国的地方足协大多从政府机构衍化而来,足协要想生存离不开政府的支持,但过于强调政府的作用而忽视足协内部治理结构的完善,可能会导致地方足协即使独立于政府,但由于内部治理机制的不健全,仍然无法发挥其应有的功能。内部治理和政府支持是地方足协发展不可缺少的重要因素,两者如"车之两轮,鸟之双翼",缺一不可。① 在实践中,我们经常看到体育社团的社会功能被广为肯定的同时,也不时暴露出自身治理中的严重问题。因此,对以地方足协为代表的体育社团研究,其法人治理机制是我们必须面对的重大难题。

首先,地方足协作为行业利益代表,是成员让渡一部分权利而形成的,不仅要维护行业成员的利益,还要承担一部分公共职能,这在足协章程中也得到了明确确认。因此,相对于企业法人的社会责任而言,地方足协承担的公共责任要更多,这就要求地方足协必须建立完善的内部治理机制来有效承担公共责任。其次,地方足协建立完善的内部治理机制也有利于更好地维护成员的利益。在我国,行业协会的成立要受到严格限制,"一业一会,一地一会"导致行业协会是一个高度垄断的组织,行业成员没有选择的权利,只能被动加入此唯一的协会。在这唯一的协会里,只有构建完善的法人治理结构,才能使各个成员都能民主、高效、科学地参与协会运作,才能避免协会的管理层控制协会,从而损害协会成员的利益。最后,地方足协法人治理机制的构建也有利于提升协会自身的公信力,得到协会成员和社会的信赖,使协会能够得到协会成员和社会更多的财政支持、物质支持和精神支持。亨廷顿曾说过,制度化是组织和程序获得价值观和稳定性的一种过程。② 只有地方足协在内部机构设置、权力运作都制度化、规范化以后,才能为成员和社会提供一个稳定的预期,才能凝聚各个阶层的共识。目前,我国的足球协会缺乏国外发达国家行业协会所拥有的公众信服力,所以,在管理行业事务时更多地依靠政府的强权维系,这不利于社团的发展。因此,完善地方足协法人治理机制能够为足协提供一套科学、制度化的组织和运行规则,使其真正树立良好的社会形象和公信力。

---

① 黎军,李海平. 行业协会法人治理机制研究 [J]. 中国非营利评论,2009 (1):40-61.

② [美]塞缪尔·P. 亨廷顿. 变化社会中的政治秩序 [M]. 王冠华,刘为,等,译. 北京:生活·读书·新知三联书店,1989:12-20.

## 四、相关理论对地方足协法人治理的启示

### (一) 委托代理理论对地方足协法人治理的意义

法人治理源于公司治理，公司的产生来源于所有权与经营权的两权分离。随着众多股东的出资，公司的所有权不再只属于单个企业主，而是出资的众多股东，但是，企业的经营管理权却不可能由所有的股东来行使，否则，没有任何效率可言。于是，公司的所有权与经营权不得不分离，股东通过股东大会选举董事会，将公司的经营权交由董事会来行使，这样，公司和董事会便形成了委托—代理关系；同时，董事会又将部分经营权委托给经理人员，在董事会和经理人员之间又形成了委托—代理关系。如此一来，公司的法人治理就形成了双重代理关系，这种双重代理关系存在着不可避免的弊端。因为，在市场经济条件下，信息不对称、代理人追求自身效用最大化和"经济人"假设的存在，使得代理人有可能偏离股东所有者的利益，而追求自身利益的最大化，此时，应该通过完善的法人治理机制来解决所有权和经营权两分情况下的代理难题。具体来说，就是通过股东大会、董事会、监事会构建既能相互制衡又能相互合作的制度，以此来降低代理成本和代理风险，防止经营管理者背离所有者的目标。

随着公司治理理论和实践的发展，许多学者提出将公司法人治理的理论和实践覆盖到非营利组织。例如，Gies 等认为非营利组织的诸多治理功能是和营利组织相似的，是董事会为了治理免税组织所采取的集体行动。[①] Robert Blood 也认为非营利组织非常类似于私人公司而不是任何其他现存的政治机构，因此从公司治理的角度研究非营利组织法人治理极为必要。地方足协作为非营利性的社团法人自然也可以借鉴公司法人治理模式，这种借鉴可以从与公司产生相类似的委托—代理理论说起。在以地方足协为代表的社团法人中也存在着类似的委托代理困境，地方足协的会员通过让渡自己的一部分权利，如制定行规行约权、接受协会处罚权、处理会费等，使得会员与地方足协形成了委托—代理关系，地方足协又通过会员代表大会

---

① 陈林，徐伟宣. 从企业法人治理到非营利组织法人治理 [J]. 中共宁波市委党校学报，2003 (4)：27-31.

选举理事会,将经营管理权委托给理事会。如此,在会员—地方足协—理事会之间便形成了双重代理关系,在这双重代理关系中,同样存在着如公司法人治理中的双重代理困境。因为,即使地方足协作为非营利社团法人,即使没有公司法人中的利润分配诱惑,理事会仍然可能会偏离会员的目标而追求自己的目标。因此,如何保证代理人在符合所有权人利益的情况下运作是法人治理的核心,不论是营利性法人的公司,还是非营利性的社团法人,都可以借鉴以股东大会、董事会和监事会相互制衡、相互合作的制度,这是解决委托—代理困境的共性因素。

具体而言,首先,地方足协的权力机构是会员大会,在会员大会的功能、权力和运作方面,地方足协可以借鉴公司法人治理结构中的股东会机构,强化会员大会的功能。因为,地方足协是会员让渡了很大一部分权利而形成的,具有互益性和自治性,这一点类似于公司的股东大会。只有通过强化会员大会这种最能体现会员意志的机构,才能切实保障会员的利益,互益性才能得到保障。其次,地方足协的执行机构是理事会,理事会负责日常事务的决策和经营,执行会员大会的决议,它在地方足协治理中的功能相当于公司法人治理中的董事会。理事会一般由足协内部人员和外部人员构成,内部人员由地方以及行业足球协会代表、联赛组织代表、知名足球人士组成,外部人员由体育行政部门、社会人士组成。这种构成体现了足协既要保障本会会员的利益,也要维护国家利益和社会利益。再次,很遗憾的是我国大部分地方足协没有设立监事会,缺乏对执委会和秘书长进行监督和制约的常设机构。地方足协作为足球领域的行业自治组织,在成立之初就具有了管理行业事务的权限,根据有权必有责的古老法学原理,地方足协必须具有相应的权力监督与制约机制。因此,必须借鉴公司法人治理的理论与实践,在地方足协的内部治理机构中设置常设监督机构——监事会,对理事会执行会员大会决议的活动进行监督,对秘书长执行执委会决议的活动进行监督,并对协会的财务进行审核。

### (二)合法性理论对地方足协法人治理的意义

合法性的研究最早起源于西方国家,合法性就是指既要符合法律、法规的规定,又要以被认可和被接受为前提。① 马克斯·韦伯认为合法秩序

---

① 徐家良. 行业协会组织治理 [M]. 上海:上海交通大学出版社,2014:30.

# 第五章 地方足协法人治理之困境及破解对策

由道德、宗教、习惯、惯例和法律构成①,哈贝马斯强调合法性意味着某种政治秩序被认可的价值以及事实上的被承认②。合法性是影响社会团体的一个非常重要的变量,它影响着社会团体机构的成立和运行。合法性一般分为官方合法性与社会合法性,前者是指来自政府的承认与信任,在依法登记注册的基础上,还包含着党政部门对社会团体的直接管理;后者是指来自社会的承认与信任。不论是官方合法性,还是社会合法性,都属于外部合法性。进入 21 世纪后,随着政府与社团关系的理顺,社会团体内部合法性问题变得更为突出。③ 社会团体内部合法性是指社会团体的成员或准备被吸纳为成员的群体对该团体的认同,以及其治理结构能够保持这种认同的态度,包括组织合法性和成员合法性,前者是指组织内权威机构的被承认、支持和服从,后者是指社会团体的领导人被普通会员接受、承认并服从管理的状态。

我国地方足协大部分是计划经济时代由政府组建的附属机构之一,因此,在官方合法性上不存在任何问题,但这也导致地方足协主要是为了满足政府职能的需要,代表政府的利益,对地方足协管理下的成员利益考虑得比较少,因此,社会合法性就严重不足。社会合法性不足使得地方足协缺乏社会公信力,难以获取社会捐赠,社团可持续发展就会严重受阻,因此,社会合法性要求地方足协在组织运行过程中,更多考虑成员的利益,而不只是代表政府的利益。在内部合法性中的组织合法性方面,我国地方足协会员的覆盖率严重不足,有的地方足协甚至连个人会员都没有,大部分地方足协的团体会员只是体制内的下级足协,更广阔的足球组织都没有包括在内。因此,在组织合法性上,没有更多利益主体的参与就很难获得人们的认同和服从,组织合法性就无从谈起,这就要求地方足协必须扩大会员范围,让更多的足球组织和个人参与足协的管理。在内部合法性中的成员合法性方面,地方足协会员意见的表达渠道不通畅,会员代表大会或是长时间不召开,或是大会议事的形式化严重,对重大事项的表决、对社

---

① [德] 马克斯·韦伯. 经济与社会(上卷)[M]. 林荣远, 译. 北京: 商务印书馆, 1997: 241.

② [德] 哈贝马斯. 交往与社会进化 [M]. 张博树, 译. 重庆: 重庆出版社, 1989: 184.

③ 徐家良. 行业协会组织治理 [M]. 上海: 上海交通大学出版社, 2014: 31 - 33.

团领导人的选举和罢免等都没有足够的保障，导致成员对社团认同度不高，缺乏参与社团事务的积极性，这就要求必须拓宽会员的意见表达渠道和简化其民主参与程序，使会员真正形成对社团的认同感和凝聚力，激发会员参与社团内部管理的积极性。

### （三）利益相关者理论对地方足协法人治理的意义

利益相关者的概念最早由美国学者弗里曼提出，他认为利益相关者是能够影响一个组织目标的实现，或者受到一个组织实现其目标过程影响的所有个体和群体。① 利益相关者理论主要包括以下三个方面：一是在组织的经营管理活动中，每一个参与主体都会有各种各样的需求，其中，利益是最重要的。二是在追求利益的过程中，需要区分直接利益和间接利益相关者，一般情况下，人们都只考虑直接利益相关者，而很少考虑间接利益相关者，实际上任何组织的发展都离不开间接利益相关者的参与，所以，组织的发展要追求所有利益相关者的整体利益，而不能仅仅追求某些主体的利益。三是需要对利益相关者主体进行细分，根据弗里曼对公司利益相关者的分类，拥有公司股票的主体是一类；与公司有经济往来的群体是一类，如公司员工、债权人、消费者、供应商、竞争者；与公司在社会利益上有关系的主体是一类，如政府、媒体。根据对公司影响力的划分，这三类主体可分为确定型利益相关者、关键型利益相关者、或有型利益相关者。确定型利益相关者对公司有法律上、道义上的索取权，在企业的决策方面有足够影响，对企业的要求能够立即引起企业管理层的关注；关键型利益相关者只能在上述两个方面产生影响；或有型利益相关者只能在上述一个方面产生影响。②

在地方足协法人治理中，协会会员毫无疑问应当是确定型利益相关者；与地方足协有经济往来的应当是关键型利益相关者，如地方足协在从事商业活动中的合作对象、地方足协内部工作人员、对地方足协进行捐赠的社会力量；与地方足协有社会利益关系的主体应当是或有型利益相关者。作为确定型利益相关者，现在的协会会员却并不享有上述三个方面的权利；

---

① Freeman E. R. Strategic Management: A Stakeholder Approach [M]. Pitman Press. Boston, 1984.

② Freeman E. R. Strategic Management: A Stakeholder Approach [M]. Pitman Press. Boston, 1984.

恰恰相反的是，作为或有型利益相关者，政府却享有上述三个方面所有的权利；作为关键型利益相关者，如协会员工、社会捐赠者却并没有享有上述两个方面的足够权利。所以，在地方足协的法人治理中，应当确定协会会员作为确定型利益相关者，在对协会的索取权、对协会决策影响权、要求能够立即引起协会管理层关注的紧急权方面，应当有足够多的影响，才能真正发挥协会应有的职能；应当确保协会员工与社会捐赠者等主体为关键型利益相关者，给予他们在上述两个方面的足够权利；同时，削弱政府在上述三个方面的权利。唯有如此，才能真正确立地方足协行业代表的身份，才能使地方足协取得社会信任，拥有社会公信力，有了这些条件之后，地方足协的生存发展自然也就不是什么难事。

## 五、改革完善地方足协法人治理模式的对策建议

### （一）地方足协法人治理之法律保障

我们国家在体育社团法人治理的法律供给方面存在着不足的现象，这就导致了实践中各个地方足协法人治理的现状不一，因此，有必要对地方足协内部治理给予足够的法律保障，倒逼地方足协完善自身的内部治理结构与治理机制。在这一点上，有必要借鉴美国、日本和德国的社团法人治理模式，通过制定一部统一的非营利组织法，详细规定社团内部治理结构与治理机制，同时又尊重社团的自治。① 具体表现为法律中既有强制性的规则，也有任意性的规则。对于会员代表大会、理事会、监事会职权的设定，社团民主选举，社团议事规则，财政收入与支出等关系社团生死存亡的事项，法律应该做出强制性的规定；而对于社团自律范围内的事项，例如纪律处罚、工作计划制订、办事机构的设置等，法律应当采取任意性规定的方式，由社团自主决定。同时，这部统一的非营利组织法不仅要规范以地方足协为代表的非营利法人的外部关系，即地方足协与政府的关系、地方足协与法院的关系，还要包括地方足协与其成员之间的权利义务关系，

---

① 盖威. 中国社团立法研究：以市民社会为视角［M］. 北京：中国书籍出版社，2015：112 – 113.

做到无所不包。① 这也是利益相关者理论的必然要求，利益相关者理论要求所有与地方足协有利益关系的主体，都应当参与到地方足协的治理中，通过法律的强制性规定，可以为相关利益者参与提供法律依据，能够提升所有利益相关者的整体利益。

地方足协法人治理的基本原则在立法中应当占有重要位置，基本原则是地方足协法人治理最根本、最基础的准则，是贯穿于地方足协法人治理的立法、执法、司法全过程的基本准则，准确确立地方足协法人治理的基本原则有助于人们更新理念，从而指导地方足协法人治理的实践。关于地方足协法人治理的基本原则，各个地方也有相关规定，例如，《深圳市行业协会法人治理指引》规定了合法、自治、制衡、民主、效能原则，《广东省民政厅关于社会组织法人治理的指导意见》规定了党的领导、依法自律、民主自治、制衡有效、政社分开原则，《广州市社会团体法人治理指引》规定了合法、自治、制衡、民主、效能原则。我们认为地方足协法人治理应当包括自治、制衡、民主这三个基本原则。合法原则不应当成为基本原则，因为，法治国家内的任何主体都必须遵法、守法，无须过多强调合法原则作为基本原则；效能原则也不应当成为基本原则，效能就是地方足协投入一定成本后的回报，这种绩效无法通过法律的强制要求来达到，而只能通过完善地方足协内部治理结构后，才有可能达到，采用强制性的方式既不可能，也无必要；政社分开对于地方足协的法人治理固然很重要，但这可以被自治与民主的基本原则所包含；党的领导是属于政治上的策略，无法成为法律上的基本原则，从而在执法和司法中发挥作用。综上所述，地方足协在有关立法中应当确立自治、制衡、民主这三个基本原则。

（二）地方足协法人治理之政府非强制性指引介入

政府虽然可以介入地方足协的法人治理，但应当以非强制性引导作为政府介入的主要形式。这种非强制性的引导方式包括三个方面：第一，政府制定的非强制性指引规则不具有强制执行的效力，只能对体育社团起示范引导作用，不能因为社团没有按照指引规则制定章程就处罚社团；体育社团也可以自由选择是否采纳政府制定的指引规则，不采纳也不会受到任

---

① 金锦萍，葛云松. 外国非营利组织法译汇［M］. 北京：北京大学出版社，2006：72.

何实质的不良影响。第二，政府可以发布规范性文件对体育社团法人治理结构进行详细规定。如广东省就制定了《广东省民政厅关于社会组织法人治理的指导意见》，详细规定了社会组织法人治理的规则，包括机构的设立、机制的运行等，可以说为社会组织法人治理树立了很好的文本典范；深圳市也制定了《深圳市行业协会法人治理指引》，对深圳市行业协会法人治理的具体规则做了非常详细的规定。这些规范性文件没有规定相应的罚则，只是对行业协会等社会组织起到示范的作用，有力地促进了这些地方社会组织的法人治理。第三，政府的非强制性指引还可以体现为包含一整套激励措施的组合性方案。当体育社团按照政府的指引实现了法人治理，政府就应当给予物质上或者是名誉上的奖励，避免非强制性指引所导致无罚则的规则难以施行。

非强制性指引相对于强制性的引导具有无可比拟的优势，也体现了政府职能的转变，有利于建设现代服务型的政府，推动政府治理能力和治理体系的现代化。强制性的引导是一种高权行政的做法，一般都是行政机关直接下命令，行政相对人不得不服从的方式，是"警察行政"理念的体现，容易引起行政相对人的抵触情绪，引发政府与公民的冲突。而随着公民意识的崛起，生活条件的改善，对政府行政模式的要求也变为服务行政、福利行政，这就要求政府把体育社团置于和其平等、独立的地位，通过对话、协商的方式充分听取体育社团的意见，在此基础上制定相应的措施，就可以得到体育社团的充分理解，政府的目的和意图也就能潜移默化地渗透到体育社团法人治理机制中。这种方式既可以监督行政机关依法行政，又能培养公民民主、独立的意识，从而使政府的执法能得到公民的支持，减少政府的执法成本，增加政府的执法效率，也为体育社团内部民主独立的法人机制提供一个良好的外部示范作用。当然这种非强制性的指引也是有限度的，当法律、法规对体育社团的法人治理有强制性规定时，政府必须要依照法律、法规的要求执行法律，以保障体育社团法人治理的有效运行。

（三）**地方足协法人治理之政府监督保障**

地方政府介入地方足协法人治理的方式，不仅仅在于上文提到过的以非强制性的引导介入，更重要的是政府要以积极的态度应对地方足协的法人治理。这种积极的态度表现为政府要主动退出地方足协内部的管理，在地方足协的管理阶层要减少政府人员，更多聘用与本地足球运动有关的专业人士担任足协的领导。专业人士拥有行政机关人员所无法比拟的优势：一方面，他们有更多的专业知识和经验，能够把握地方足协发展的前沿，制订地方足协发展的战略规划；另一方面，他们可以专职从事地方足协的工作，避免由行政机关领导兼任，导致投入地方足协工作的精力和时间不够等弊端。政府虽然退出地方足协内部的领导管理阶层，但并不意味着地方政府放任地方足协的发展而不管不问。各地地方政府要建立地方足协改革的联席会议制度，强化各个部门之间的沟通，研究制定符合本地实际情况的政策，给予地方足协更大的政策空间和权力资源，使其在建立内部法人治理结构时，拥有相应的权限，避免无钱、无权、无人的窘境。同时，政府还可以通过购买地方足协服务的方式，使地方足协在承接政府购买服务的同时，通过完善自身内部治理机制的建设来提高服务质量和绩效，这也体现了合法性理论的要求。现阶段的地方足协缺乏社会合法性，没有在社会公众面前树立公信力，地方足协通过承接政府购买服务，向社会提供优质的服务，不失为赢得社会信任的好办法，进而在社会捐赠方面，可以获得更多的收入。

  作为地方足协主管机关的民政局要切实发挥好监督作用，对地方足协没有按照章程规定实施相应行为的，要给予相应的处罚。实践中，作为地方足协的业务指导机构——中国足协，就从未按照章程规定召开一年一次的会员大会，在2005年至2014年从来没有召开会员大会，但民政部却没有给予任何处罚。按照《社会团体登记管理条例》的规定，中国足协必须按照章程的规定活动，否则，就要予以相应的处罚，但是，作为社团管理机关的民政部门却放任此现象的发生。中国足协法人治理的运行尚且如此，地方足协法人治理的状况不会比之更好。因此，当章程或者法律对地方足协法人治理有相关规定时，地方足协就必须严格执行章程或者法律的规定，这就有赖于民政部门的有效监管，否则，再合理的规范没有制裁措施也难以执行。

### （四）地方足协法人治理之内部体制机制构建

  在监事会的设置上，目前只有广东等少数几个地区对监事会做了比较详细的规定，其他的地方足协都没有设置监事会，根据法人治理的民主、制衡基本原则，监事会机构的设置必不可少。因为，根据委托代理理论，作为执行机构的理事会在信息不对称的情况下，时时有可能偏离组织的宗旨而追求私人的利益,需要有与之抗衡的监督机构对其监督,这种监督机构最好就是在足协内部设立监事会。在地方足协内部设置的监事机构相对于业务主管机关和民政部门的监管来说,更为有效和全面。监事会作为地方足协的内设机构有权利全面参与地方足协重大决策的做出,对决策中违法或违反章程的规定,可以有效行使监督权,向会员大会、理事会或者民政部门反映,防止地方足协被领导层控制损害会员的权利,同时,也可以防止地方足协为了满足自己行业的利益损害社会公共利益。

章程是地方足协法人治理的主要依据,是会员意志的集中反映,只有保证章程制定过程的民主性和实施的有效性,地方足协法人治理才有可能。在章程的制定上,首先由理事会制定章程的草案,然后向会员公布、征求会员的意见,经过会员的充分讨论后,将会员的意见写入草案,最后再提交会员大会表决。表决一般采取无记名投票的方式,杜绝鼓掌通过的方式,以增加表决仪式的严肃性和神圣感。这些措施可以使章程充分反映会员的意志和利益,增加会员对章程的信任感,使地方足协的自律机制得以有效建立,减少地方足协治理的成本。

在地方足协法人治理的运行机制上,应落实民主选举制度、完善议事规则、扩大地方足协会员的范围。在地方足协民主选举制度上,理事会等领导阶层的任命容易受到行政机关的干预,往往是行政机关提出理事会领导的人选,然后由会员代表大会等额表决。这样的提名和选举严重干扰了地方足协的民主和自治制度,应该由理事会和超过3个以上的会员提出领导阶层的人选,然后再交由会员大会差额表决,保障各候选人之间能够公平竞争,这样选举出来的领导阶层才能真正代表会员的意志和利益,才能为会员所信服。在议事规则上,要保证会员大会、理事会、主席会议能够定期按时召开,对没有按时召开会议的责任人员予以处罚,只有这样,地方足协内部的各个机构才能真正有效运转,否则,就形同虚置。在地方足协的会员范围上,应该降低会员门槛、扩大会员的种类,既要有团体会员,也要有个人会员,只要与足球运动有利益相关的主体都可以申请加入地方足协。扩大地方足协会员的范围可以使地方足协获得组织合法性,增加会员对组织的认同和服从;落实民主选举制度、完善议事规则可以激发成员参与足协事务管理的积极性,为足协事业的发展贡献自己的力量。

## 六、小结

地方足协的法人治理对于提高地方足协服务效率，发挥地方足协作为行业代表应有的功能，具有重要的意义，应成为未来改革的趋势。现有地方足协法人治理存在着治理结构、治理机制与政府介入三个方面的大问题，通过委托代理理论、合法性理论、利益相关者理论的借鉴，我们提出通过制定统一的非营利组织法，明确规定地方足协法人治理结构与机制，改变当前法律体系在地方足协法人治理方面存在的不足；通过政府制定非强制性的法人治理指引，为地方足协完善内部体制机制的构建提供范本；通过减少政府在地方足协领导层的人数，加强民政部门对地方足协遵守章程的监督，为地方足协法人治理提供政府的监督保障；通过倡导各地足协建立监事会，加强章程实施的有效性，完善议事程序和规则，落实民主选举制度以及扩大地方足协的会员范围，提出完善地方足协内部机制的措施。通过以上的对策建议，我们期待可以为地方足协完善法人治理、提高工作运行效率，从而更好地维护会员利益和服务社会，提供一个坚强的组织保障。

# 第二编

## 职业足球联盟构建的法律问题研究

# 第六章 建立中国职业足球联盟的背景与意义

## 一、中国职业足球联盟建立的可行性

### （一）政策背景分析

随着政府体制改革的不断深入，体育系统内出台的一系列政策文件都提到"简政放权"和"转变政府职能"的新要求，成为我国职业足球联盟建设的新依据。2014年10月，国务院印发《国务院关于加快发展体育产业促进体育消费的若干意见》（国发〔2014〕46号），要求鼓励发展职业联盟，提高我国职业体育的成熟度和规范化水平，吸引更多的社会资本进入职业足球领域。2015年3月，《中国足球改革发展总体方案》颁布，要求调整组建中国足球协会、职业联赛理事会，为我国成立职业足球联盟奠定了坚实的基础。2015年5月，国务院在《2015年推进简政放权放管结合转变政府职能工作方案》中提出"着力解决跨领域、跨部门、跨层级的重大问题"，文件中明确提到，在新形势下应采用新的服务和管理体制，监督并核查科教文卫体领域内取消的行政审批事项，激活职业体育市场通道。2015年7月，国务院《行业协会商会与行政机关脱钩总体方案》颁布。这些政策文件为足球改革坚持社会化、法制化和市场化提供了依据，党和国家在足球事业发展进程中，力求转变政府职能、明晰足协性质、调整市场与政府关系和管办分离模式的落实，探索符合我国国情的足球产业发展规律，这些是我国职业足球联盟成立的条件。

### （二）经济基础分析

在职业体育发展过程中，足球项目占据了相当高的市场规模。据统计，截至2012年，欧洲职业足球的产业规模已达到193亿欧元，在全球体育赛事产业中超过了43%的份额。① 据 DELOITTE 统计，足球内部的业务收入和外部相关收入加总后，足球在世界经济行业中排第17位，若用国家的国民生产总值来算，则排在第25位。② 由此可见足球产业对国家经济发展产生了重要影响。

同时，国民经济的持续发展为足球产业的发展也奠定了坚实基础。1979年，我国GDP仅为4 062.6亿元，经过十年的发展达到了16 992.3亿元，GDP的平均年增长率达到9.75%。截至2014年，我国GDP达到636 138.73亿元，而人均GDP约为7 485美元。西方发达国家的发展经验表明，人均GDP从800美元增长到3 000美元是一个国家国民经济获得快速增长的时期③，人均GDP超过5 000美元时，国民消费结构进入转型阶段，享受型、发展型消费需求上升，而体育休闲消费则属于该类型需求。从居民收入水平来看，"十二五"期间，我国农民人均纯收入年均增长率为10.15%，城镇居民可支配收入年均增长率为7.95%。居民的收入增加、物质生活水平提高的同时，精神需求也在不断加强，这些都会刺激体育产业的快速发展，带动足球产业的提高。

近些年来，国务院出台了一系列文件进行经济结构调整，如《国务院办公厅关于金融支持经济结构调整和转型升级的指导意见》《国务院办公厅关于加快发展生活性服务业促进消费结构升级的指导意见》。这些政策不仅创造出了更多的需求，还有利于社会资本涌入足球领域，释放供给，促进我国足球产业的健康发展，在这样的经济基础下，建立职业足球联盟势在必行。

### （三）技术实力分析

在构建职业足球联盟过程中，技术实力可以体现在所处的市场环境与各项政策的制定上，具体表现为足协政策的调整和市场秩序的营造。

2014年10月，国务院46号文要求放宽电视转播限制，除奥运会、亚

---

① 杨铄，郑芳，丛湖平. 欧洲国家职业足球产业政策研究——以英国、德国、西班牙、意大利为例［J］. 体育科学，2014，34（5）：75-88.

② ［法］热拉尔·埃尔诺. 穿西装的足球——对话普拉蒂尼［M］. 赵威，译. 北京：北京理工大学出版社，2014：217-218.

③ 江和平，张海潮. 中国体育产业发展报告（2008—2010）［M］. 北京：社会科学文献出版社，2010：54.

运会、世界杯足球赛以外的其他国内外各类体育赛事，各电视台可直接购买或转让。2015 年出台的《中国足球改革发展总体方案》要求建立电视转播权市场竞争机制。在上述两条重要政策的推动下，2015 年 9 月，体奥动力通过与央视、五星体育、广东广播的竞争，以 80 亿拿下 2016—2020 年中超媒体版权。

同时，政府也制定出台了有利于我国职业足球联赛的政策。如 2016 年 1 月，中国足协公布了《中国足球协会球员身份与转会管理规定》，与 2009 年颁布的《中国足球协会球员身份及转会暂行规定》相比，有明显的变化，比如取消 5% 的转会手续费。这一比例看似不高，但在高水平球员转会时，这一政策可以减少俱乐部的运行成本，减少俱乐部的整体投入。

因此，在职业足球领域如何进行深入改革，发挥出市场导向性作用是成立职业足球联盟的关键。同时，如何利用良好的市场环境、进一步落实"管办分离"也是建立职业足球联盟过程中需要考虑的要素。

### （四）社会环境分析

足球作为世界第一大体育运动项目，在产生经济效益的同时，也会产生社会影响力，许多国家更是将足球作为一种维持社会稳定的工具。众所周知，德国人拥有崇尚科学的理性思维与强烈纪律，这样的性格保证他们在社会与工作中找到明确的定位与归属，但也会使整个社会产生压抑感。人们需要通过观看足球比赛，放松心情、缓解压力。因此，足球为维护德国社会稳定做出了巨大贡献。

在我国，足球是关注度非常高的体育项目，据统计，2015 赛季中超联赛的收视人次约 4 亿，足球运动在构建社会主义和谐社会过程中发挥着不可忽视的作用。《中国足球改革发展总体方案》又将振兴足球视为实现体育强国梦的重要组成部分，而且体育强国梦与实现伟大中国梦又有着密切联系。通过构建职业足球联盟，可以提高足球在体育事业发展中的核心竞争力，也可以激发群众更多的民族自豪感，确立足球在生活中的位置。总的来说，当前的社会环境适合职业足球联盟的构建。

## 二、中国职业足球联盟建立的机遇与挑战

### （一）中国职业足球联盟建立的机遇

改革开放以来，我国体育事业取得了飞速的发展，足球发展却历经坎

坷，国际大赛上的多次失败让足球在国内有更高的关注度，也遇到了较好的发展机遇。现阶段，建立职业足球联盟的机遇如下：

第一，足球产业已经成为推动经济结构升级的重要力量。我国最开始提出发展体育产业是在1992年的"中山会议"上，并在1993年颁布了《关于培育体育市场加快体育产业化进程的意见》。2010年，为了全面推动我国体育事业发展，提高全民身体素质和生活质量，促进由体育大国向体育强国的转变，国务院办公厅颁布了《关于加快发展体育产业的指导意见》。为了满足人民群众多样化的体育需求、保障和改善民生，同时扩大内需、增加就业、培育经济新增长点，2014年，国务院印发了《关于加快发展体育产业促进体育消费的若干意见》。

从以上文件可以看出，我国发展职业体育有促进民生、助力经济转型之考量。政府的高度重视将会使职业足球联盟产生经济效益与社会效益，足球项目的市场化改革已经有了成效，发展方式也逐渐与政府体制改革相适应。

第二，我国正处于全面深化政治、经济体制改革新时期，提出的改革要求符合职业联盟的发展特征。在加强供给侧改革、转变政府职能的背景下，在联赛经营管理上，政府应该通过简政放权，更好地发挥市场的作用，通过制定相关法律法规发挥宏观调控的作用，而不是直接参与联赛的管理。深化经济体制改革过程中提出的一系列要求将为职业足球联盟的创建营造良好的社会环境。

第三，我国职业足球市场潜力巨大。根据央视索福瑞的统计，2011年中超联赛的收视人次开始破亿，赛事影响力不断扩大。在2012年央视重新转播中超后，收视人次为2.95亿，2013年涨到了3.46亿，2015年已达4亿。这些数字说明我国有着巨大的足球消费市场。球迷群体的壮大为联赛的发展提供了稳定的收入来源，也为职业足球联盟的构建提供了动力。

第四，社会主义市场经济强调市场在资源配置中起决定性作用。在职业体育领域，运动员可以自由转会，通过转会实现运动员与俱乐部的共赢。在转播权销售上，俱乐部可按照市场规律，通过联盟集体出售电视转播权，寻找买家，获得更多的收益。

通过以上分析，可以发现，如果错过这次改革的"顺风车"，中国职业足球联盟将很难建立。在这种大环境下，应当积极落实《中国足球改革发

# 第六章 建立中国职业足球联盟的背景与意义

展总体方案》的内容,构建中国职业足球联盟迫切需要打破原有制度束缚,加快中国职业足球改革的步伐,进一步提高中国体育产业的发展水平。

## (二) 中国职业足球联盟建立的挑战

建立足球联盟顺应了中国足球发展的趋势,也是体育市场化发展的必然。中国足球过去三十年的经验告诉我们,足球市场化改革是一项系统工程,政府和市场应该正确面对现实困境,在足球职业化过程中出现的诸多问题都是对目前建立职业足球联盟的挑战。

第一,足协自身职责定位不清。在2015年度中国足球协会注册工作培训班上,中国足协规定2016年1月10日后禁止俱乐部跨省转让,这一规定是"足协越位"管理的表现。足协的责任在于制定规则与程序,使俱乐部在转让的过程中有法可依,同时防止违法乱纪的现象出现。至于具体的资本运作,足协无权干涉,完全由市场决定。

第二,在联赛中,依然存在国企投资俱乐部的现象。这与我国职业联赛初期俱乐部多以专业队为基本架构、俱乐部缺少资金及企业获取政治资本等因素有关。在职业联赛具有私人属性的前提下,俱乐部应当以追求利润与实现公平竞争为主导;而国有资产则是一种公共产品,因此国有资产与俱乐部很难在足球投资上达成统一。国有资产应当在处理经济危机等问题上发挥积极作用,而不是直接参与市场经营活动。所以,若按照原先联赛的投资格局,国有企业的参与会使得我国职业足球联赛的市场化程度仍然无法提高。行政干预不利于我国形成职业足球联盟。

第三,我国缺少规范职业体育发展的政策文件。在职业体育发达的国家,基于职业体育的特殊性,一般会有与职业体育发展相关的法律法规,如谢尔曼法案、博斯曼法案等。其中,英超联盟曾面临英国公平贸易办公室向英国限制贸易行为法庭的起诉,英国公平贸易办公室认为集体出售电视转播权属于垄断,但最后英国限制贸易行为法庭驳回了起诉,英国政府一直采取支持的态度。1998年德国联邦会议出台了专门法案,使得德甲集体出售转播权的行为获得反垄断豁免,不受《德国限制竞争法》的规制。①

我国《反垄断法》于2008年实施,目前只在知识产权等领域实施豁

---

① 杨铄,郑芳,丛湖平. 欧洲国家职业足球产业政策研究——以英国、德国、西班牙、意大利为例 [J]. 体育科学. 2014, 34 (5): 75-88.

免。职业体育实施反垄断豁免也存在很大的空间，如《反垄断法》第5条规定："经营者可以通过公平竞争、自愿联合，依法实施集中，扩大经营规模，提高市场竞争能力。"如果将该法条适用的范围扩张到体育领域，或者在《体育法》中进行专门规定，可以为中国职业足球联盟的建立扫清阻碍。

## 三、职业足球联盟对职业联赛的推动作用

第一，联盟增强俱乐部与政府博弈的力量。政府利用行政权力干预联赛的运作，包括干预运动员的转会与擅自制定球员的最高薪酬标准，妨碍了俱乐部的自主经营权。在政府的控制下，联赛需要调整国家队的集训、赛程，严重损害了俱乐部的利益，部分俱乐部甚至出现了入不敷出的现象，出工不出力的现象在国家队比赛中经常出现。在体育行政部门掌握中国足球国家队集训的现实情况下，需要一个真正代表俱乐部利益的组织来协调各俱乐部之间的关系，维护俱乐部的利益，平衡俱乐部与国家队之间的各项事宜。

在体育改革初期，中国足协曾是俱乐部利益的维护者，但拥有行政职权后，足协已经无法胜任这一角色，例如，很难从俱乐部的利益出发，去协调联赛与国家队比赛之间存在的赛程冲突。而职业联盟可以完全站在俱乐部的立场上，帮助处于绝对弱势的俱乐部。俱乐部与政府之间的对抗本质上是市场机制与行政机制的博弈，在目前的制度下，市场很难发挥其微观调节的功能，因此俱乐部会产生改革制度的诉求，但这一诉求由单个俱乐部行使时很难实现。此时，需要建立中国职业足球联盟来代表俱乐部发表观点，维护不同俱乐部公平参与中国足球的内部管理权利。

第二，联盟弥补市场调节作用的不足。为了改变中超联赛"管办不分"的管理现状，有人提出建立一种完全以市场为主导，各俱乐部掌控联赛产权的经营模式。这样的改革在推动中超联赛职业化进程上会发挥巨大作用，但忽略中国的竞技体育是一种"举国体制下的职业化"，我国不具备实现完全职业化的条件，并且中超联赛还承担着政治与社会公益责任，这是市场调节无法保证的。

职业足球联盟可以作为第三方弥补市场微观调节中的不足。首先，足球联盟的管理阶层都是由各俱乐部选举产生的，受俱乐部监督，这样可以

第六章 建立中国职业足球联盟的背景与意义

保证联盟代表的是各俱乐部的利益。其次，联盟中聚集了大量的经营管理人才，他们对联赛进行专业化的运营，具备一定的俱乐部管理经验，保证了俱乐部利益最大化的实现。最后，联盟可以在联赛后备力量培养、营造足球氛围等领域发挥作用，保留联赛作为公共产品的政治属性以及社会公益性。职业足球联盟的建立有利于保障中超联赛的健康发展，同时也是中国体育改革的重要环节。

自发展职业联赛以来，中国足球一直没有出现具有世界影响力的俱乐部，比如西甲的皇家马德里、巴塞罗那，英超的曼联、切尔西俱乐部。高水平俱乐部没有出现的根本原因还是在于我国足球管理水平不够，激励措施不足。中国足球管理部门希望通过联赛的运营来实现这一目标，但在实际操作中存在信息不对称与管理经验不足等问题。市场投资者也在积极谋划，希望把俱乐部这块蛋糕做大，如山东鲁能俱乐部就提出了打造"百年俱乐部"的口号。但是每个俱乐部的力量是有限的，难以把握住市场的动向，很难有大的作为。所以需要一个组织发挥协调作用，在促进各俱乐部的团结的同时，与政府进行积极合作，探索出属于中超俱乐部的盈利模式，而职业联盟恰恰可以发挥出这样的作用。

第三，联盟规范俱乐部的经营方式。中超联赛自创建以来，出现了种种乱象，如赌球、假球、贿赂裁判以及拖欠球员工资等。从短时间来看，俱乐部获取了利益；但从长远来看，这些行为败坏了俱乐部的信誉，破坏了中超联赛的形象以及市场经营秩序，造成的损失是难以估量的。"公地悲剧理论"可以有效地解释其中的原因：由于中超联赛的公共产权约定不明确，各俱乐部缺乏促进联赛积极发展的动力。因此，各俱乐部都为了使自身的利益最大化而恶性竞争，联盟制度可以有效解决恶性竞争，保证各俱乐部公平参赛。

运动员与教练员的薪酬占俱乐部运营成本中的大部分，政府多次出台政策来限制运动员与教练员的薪水，其目的也是为了保证俱乐部正常运营。2004 年，政府出台"限薪令"，要求运动员与教练员的税前工资不能超过俱乐部运营成本的百分之五十五。政府的这一举措引发了较大关注：一部分人认为俱乐部作为一家企业，薪酬制度应该由企业自己制定，其他任何人都无权干涉，"限薪令"违背了市场规律；另一部分人持相反观点，认为高昂的薪酬给俱乐部的运作带来了巨大的压力，政府限制薪酬可以减少企业人力成本上的负担。

虽然外界对于"限薪令"评价不一,但是在现阶段,从制度上来限制运动员和教练员们的薪酬,是降低俱乐部成本的最佳手段。不过,"限薪令"在实际操作中出现了许多问题:首先,政府与俱乐部的信息不对称,无法切实了解俱乐部的工资发放情况;其次,政府与足协在聘用专业的审计人员的过程中,会增加管理成本,并且难以保证结果的正确性。此时,足球联盟作为俱乐部利益代表者的优势就显现出来,可以快捷地了解俱乐部的内部信息,节约了审计成本,同时保证了结果的准确性。

第四,联盟提高了职业联赛的管理效率。在职业体育改革的过程中,中国足协获得了实体化权力,足协将更多地代表政府行使行政权力,很难同时兼顾俱乐部的利益。长期下去,足协难以掌握俱乐部的内部动态,导致整个联赛的管理效率下降。而中国职业足球联盟是由各俱乐部选举产生的,是真正代表俱乐部利益的自治组织,在接受政府传达的指令的同时,切实地为俱乐部服务。在发展过程中,中国足球职业联盟应该学习足球发达国家的管理经验,聘用先进管理人才,快速有效地掌握来自俱乐部内部的信息,以提高联赛的管理效率。

同时,当部分俱乐部为了自身的利益,做出赌球、打假球等不正当竞争行为时,联盟作为俱乐部利益的共同体,会采取相应的措施进行制裁。显然,联盟制度修补了原有制度设计上的缺陷,从外部改善了足球市场环境,促进了各俱乐部之间的协同合作,实现俱乐部自我发展、自我管理和自我监督的自治发展。

在中国足球发展过程中,体育行政部门常常扮演着管理者的角色,使用行政强制力规范俱乐部的经营行为是当前管理的重要弊端。但是,在市场经济飞速发展的今天,依靠行政权力的管理模式已经适应不了联赛的发展速度。只有由俱乐部直接选举出来的专业、高效的自治组织才能为中超联赛提供更好的服务,足球联盟真正能够代表中国足球整体利益,提高国家足球竞技水平的同时,服务于各俱乐部的发展。

当然,这并非是对体育行政部门管理的否定,中国足球联赛的改革就是由体育行政部门依靠行政力量推动的。在向职业化道路迈进的过程中,行政权力起到了至关重要的作用,只是改革进行到目前阶段,原有的经营模式已经满足不了俱乐部的需求。联赛管理的职业化是世界足球发展的大

## 第六章　建立中国职业足球联盟的背景与意义

势所趋,而市场与政府的博弈结果决定了足球职业化是否可以在中国实行。

政府代表的行政权力在俱乐部面前具有绝对优势,牢牢地掌握着中超联赛的管理权,为了进一步深入职业化改革,必须建立一个专业化的自治组织进行管理。目前在中国,这一角色依然由足协代理。足协作为自治组织,协调着政府与各俱乐部之间的关系,往往会提出维护中超管理秩序的规定。比如,提高各家俱乐部加盟中超的门槛,提高场地条件与草皮质量标准,完善青少年足球培养计划,增加中国足球的后备人才储备,等等。这些管理规定是中国足球职业化改革的良好开端,但是如此烦琐的工作难免会给足协带来沉重的压力,产生工作效率低下等问题。

公平与正义是自治权最重要的原则之一,要求对待同样的事情使用相同的方法处理。① 足协既是政府与俱乐部之间关系的调解员,又是政府利益的代表者,既充当"运动员"又充当"教练员"的角色定位,使它在决策中难免有失公正。因此,只有构建职业联盟才能保证自治权的真正实现。

第五,联盟制度将有利于市场投资者实现监督权。在联盟成立之前,各俱乐部在个人利益的驱使下,产生了许多不公开竞争的行为,严重损害了联赛的形象和俱乐部整体的利益。俱乐部的赞助商对足球产业投资,都希望这是一个高收入、低风险的行业,欺诈、不正当竞争等行为的出现大大降低了投资者的信心,甚至导致了撤资现象的出现。

为了使投资者对足球产业重拾信心,有必要授予他们监督权。但在实际执行过程中,由于没有制度保障,监督权很难实现。这一问题随着职业联盟的出现得到了解决,联盟作为各俱乐部的联合体,代表着俱乐部的整体利益,充当管理者的角色,建立了完善的监督制度。在制度之下,市场投资者相互监督,并通过公开表决的方式对行使不正当竞争行为的俱乐部进行惩罚,保护投资者的利益。

## 四、小结

综上所述,职业足球联盟的成立有利于改革文件中相应内容的落实,

---

① 曹锦秋,狄荣. 论行业协会的自治权及其限制 [J]. 辽宁大学学报(哲学社会科学版),2011(1):132 – 137.

从而增加社会资本的投入。同时,增加联盟的收入来源,多元化收入更有利于联盟的稳定发展。职业足球联盟的成立,有利于政府、社会、市场三者在职能配置和利益归属中划清界限,使各家俱乐部实现市场化运作。目前我国政府将体育产业作为发展经济的一种方式,政府开始减少行政干预,转变政府职能,简政放权,让市场发挥更大的效能,鼓励更多的社会资本参与其中,为我国成立职业联盟营造了良好的外部环境。① 我国职业联赛的消费市场巨大,同时我国正处于政治经济改革的重要时期,改革可以满足职业联盟实现市场化运作的基本要求,这都是建立职业足球联盟难得的机遇。而且,如前所述,《反垄断法》中还留有很大的空间来改善职业足球联盟所处的法律环境。

因此,在职业足球联盟的构建过程中应当满足两个条件:一是要发挥外部的政策导向性作用;二是要清除现有足球管理体制中的障碍。所以,建立作为社团法人的职业足球联盟正当其时,也顺应了国际足球发展的潮流。

---

① 王庆伟. 我国职业体育联盟理论研究 [D]. 北京:北京体育大学,2004.

# 第七章 足球发达国家职业足球的治理经验

## 一、英超联盟

### (一) 概述

英格兰足球超级联盟（the FA Premier League）的全称是"英格兰足球协会超级联赛有限公司"（the Football Association Premier League Limited），是一家由英超联赛各个俱乐部的代表所组成的，通过民主协商的方式对英超联赛进行经营和管理的有限责任公司。英超联盟不仅在联赛经营中发挥着举足轻重的作用，而且是足球产业发展的中流砥柱。① 英超联盟实质上是各俱乐部为了联赛的发展而成立的营销公司。下属各俱乐部按现代公司体制运营，自负盈亏。俱乐部产权多元化，设有董事会，保证俱乐部事务的公开化与透明化。

英超联盟的创立有着深厚的历史背景，是回应当时英格兰职业足球行业尖锐问题的产物。在英超联盟成立之前组织顶级足球联赛的是英甲联盟。20世纪80年代，英格兰相继出现了几起球迷伤亡事件：1985年5月11日，布拉德福德球场发生特大火灾，这一事故导致56名球迷命丧当场；1985年5月29日，在欧冠决赛利物浦对阵尤文图斯的比赛期间，发生了海瑟尔球场惨剧，两队球迷相互殴打，导致39人死亡，作为处罚，利物浦队在5年之内被禁止参加任何欧洲赛事；1989年，足总杯半决赛上，观众骚动导致看台坍塌，最终造成96名球迷死亡。

---

① 何世权，王力男，李文华. 职业足球联盟制度安排与运行机制研究 [J]. 北京体育大学学报，2009（10）：4-7, 38.

球迷伤亡的惨剧以及球场设施破旧、"足球流氓"横行等问题使英格兰甲级联赛的运作举步维艰。本土联赛的日渐衰弱使大牌球星纷纷出走，严重损害了各家俱乐部的利益。英格兰职业足球处于有史以来的最低谷，这也昭示着足球领域将要发生一场革命。

1991年，《英超联赛创立协议》出台，协议规定：第一，英超联赛从英足总的体系中独立出来，拥有独立的商业开发权；第二，电视转播权成为英超联赛可自由支配的利益之一，不再归英足总所有。

1992年，英甲所有俱乐部同时宣布退出英甲联盟，组建起英超联盟有限公司。英超联盟作为英超联赛的管理者，拥有商业开发权，并独立进行转播合同与赞助合同的谈判。同时，英超联盟作为一家股份有限公司，各俱乐部持有一股（在每个赛季结束时，降级的俱乐部需要把自己的股份转让给从甲级联赛中升级的俱乐部），英足总持有特别股，其他股份由英超联赛秘书托管。在财务上，联盟采取透明且强制披露制度。英超联盟的宗旨是为俱乐部服务，为英超联赛服务，致力于推动英国足球产业的发展。

英超联盟在诞生之后，迅速控制了联赛的产权、财务监督权以及商业开发权。为了保护联盟下属各俱乐部的利益，联盟以20家俱乐部整体的形式与赞助商进行协商。① 在财务上，联盟聘请著名的德勤会计师事务所进行年度财务的审计工作，并于2002年开始公开年度会计报告。具体到各家俱乐部的财务问题，联盟采取透明且强制公开的制度，并在每个赛季结束后，出版年度会计报告，并保证任何人都可以购买。这一系列措施使联盟掌握了对联赛的控制权，自此之后，英超联赛摆脱了困境，在世界范围内的影响力不断扩大。英超联盟是在英国成熟而健全的市场经济体系下建立的，它的优势体现在以下几个方面。

第一，俱乐部的体制先进。所有俱乐部是以上市公司的形式存在的，体制优势十分明显。上市公司的形式使俱乐部的产权关系明晰化，有利于分清相关机构的责任，使俱乐部真正拥有独立自主的经营权。同时，上市公司由于投资主体的多元化，能够通过社会的监督作用以及市场的规范作用提高俱乐部的管理水平，增加工作的透明度，减少暗箱操作，形成现代

---

① 杨铄，郑芳，丛湖平. 欧洲国家职业足球产业政策研究——以英国、德国、西班牙、意大利为例 [J]. 体育科学，2014，34（5）：75-88.

第七章　足球发达国家职业足球的治理经验

企业管理制度。投资主体多元化可以避免股东突然撤资产生的混乱局面，维持了俱乐部内部的秩序。

第二，联盟的经营手段成熟。例如，英超联盟为了培养长期的支持者，采用球迷会员制。拥有稳定的球迷人群是一个俱乐部生存的必要条件，因此培养球迷群体在联盟的经营活动中有着举足轻重的地位。为了吸引球迷前来观赛，联盟采取了以下措施：首先，联盟为球迷提供许多便利条件，球迷可以通过网上注册成为球队的会员；其次，联盟为球迷看球提供有效帮助，不仅提供种类繁多、价格优惠的赛季套票，而且为残疾人与儿童提供额外的照顾；最后，会员可以以较低的价格购买周边产品。

第三，联盟的体制设置合理。因为英超联盟的所有权属于20家俱乐部，因此联盟的经营状况与俱乐部的切身利益息息相关，这使得俱乐部的积极性被充分调动。比如在分配电视转播收入时，虽然每支球队都会获得一定的电视转播费，但是每支俱乐部所获得收益最终由直播的场次决定。为了获得更高的收入，各家俱乐部不断提升实力，增强在球迷中的影响力。

第四，联盟的"裁判制度"较为公正。裁判是一场比赛中的最高权威，如果他不能公正执法，进而失去公信力，将对联赛产生巨大的影响。为了保证裁判的执法水平，从2001年起，英超联盟开始实行了职业裁判制度，所有裁判和比赛监督都由职业联赛赛事官员有限公司统一提供。这种制度为裁判带来了丰厚的收入与更高的社会地位，在一定程度上提高了裁判的吹罚水平。同时英国法律也对"黑哨"裁判的处罚做出了明确的规定，为保证比赛的公平公正起到了积极作用。

英超联盟取得今日的成绩绝非偶然，它的成功与英国良好的社会环境息息相关：英国拥有最为完善的法律体系、欧洲影响力最大的股票市场、非常成熟的股份制公司运作体制以及发达的传媒体系，是世界上投资环境最好的国家之一。

同时，英国也是外资利用率最高的几个国家之一，外资利用总额位居世界前列。英国保护投资者利益的法律十分完善，有效保证了投资的安全。英格兰还拥有着深厚的足球基础以及一流的足球技术。英超联盟的管理者对以上资源进行有效的配置，打造出世界上最好的足球职业联赛——英超联赛。虽然英超联盟有许多优点，但任何组织机构都不是完美的，英超联盟也存在着一些漏洞与弊端。

第一，各家俱乐部的收入差距被拉大。各家俱乐部所处的市场与自身的经营管理能力相差悬殊，同时英超联盟在进行利益分配时，对相对弱小的俱乐部保护不够，造成了豪门俱乐部盈利，中小型俱乐部亏损的局面。收入差距被拉大，导致在球队青少年梯队培养和优秀球员输送方面出现了严重的分化，比赛质量严重下滑。

第二，联盟的统筹能力较弱。联盟在管理上自由放任，导致球队发展的不均衡现象日益严重，球队之间的实力差距日渐悬殊，许多场次的比赛结果失去了悬念，大大影响了比赛质量。

第三，俱乐部与国家队之间的冲突。随着联盟影响力的不断加大，占据主导地位的俱乐部的权利也随之增大，这种权利与国家队的利益产生了矛盾。例如，球员害怕在国家队比赛中受伤，参加热身赛和友谊赛的次数不断减少，即使出场比赛，也常常出工不出力。国家队集训的时间也在不断缩短，这会影响国家队的成绩。

（二）管理模式

英超联盟的决策机构是股东大会，由20家俱乐部选举的代表组成，这就实现了联盟利益与俱乐部利益的一体化，最大限度地保证了俱乐部的利益。作为股东，俱乐部每个季度都要举行一场联席会议，各家俱乐部均可以在会议上提出动议，规则改变以及商业合同的签订都要经过2/3以上的股东同意才可生效。① 英足总作为联盟的特殊股东，在重要问题上享有一票否决权，比如英超联盟主席和首席执行官的任免等。至今为止，英足总从未行使这一权利，因为英超联盟在进行表决之前，都曾与英足总进行反复磋商。只有当联盟的决议违背了足总章程、足球产业的整体利益以及法律法规时，英足总才行使一票否决权。② 另外，英超联盟设有1名主席，主席由选举产生，获得14张以上选票可当选，经英足总同意后就职。

为了更好地管理联赛，英超联盟有常设机构与非常设机构。非常设机构是联盟的决策机构，包括股东大会以及市场开发委员会、财务委员会、联赛委员会、法律委员会。董事会聘任首席执行官经营联赛，管理下属机构。常设办事机构负责执行股东大会的决议，分为两大部门：足球部与商

---

① 张剑利. 职业体育联盟及其相关法律研究［D］. 北京：北京体育大学，2004.
② 张吉龙，付华. 激情英超［M］. 北京：光明日报出版社，2005：10.

第七章　足球发达国家职业足球的治理经验

务部。①

足球部主要负责球员的注册、裁判的考察、赛程的安排以及青少年球员培养等工作。足球部的工作人员都是了解足球运动规律，有着丰富的足球产业管理经验的专家，他们能运用专业技能科学地管理英超联盟。商务部则主要负责产品开发、市场营销、转播权与赞助权的谈判等事项。其部门工作人员既懂足球又懂经营，他们运用先进的管理学、经济学知识为联盟的商务开发出谋划策。1992 年，英超联赛成立之初，在商务部的努力下，联盟获得了传媒大亨默多克的支持。在默多克的帮助下，联盟得到了英国天空电视台三亿零五十万英镑的转播合同。② 商务部为各家俱乐部淘到了第一桶金，为今后的发展奠定了基础。为了辅助两大部门的工作，另设有财务部、法律部以及公共关系部。这些部门的工作人员各司其职，发挥各自特长，为商务部与足球部提供了援助。

英超联盟下的常设部门和非常设部门，与联盟具有公司和社团的双重特点有关。非常设部门统筹规划，为联盟的发展制定策略；常设部门贯彻执行这些策略。董事会由联盟各俱乐部的代表组成，下设各机构对董事会负责。

英超联盟为了整体利益进行联赛运作与宣传，但联盟整体的营销不影响 20 家俱乐部的经营，每家俱乐部都拥有独立的营销权利与营销范围。各俱乐部都有很大的经营空间，通过相互竞争的方式，获取更大的利益。联盟与俱乐部作为利益共同体，所获得的收益最终通过合理的分配方式进行分配。这种经营模式不仅保护了较为弱小的俱乐部，而且对维护职业体育内部秩序起到了重要作用。总而言之，英超联盟有效地避免了俱乐部之间的恶性竞争，在均衡俱乐部财政的问题上发挥着积极作用。

英超联盟各家俱乐部的组织形式分为三种：有限责任公司、家族企业与股份有限公司。曼联，作为英超历史上最成功的俱乐部，是以股份有限公司的形式存在的。在体制上，俱乐部作为独立的经济体，与关联企业只是赞助关系，并非上下级关系，即使企业的老板与俱乐部的老板是同一个

---

① 吴东. 英超联盟公司组织结构设计的研究［D］. 北京：北京体育大学，2008：22.

② 姜山. 高投入有高回报！天空体育高价买下转播权后扭亏为盈［EB/OL］.［2019-03-09］. http：//sports. ifeng. com/a/20150208/43126398_0. shtml.

人，俱乐部也是独立存在的。俱乐部内部拥有完整的管理体系，设有董事会，聘请专业的管理团队，制定规范的财务制度来经营公司。

英格兰由于职业足球发展较早，导致英超俱乐部与欧洲其他联赛的俱乐部在组织结构上存在很大不同。英格兰沿用"经理负责制"，教练除了执教一线球队之外，还需要参与青少年的培养以及球员转会等工作，即教练同时扮演着球队总经理的角色。在这一制度下，主教练的权力是巨大的，部分俱乐部也在这种制度下取得了成功。以曼联为例，老爵爷弗格森在曼联享有绝对权力，一手将曼联打造成英超历史上最成功的俱乐部。但在弗格森退休后，曼联的成绩一落千丈。这体现出了"经理负责制"的弊端：一旦主教练离职，俱乐部内部将产生巨大的变动，常常伴随着球队成绩下滑等问题。在欧洲其他联赛，主教练只负责执教球队，评价一名主教练的唯一标准就是联赛的战绩，球队其他事务交由其他部门负责。从今天来看，各部门分工明确、各司其职的管理模式更加符合足球发展规律，因此，英超俱乐部纷纷进行效仿。

英超联盟公司在组织结构设计上具有以下诸多优点。

第一，提高了联盟的办事效率。在这种结构设计下，各部门各司其职，在自己最擅长的领域中发挥最大功用。对联盟的组织结构进行分析后，可以发现英超联盟的组织结构较为简单：联盟主席由 20 家俱乐部选举产生，下设一名 CEO，负责管理足球部、商务部、公关部、法律部、财务部。在这样的组织结构中，信息的传递速度较快，可以保证 CEO 对外部环境的变化做出及时的反应，维持对常设机构的有效管理。联盟的高效运转需要各部门间的协同合作：足球部的发展离不开商务部的市场开发、公关部的人事关系调节、法律部的法律咨询以及财务部的资金支持。联盟的组织结构充分利用了公司的资源，避免各部门功能上的重叠，大大提高了办事效率。同时，联盟是以工作经验与专业知识作为选择工作人员的基础，因此，在同一部门工作的都是同一领域的专家，同事之间相互交流、共同提高。这样的方式有利于对工作人员的管理，促进联盟绩效的增长。

第二，节约了管理成本。董事会与委员会都是非常设机构，每个赛季由各家俱乐部选举产生，减少了常设机构的日常成本开支，以便将节约下来的经费用于商业开发。例如，非常设机构市场管理委员会制订赞助计划，由常设机构市场部贯彻执行。同时，由于各个机构的工作人员都由董事会聘任，可以代表各俱乐部以及各阶层的意见，有效地避免了个人独裁与腐败等问题，真正实现了管理的透明化、公正化与民主化。

第三，有利于目标的完成。英超联盟的目标是保证俱乐部利益的最大化。为了实现这一目标，联盟应当从三个方面入手：一是节约成本，如减少运动员的工资支出；二是生产出好质量的产品，如英超联赛；三是获取垄断利润。在控制成本方面，联盟的组织结构可以充分发挥优势：联盟在比赛时间安排、赛季周期的长短以及利益分配等方面做出统一安排，避免了球队之间相互谈判的烦琐问题，降低了交易成本。在生产产品方面，英超联盟的各部门分工合作，打造出高质量的、满足观众心理需求的比赛，吸引更多关注，获得商机。在攫取垄断利益上面，英超联盟采取垄断的方式开发市场，将比赛的门票收入以及体育赛事转播权与冠名权所获得的收益分配给各家俱乐部。

（三）商业运营

英超联盟的商业经营包括市场开发与利润分配。英超联盟能够实现盈利就是依靠完整的市场开发体系，公平的利润分配保障了商业运营的秩序。

英超联盟的市场开发是指联盟以整体的形式与其他商业机构进行谈判，从事企业经营活动。① 联盟主要负责主要产品的特许经营权与英超联赛的电视转播权。联盟层面的营销将会提高每家俱乐部的福利，一家俱乐部收益的增加不会导致其他俱乐部利润的降低。在英超的发展历史上，英超联盟维护俱乐部的整体利益的案例是拒绝传媒大亨默多克入主曼联俱乐部。默多克拥有一家规模巨大的传媒公司，他如果成为一家俱乐部的老板，会造成电视转播权垄断的局面，可能导致许多中小俱乐部破产。由于联盟是由各家俱乐部组成的，为了从民主的角度保证英超的健康发展，豪门俱乐部必须与中小型俱乐部分享同样的权利。联盟的市场开发使得俱乐部从追求个体的利益转变为追求联盟的整体利益，这一转变有利于联赛的发展。

英超俱乐部市场开发也是联盟营销的一部分，其中曼联作为足球商业帝国，它的市场开发活动具有代表性。曼联的市场开发主要有以下两种手段。

---

① 董红刚. 关系与合约：英格兰足球联赛的两种治理机制 [J]. 武汉体育学院学报，2014（5）：12－16.

第一,积极与赞助商进行合作。只有提高商业价值,一个俱乐部的品牌价值才能提升。顶级公司的市场价值大多来自它的品牌或其他知识产权等无形资产。因此,足球俱乐部作为一家公司,只有不断提升曝光率与声望才能提高在球迷心目中的地位。① 曼联于 2002 年与耐克签订了 13 年的协议,自此,耐克公司冠名的曼联球衣在全球 58 个地区进行销售。2004 年,曼联与德国奥迪公司签订了赞助合同,强化了双方的高端品牌定位。

第二,球星战略吸引观众。曼城通过引进中国球员孙继海使得知名度大大提升,俱乐部的商业利润也陡然攀升。这一成功案例使曼联看到了亚洲市场的潜力,于是引进了朴智星等球员,拉近了与亚洲球迷之间的联系。同时为了扩张海外市场,英超联盟组织俱乐部参加海外比赛,扩大国际影响力。2005 年夏天,曼联来到中国参加商业比赛,在中国引发了一场"曼联热潮"。曼联作为英超最为成功的俱乐部,在海外市场上取得成功绝非偶然,除了自身超群的实力与大牌球星的号召力之外,也离不开对于国际市场的精心培育。英超最初在全世界范围内进行直播是在 20 世纪 90 年代,那正是曼联的鼎盛时期,其出众的表现与华丽的球风为其赢得了大量的拥趸。与此同时,曼联采取了一系列有效措施来扩大它的球迷群体,比如在全世界范围内组建曼联球迷协会。曼联参加商业比赛的主要目的并非是获取高额出场费,而是开拓当地市场,培养与球迷间的感情。2005 年,曼联来华的费用没有超过 60 万欧元,作为对比,2003 年皇马亚洲行的出场费为 200 万欧元。英超俱乐部这种不计得失、着眼未来的做法使它在球迷心中的形象得到了很大程度的提升。这一系列措施一度使曼联成了国际关注度最高的俱乐部。②

正如上文所介绍的,英超联盟收入主要来源于门票、电视转播与赞助费,其他收入还包括海外的电视合同与特许经营。英足总不参与这些利润的分成,联盟把所有收入全部分给 20 家俱乐部。

在董事会制定的分配规则中,豪门俱乐部与中小型俱乐部平等地从联盟中获得收益。以电视转播收入为例,收益总额的 50% 需要均等地分给 20

---

① Duane W. Rockerbie. The Economics of Professional Sports[M]. Lethbridge,Alberta,2009:138.

② 郑芳,杜林颖. 欧美职业体育联盟治理模式的比较研究[J]. 体育科学,2009,29(9):36-41.

家俱乐部，25%以球队在电视转播中出现的次数作为分配标准，剩余的25%按照联赛的排名进行分配。1999年，曼联作为在电视转播中出现次数最多的球队，分得了1 088万英镑的收入；温布尔登作为出现次数最少的球队，也拿走了693万英镑。为了避免荷甲联赛的局面，电视转播之外的收入由20家俱乐部平均分配，联盟也会从中抽取一部分用于青少年的发展。

英超联盟一直努力保护中小型俱乐部的利益，因为它们是联盟良性竞争环境的维护者。当竞争秩序被破坏后，收视率与商业收入都会受到影响，受害的将会是英国的足球产业。

英超一直以团结闻名，从联盟的分配制度可以看出，20家俱乐部在地位上完全平等。所有俱乐部在任何商业决定上都要进行投票，只有超过2/3以上的俱乐部同意才能通过。英超联盟的管理者认为只有权利均衡才是保持竞争力的关键。在这种团结的背景下，联盟的例会上常常出现小型俱乐部强硬地反驳豪门俱乐部的现象。

英超联盟的分配制度有效地保护了弱者的权利，有利于良好的竞争秩序的维持，这也是联盟良好的协调作用的体现。在联盟的协调下，20家俱乐部统一行动，共同获得了最大的收益。

**（四）纠纷解决机制**

英超联盟的纠纷解决机制主要包括设立仲裁委员会与司法介入。

随着社会的发展，联盟的精英管理层与豪门俱乐部的管理者都认为自己在英超联盟中发挥的作用越来越大，开始对目前扮演的角色感到不满，要求增加决策制定中的话语权。因此，为了解决各利益主体之间的矛盾，适应足球领域内的改革，联盟意识到需要建立一个新的机构来保持与其他组织之间的良好沟通。

设立仲裁委员会是联盟纠纷解决机制的基本模式。仲裁委员会使各利益主体的诉求得到合理的表达，形成各主体间协同治理的机制，缓解联盟内部矛盾。

仲裁委员会属于专项委员会，因此在机构建制上应当符合联盟议会制定的规则。但在联盟的规则中，并没有对仲裁委员会的设立主体做出明确规定。因此，需要确定在仲裁机构设立这一事项中联盟各机构的权限。

仲裁委员会是否设立以及如何建立是首先应当解决的问题。股东大会作为最高权力机构，在联盟内部仲裁机构的设立上具有决定权。董事会负责仲裁委员会的基本运作，秘书处则主要负责仲裁委员会的日常事务。

执行委员会作为联盟的行政机构，具有确定仲裁员与调解小组人员组成以及执行议会决定的职责。执行委员会成立体育专家仲裁小组与调解小组，仲裁小组由首席仲裁员、商业仲裁员、外界仲裁员与专家仲裁员组成。其中首席仲裁员一般由有主持仲裁庭经验的高级律师担任，其他仲裁员是在各自领域获得国家认证的专家；调解员需要由具备国家调解认证机构确认的专业资格的人员担任。

英超联盟的仲裁委员会之所以受到俱乐部的认可，是因为它的独立性。仲裁委员会的独立性首先体现在资金来源的独立性。仲裁委员会的资金来源渠道具有多样性，保证仲裁委员会不会因为在经费上依赖联盟的拨款，而在管理上受到联盟的控制。其次，独立性体现在利益均衡的机构组成方式。董事会分别代表不同的利益群体，使得董事会在进行决策时，遵循公正与公平原则，维护整体利益，而不是某一个团体或个人的利益。总的来说，资金来源与管理人员的多样性保证了仲裁委员会的独立性，使得仲裁委员会在处理体育纠纷与决策时保证了公平与正义。

专业性是仲裁委员会的另一个特征。仲裁委员会要求仲裁员与调解小组的组成人员必须具备与法律、体育相关的知识背景与认证资格，并按照专业方向的不同，将仲裁员分为商业仲裁员、专家仲裁员与外界仲裁员。商业仲裁员利用其法律知识保证仲裁程序的顺利进行，专家仲裁员与外界仲裁员弥补商业仲裁员在体育专业知识上的缺乏。仲裁委员会的人员设置满足了体育仲裁在体育与法律专业知识上的需求，既保证了纠纷解决的专业性，也兼具了快捷性。

以仲裁委员会为中心的仲裁制度还具有灵活性的特点。《英国体育纠纷解决中心仲裁规则》第 4 条第 3 款规定，仲裁程序中的文件可以通过电子邮件与传真等方式送达。灵活的文件送达方式有效地提高了程序的效率。再如，仲裁过程中出现仲裁员由于特定的事由无法出席的情况，只要双方当事人同意，其他仲裁员可以继续进行仲裁，仲裁过程不会因此中止。仲裁委员会在进行制度设计时，在保证不触及原则问题的情况下，灵活变通，避免了不必要的延误。

仲裁委员会解决纠纷的方式主要有仲裁与调解两种。

1. 仲裁

目前仲裁委员会的仲裁程序包括普通仲裁与上诉仲裁两种。

双方当事人都同意将纠纷交由仲裁委员会进行解决是普通仲裁的前提。目前，当事人之间主要通过三种方式达成合意：（1）双方签订了仲裁协议。（2）双方签订的合同中包括仲裁条款。（3）联盟的章程有关于将纠纷解决权授予仲裁委员会的仲裁条款。双方达成合意后，申请人需要向仲裁委员会提交一份仲裁声明书，即宣告仲裁委员会具有了管辖权。双方当事人需要在仲裁规则规定的时间内提交书面陈述与证据，随后，仲裁委员会举行听证会。一般情况下，仲裁员在听证会结束三周内做出对双方当事人有约束力的终局仲裁书。在特殊情况下，当事人做出申请，仲裁委员会可以在听证会结束后，立刻做出口头裁决。

当事人对俱乐部或者联盟的决定提起仲裁时，应该适用上诉仲裁程序。申请人需要在上诉期限届满前提交仲裁声明至仲裁委员会，并在届满后十日内提交一份正式的仲裁申请书。被上诉的组织需要按照仲裁委员会的章程提交答辩状，即使没有按时提交，也不影响上诉仲裁程序的正常进行。

2. 调解

根据仲裁委员会的经验，针对许多特殊纠纷，例如少年运动员的家长与联盟关于参赛机会的纠纷，调解是一种高效的纠纷解决方式。调解是保密的，并且它的程序可以根据当事人的实际情况进行修改。双方当事人达成的调解协议中包含保密条款，调解员也需要签署保密协议。经过调解程序后，如果双方当事人达成合意，将签署一份具有法律效力的纠纷解决合同。双方也可以通过发表联合声明的方式来公开纠纷解决方案，这不仅解决了矛盾，还有效地缓和了双方间的关系。

体育作为一种特殊行为，它的运行主要依靠行业内自律与体育组织的自我裁决。如果体育组织，如欧洲职业足球联盟，有能力进行有效的管理，体育运动完全可以按照行业内的规则进行运作，司法没有任何介入的必要。但是，在实际操作中，许多行为早已超出体育规则与纪律能够约束的范围，涉及公平、公正的体育道德问题，甚至触及法律。这些问题的解决就需要国家司法机关的介入。①

司法介入体育纠纷，需要满足以下三个条件。

（1）穷尽内部救济。在国际上，司法介入体育纠纷，通行做法是当事

---

① 曹黎明. 英国体育仲裁制度探析［J］. 教育现代化，2016（30）：164 - 167.

人必须穷尽内部救济，才能向法院提起诉讼。欧洲职业足球联盟的内部救济包括联盟按照章程进行的调解与处理，以及仲裁委员会按照相关规定进行的仲裁与调解。只要当事人在内部救济中没有达成一个解决争议的办法，法院才会对案件进行审理。

在英超联盟，法院一般不对体育争议进行干涉。无论是法律纠纷还是非法律纠纷，都是由内部机构通过听证、调解、裁决、仲裁等方式解决的。尽管联盟内部规定不得排除法院的管辖权，但如果当事人协议进行仲裁时，法院不得行使管辖权。多数情况下，只有用尽联盟规定的内部救济方法，才可以向法院提起诉讼。不过，当联盟的内部救济违反了公平正义的原则，或者纠纷涉及具有商业性质的经济活动或者事关当事人的生计问题时，法院有权提前介入。

（2）体育纠纷具有法律上的可辨性。一般来说，体育纠纷分为非法律纠纷与法律纠纷：非法律纠纷只能由联盟内部按照章程进行解决；法律纠纷则可以由法院进行审理。因此，司法介入必须以存在与纠纷相关的法律依据为前提。另外，法院还拥有对章程是否符合法律优先与法律保留原则的审查权。

法律上的可辨性是以法律中明文规定为体育纠纷所涉及的事项为前提的，许多国际体育纠纷的案例都说明了这一点。以博斯曼案为例，博斯曼是一名普通的比利时联赛的球员，当合同到期时，他希望转会，却没有得到俱乐部的同意。于是，为了维护自身的权利，他向比利时当地一家法院提起诉讼。法院之所以受理博斯曼的诉讼请求，是因为被告违反对欧盟各成员国具有拘束力的《罗马条约》的相关规定：第48条规定了人员自由流动的权利；第81条规定了禁止限制竞争的行为；第82条规定了禁止滥用市场支配地位的行为。博斯曼案满足了法律上的可辨性，司法介入是合理的。

（3）法律具有管辖权。即使当事人穷尽了司法救济，并且体育纠纷具有法律可辨权，法院也不一定拥有司法介入权。根据国际法的规定，只有当事人所在地、侵权行为地、合同缔结或者履行地以及被执行财产所在地的法院拥有管辖权，法院才可以介入体育纠纷。因此，法院想受理当事人的诉讼请求时，必须拥有对物的管辖权、属人管辖权或者属地管辖权。当联盟的内部救济无法解决矛盾时，司法介入弥补了内部纠纷解决机制的不足,同时司法的参与与示范使联盟在体育自治方面谋得先机。

（五）与英足总的关系

英足总的全称是"足球协会有限公司"（the Football Association Company Limited），它的股东包括英超联盟、足球职业联盟、会员俱乐部以及主席和副主席。① 但是,这些股东并不分享英足总的红利与利润。

与英超联盟的组成结构相仿,英足总由常设与非常设两大机构组成。理事会作为非常设机构,是英足总最高的立法机构,由92名代表组成,负责公司内部章程的制定与修改,并参与相关足球事务。近些年来,英足总为了更好地进行商务开发,成立商务理事会,简称"小理事会"。商务理事会由12名代表组成,职业联赛代表与业余联赛代表各6名,其中职业联赛的代表中,4名来自超级联盟,2名来自职业联盟。这样的人员组成保证了英足总内部配置的合理性。同时,为了寻求利益平衡,英足总的两名理事不参与内部决议。

执行机构是英足总的常设机构,总部设在伦敦,由财务、运行、公司事务、足球发展、新闻公关、商务、监管、人力资源八大部门组成,主要负责贯彻执行理事会的决议与处理联赛的日常事务。

英足总授权英超联盟与职业联盟经营管理两个层次的职业联赛,并直接参与业余联赛的运作,建立起由英足总至俱乐部的自上而下的英格兰职业足球体系。② 英格兰有着雄厚的足球基础,拥有包括联赛、杯赛、女子联赛、女子杯赛等2 000多项足球赛事,造就了协会俱乐部层次建设,球员、教练员、裁判员、管理人员层次培养的金字塔式管理模式。

同时,为了保护球员与球迷的利益,英足总设有两大附属制衡监督机构：一是职业足球联盟（PFA）,其取责是保护退役球员以及低级别联赛球员的利益；二是独立足球委员会,其取责是独自处理球票以及足球相关产品的经销问题。

英足总对英格兰足球的发展承担以下监管职责。

第一,组织全国的男足、女足以及青少年赛事（例如足总杯）；组织英

---

① The FA Council membership FA Council Membership-2018/2019[EB/OL].[2019-03-13]. http://www.thefa.com/about-football-association/who-we-are/the-fa-council.

② 王志威. 英国非营利组织体系下的体育自治［J］. 上海体育学院学报,2013,37（2）：7-12.

格兰队集训并参加重大国际赛事（例如国际足联组织的世界杯与欧足联组织的欧洲杯）。

第二，制定足球规则以及协会章程，对球场内外与足球相关的事务进行监管。

第三，对所有与足球运动相关的人士进行监督，包括足球运动员、裁判员、教练员以及俱乐部足球官员。

第四，对英格兰的一切足球赛事进行审批，包括联赛以及其他赛事。

第五，建立完善的全国竞赛体系，在足球运动的民间推广过程中发挥积极作用，充分地推动英格兰足球的发展，使更多公众参与到足球运动之中。

由于英格兰在足球发展过程中，先组建了俱乐部，后成立了英足总，因此，英超联盟下属的20家俱乐部独立性较强，不受英足总的控制。作为英超联赛的管理者，英超联盟与英足总并不是完全对立的，联盟的各部门与英足总下属常设机构之间存在着沟通协调的关系。

为了确保英超联赛以及其他职业联赛可以按照有效的规则进行，英足总通过制定规章制度对英超联盟进行纪律约束，具体表现在以下两个方面：第一，英足总与英超联盟进行分权制衡，英足总负责宏观方向的把握，英超联盟负责具体事务的处理；第二，英足总享有对英格兰队的国家赛事与足总杯的商业开发权，英超联赛的商业开发则由英超联盟负责。这样的体制有利于足总与联盟各司其职，各负其责，改变了以往管理混乱的局面。

为了保证比赛的质量，英超联盟实行职业裁判制度，设有为联赛提供裁判与监督的机构——职业联赛赛事官员有限公司（the Professional Game Match Officials Limited）。英足总负责英超联赛所有裁判的管理，设有纪律委员会，该委员会对产生的争议进行处理。裁判由英超联盟与其他职业联盟自主选定。如果在比赛中出现有争议的事件，英足总会要求当值裁判提供裁判报告。在对报告进行审查后，英足总对事件进行调查，事实清楚后，具体的处罚措施由英超联盟执行。

英足总的主要权利包括英超联盟之外的职业联赛与国家队的管理权、赛事监督权。在收益上面，英足总不参与联盟的利润分成，主要从足球彩票与国家队的运作中获得收益。这样一个拥有百年历史的管理机构对英超联赛的成功起到了不可替代的作用。

## 第七章　足球发达国家职业足球的治理经验

总体来说,英超联盟独立于英足总,双方处于对等地位。同时,英足总作为英超联盟的一名特殊股东,对英超联盟许多领域的决议具有一票否决权,这些领域包括:英超联盟公司股票的发行、目标的制定;联盟名称的确定;俱乐部加入英超联盟以及参加足总杯的资格认定;英足总章程的制定;决策的贯彻执行;主席以及行政总裁的委任。其他领域的事务,由联盟主席与行政总裁组建的董事会管理,英足总无权进行干涉。①

英足总与英超联盟的通力合作是英国足球产业兴旺发达的关键。

### (六) 小结

英格兰超级联盟是一家由英格兰足球超级联赛各个俱乐部的代表所组成的有限责任公司。联盟设有决策机构——股东大会,下设市场委员会等非常设机构与足球部等常设机构,各部门各司其职、相互配合、共同发展。联盟的主要职能体现在市场开发与利润分配方面:在市场开发方面,在联盟的经营下,联赛获得了来自电视转播、赞助商赞助以及门票出售等多方面的收入;在利润分配上,为了保证所有俱乐部的利益,联盟将收入均等地分配给各家俱乐部。

拥有联赛所有权的英超联盟不隶属于英足总,拥有独立的地位。但二者之间并非完全对立,联盟的各部门与英足总下属常设机构之间存在着沟通协调的关系。在英超联盟与英足总的共同管理下,英超联赛发展成世界第一大职业联赛,大大推动了足球产业的发展。

---

① 石生. 欧盟国家体育协会与政府的关系研究及借鉴 [J]. 天津体育学院学报, 2012, 27 (1): 84-87.

## 二、德国职业足球联盟

### (一) 概述

德国自 1963 年创建足球联赛以来,在职业足球发展道路上取得了优异的成绩:德国足协是全球规模最大、最富有的单项体育协会;德国足球联赛的观众上座率一直冠绝欧洲。德国足球的崛起与职业化发展路径密不可分。德甲联赛的创建标志着德国足球开始适用职业化模式,足球比赛从此进入了职业联赛体系。这一举措从根本上改变了运动员的收入状况,许多豪门俱乐部自此组建。德甲成立之后,德国足协不断吸取比赛经验,从会员制度、俱乐部数量与比赛运行体制等方面对联赛体制进行改革。随着时间的推移,德甲联赛的发展愈发成熟,在职业体制的管理模式下,德国足球逐渐形成了自己的风格。

20 世纪 80 年代到 90 年代,在先进制度的保障下,德甲联赛发展为当时最好的联赛。但随着足球商业化水平的提高,德甲的地位逐渐被英超所取代。为了恢复往日的繁荣,加强足球产业的竞争力,德国足球开始进行改革,组建具有公司管理模式的职业足球联盟。联盟对转播权收益的分配方式进行调整,并适用严格的注册准入制度,确立了德国足球的发展模式与未来发展路径。①

### (二) 管理模式

1900 年,德国足球协会成立。2001 年,德国足球联盟以德甲足球协会的全资子公司的身份成立。它的注册资本为 100 万欧元,主要负责德国足球职业联赛的市场开发与商业活动。它的成立标志着联赛进入市场化、商业化的时代。德国足球联盟主要从以下三个方面对足球产业进行管理。

第一,联赛经营。德国足球联盟主要负责德甲与德乙两级联赛的经营管理以及联赛协会中其他比赛的组织。②

第二,俱乐部资格认证。俱乐部参与职业比赛时,需要与德国足协、德国联赛协会签订商业合同。在此之前,德国足球联盟在安全措施、行政

---

① 赵军. 德国职业足球发展研究 [J]. 河北体育学院学报, 2014, 28 (1): 61 - 64.

② 刘波. 德国体育联赛体系的研究 [J]. 体育与科学, 2007 (5): 59 - 64.

# 第七章 足球发达国家职业足球的治理经验

管理、人员、法律资格、运动水平等方面对俱乐部进行资格认证。特别是在资金方面,充足的资金是联赛正常开展的必要条件。

第三,商业开发。联盟的商业开发主要包括电视、网络转播权的销售与分配。目前德国职业联赛的电视转播权大约为4.2亿欧元,按照各家俱乐部的成绩进行利益分配。

德国成立职业足球联盟的主要目的是为俱乐部提供完善的服务,以及对赛程与场地实施有效的管理。在国际竞争的背景下,联盟运用各种营销手段,实现利益的最大化。

德国足球联盟对联赛的管理体现在以下几个方面。

首先,矛盾的协商解决。俱乐部在参与联赛过程中,常常出现许多矛盾,这将损害联盟的利益。此时,联盟代表各家俱乐部,对问题进行协商解决。

其次,决策权的分配。对于俱乐部发展的重要问题,豪门俱乐部希望掌握决策权,避免出现重要决定被占据大多数席位的小型俱乐部轻易推翻的现象。联盟出于对联赛发展前景的考虑,恰当地分配决策权,维护俱乐部的整体利益。

再次,联盟代表俱乐部加入国际足球决策机构,在学习国外先进的管理经验的同时,在国际足坛掌握一定的话语权。

最后,协调自己与足协间的关系。足协与联盟之间通过协议来维持一种密切的关系,例如:联盟可以从足协经营的国家队的收入中获取一部分利润,足协则可以从联盟经营的德甲、德乙联赛的门票与转播权收入中抽取3%的利润;德国杯由联盟管理的职业联赛与足协管理的第三级联赛共同参加,双方共同对联赛的质量与安全负责。

德国职业足球联盟负责德甲与德乙两个级别联赛的注册审核工作。联盟是注册许可的最终机构,申请者通过与联盟签订合同,获得注册许可。联盟审核的内容包括:安全措施、行政管理、人员、法律资格、运动水平。联盟创建注册准入制度,有效保证俱乐部所有的运作都在法律范围之内。

联盟公司的注册部门是执行委员会的机要机构,是注册准入制度的主要执行者。注册部门要求申请者必须在每年的3月15日之前向联盟提交注册申请以及相关文件,主要包括:(1)俱乐部上一年度的资产负债表。(2)经过审计的损益声明。(3)审委会出具的俱乐部状况报告。(4)下一季完整的损益预报声明。(5)审计师出具的证明材料真实性的报告。除此之外，还须出具一份具有法律效力的书面声明，具体内容包括：（1）允许联盟查看营销协议。（2）为了联盟整体利益放弃银行保密制度。（3）确保工作人员工资的按时发放。（4）向联盟公布税收与社会保障状况。（5）满足注册的其他条件。

德国足球联盟的注册准入制度有着严格的程序，联盟通过申请者提供的材料来评估俱乐部的经济实力，如果现有材料证明力度不够，需要申请者提供更多的证据。例如，当短期资金不足时，申请者需要提供计划内的引援协议、与赞助商签订的赞助合同以及与银行签订的赞助贷款协议，即申请者可以使用信用条件来弥补短期资金不足的缺陷。俱乐部只有满足联盟规定的经济实力标准，才可能成为德国足球联盟的一员。

近些年来，联盟拒绝注册的理由可以分为以下四类：第一，无法满足基本的注册要求。第二，采用违法手段掩饰财务状况。第三，无法提供完整的注册文件。第四，提供的各类合同中存在重大的纰漏，诚信受到质疑。

德国足球联盟有效地保证了联盟的资金安全，一定程度上避免了财务危机的出现。但这一制度依然存在明显漏洞，如注册委员会的组成人员由申请者选举产生。在这样的选举制度下，难免会出现不公平现象。

相比欧洲其他国家，德国付费电视市场规模较小，转播权的收益是俱乐部收入的主要来源。因此，德国联赛商业开发集中在对转播权的销售上，联盟是转播权谈判和营销的主要机构。从2006年开始，联盟不仅出售联赛转播权，也出售由子公司制作的电视节目的版权。联盟建立之后，联赛的转播权收益不断增加①。私人广播电视公司的介入都得益于联盟的营销活动。

联盟对转播权的营销促进了德国足球的发展，具体表现在以下几个方面：第一，电视转播权的收入保证了联盟的经济独立性。第二，转播权收入提高后，票价开始降低，使德甲联赛发展为低票价高上座率的联赛。第三，电视媒体为公众提供了真实可靠的信息，及时将足球场上的黑幕曝光，维护了足球公正、公平的秩序，促进了德国足球的健康发展。②

集中销售的方式损害了许多豪门俱乐部的利益。2006年拜仁慕尼黑俱

---

① 夫然后. 德甲电视转播费公布：拜仁多特居前二菲尔特垫底[EB/OL]. [2017-06-16]. http://sports.163.com/13/0613/13/918L426300051C97.html.

② 彭国强，舒盛芳. 德国足球成功崛起的因素及启示[J]. 体育学刊，2015，22（9）：40-44.

乐部作为豪门俱乐部的代表,向欧洲法院提起诉讼,要求取消联盟的集中销售权。而法兰克福等俱乐部则提出联赛是建立在联盟中的所有俱乐部公平竞争的基础上的,应当延续转播权的集中销售。为了保证联赛平稳运行,联盟在俱乐部的准入合同中规定:"只有接受电视转播权集中销售的俱乐部,才有资格参加联盟组织的比赛。"① 这一规定确立转播权集中销售制度的合法性。

在利益方面,联盟的36家俱乐部按照民主的原则决定分配方式,但是并未采用平均分配这一照顾小型俱乐部利益的分配方法,这是因为很少有俱乐部将自己定位为小型俱乐部,许多俱乐部即使现在身处于德乙联赛,也会憧憬未来成长为德甲的豪门。此外,许多小型俱乐部缺少战略决策的资源与话语权也是按照成绩进行分配的重要原因。

联盟转播权的利益分配制度分为国内分配与国外分配。国内的分配制度主要参考俱乐部成绩的四年排名值,即通过统计每个比赛日后每支球队当天的成绩与前三年的综合成绩来确定的排名。每家俱乐部的四年排名值占所有俱乐部排名的比例就是俱乐部的分成比例。因为只有德甲俱乐部才参加国际比赛与洲际比赛,国外转播权的分配只在德甲的18家俱乐部中进行。以2009—2010赛季为例,前五名按照成绩进行利润分配,冠军俱乐部获得275万欧元收入,亚军225万欧元,季军175万欧元,四、五名各获125万欧元,其余的收入由剩下的13家俱乐部平分。另外,对德国足球做出贡献的俱乐部可获得额外收入,如拜仁慕尼黑与不来梅因为参加了欧冠比赛获得了225万欧元的收入。

德国足球职业联盟采取转播权集中销售、收益按成绩分配的方式,不但维持了联赛的平衡,还激励了联赛中的各家俱乐部。

### (三) 与德国足协、政府的关系

德国足球联盟是德国足协的全资子公司,联盟的经营行为在一定程度上需要受到足协的控制。但是,两者之间绝对不是上下级的关系,双方在法律地位上都是独立的法人,可以独立参与外部的经营活动。在联赛事务的管理上,双方是一种合作关系。

---

① Meier H. E. Solidarity and market power in German soccer: the regulation of collective selling [J]. Football studies, 2003, 6 (2): 23-26.

联盟与足协对以下事务实行共同管理：（1）完善比赛的运营和参赛授权制度。（2）改革俱乐部的参赛牌照审批制度。（3）审核俱乐部财务，确保每家俱乐部都保有足够的运营资金。（4）筹建培训中心，加强后备人才梯队建设。（5）规范足球法规，完善法制建设。

在俱乐部与足协的共同努力下，德国足球产生了新的管理理念，即在职业联赛中实行"50+1"规则与会员俱乐部制度。这一规则与制度使大部分的股权掌握在会员手中，凸显了"以球迷为中心"的运作思想，增加了会员参与联赛管理的积极性。会员协助足协监管球员的薪金与俱乐部的负债状况，很快使德甲成了欧洲五大联赛中门票价格最低、上座率最高的联赛。同时，为了加强俱乐部的社会责任，联盟制定了保证俱乐部与国家队互利共赢的策略，使俱乐部成为向国家队输送足球人才的基地。

政府与联盟间更多的是一种监督关系，政府没有参与联盟的经营活动，而是通过制度、资金等方面对足球进行调控。在培养青年运动员方面，政府强化国家青年队训练，组建教练员服务机构，对"天才培养计划"进行资金支持，建立遍布整个德国的足球培训学校，加强与联盟的合作，使每一家俱乐部都配有寄宿学校，并配备文化课老师，在保证球员科学、系统的训练的同时，使球员全面发展。

政府积极鼓励与联盟合作，并为俱乐部提供比赛场所与训练场地，同时在吸引赞助商与梯队建设方面提供大量援助。① 当联盟出现财政危机时，政府要求运动员降薪，并将财政公平列入法律法规。针对出现的球场暴力、黑哨与"足球流氓"等问题，政府着手制定法律政策，保证联赛的健康运营。政府的支持是德国足球取得成功的重要条件。

德国足球联盟作为德国足协的全资子公司，在经营上需要接受足协的管理。但联盟也保持着一定程度的独立性，在联赛运营上，积极与足协展开合作。政府在为足球联盟提供帮助的同时，通过制定政策对联盟的经营活动进行宏观调控。联盟、足协与政府的共同努力，推动了德国足球的发展。

（四）小结

2001年，德国足协组建了德国足球联盟，负责德国足球职业联赛的市

---

① 陈华荣. 论欧盟体育治理基本原则的形成与发展 [J]. 体育成人教育学刊，2015，31（1）：4-8.

## 第七章 足球发达国家职业足球的治理经验

场开发与商业活动。德国足球联盟主要从联赛管理、商业开发与俱乐部资格认证三个方面对足球进行经营。联盟的运作使得德国足球取得巨大的进步，不但国家队成绩显著提升，而且职业联赛水平稳步提升。其中，俱乐部资格认证是维持联赛稳定的重要制度。联盟作为注册许可的最终机构，申请者通过与联盟签订合同，获得注册许可。联盟审核的内容包括：安全措施、行政管理、人员、法律资格、运动水平。注册准入制度有效保证了俱乐部所有的运作都在法律范围之内。

德国足球联盟保持着独立性，但同时也是德国足协的全资子公司，在经营上需要接受足协的管理。在联赛运营上，联盟积极与足协展开合作。联盟的发展也需要协调与政府之间的关系。政府不直接参与联盟的管理，但通过制定政策对联盟的经营活动进行限制。政府与足协对联盟的监督与管理是德国足球稳定发展的重要因素。

### 三、法国职业足球联盟

#### （一）概述

法国位于欧洲西部，是一个历史悠久的西方发达国家。1872年，英国人把足球带入了勒阿弗尔港，法国由于业余生活单调无味，引入了这项运动，从此这一体育运动在法国迅速传播起来了。①

20世纪初，法国成立了许多足球俱乐部，足球运动获得了发展和壮大。1901年，受关于"联盟的自由"法案的影响，各家俱乐部组成了联盟，这就是法国职业足球联盟的萌芽。但当时的联盟是非营利性的，更多地作为表达思想的场所存在。② 随着俱乐部的不断增多，各家俱乐部之间开始自发地组织比赛，但并没有使国家队的水平得到提高。

1919年，法国足协成立，主要负责俱乐部的管理、国内足球赛事的策划，以及国家队赛事的组织。1932年，足协制定了关于职业球员的使用章程，同年5月，组织了所有俱乐部参加的法国足球联赛。在联赛的推动下，法国国家队开始在世界大赛中崭露头角。

---

① 刘榴. 法国足球风云[M]. 南昌：百花洲文艺出版社，2000：3.
② 凌平，刘慧梅. 法国体育管理体制发展的社会基础和主要特点[J]. 北京体育大学学报，2007，30（3）：294-296.

20世纪60年代初,许多半职业俱乐部得到了资金上的支持,逐渐成长为真正意义上的职业俱乐部。此时,俱乐部老板希望从球员交易中获利。20世纪80年代,法国政府出台了《法国大众与竞技体育活动的组织和促进法》,法案对俱乐部的财政、场馆设施以及球迷暴乱等问题做出了详细的规定,并确定了职业足球俱乐部的经济实体地位。该法案完善了法国体育的司法系统,促进了体育与市场的进一步结合,在它的影响下,法国职业足球联盟开始建立。

在职业足球联盟的运作下,法国足球取得了辉煌的成绩:国内联赛的水平不断提高,与英超、西甲、德甲、意甲并称为"欧洲五大联赛";在国际赛场上,先后获得了1998年世界杯与2000年欧洲杯的冠军。2002年,为了顺应欧洲足球的发展潮流,职业足球联盟对联赛进行改革,改革取得了突出成绩,2006年,法国队获得了世界杯的亚军。①

法国足球的管理与法国政治体制一脉相承,即国家与社会共同参与管理。青年和体育部是唯一管理体育运动的行政部门,足协作为体育运动的管理中心,隶属于青年和体育部,拥有组织职能与赛事运行职能。

在法国,职业足球俱乐部有多种融资渠道,其中,由于足球是公共服务的一部分,政府为职业俱乐部提供体育设施以及资金支持,这也表明法国足球并非是在完全市场化的模式下被管理的。在这样的政治背景下,职业足球联盟发挥着协调政府与俱乐部之间关系的作用。

在法国的法律体系中,中央、地方的青年和体育部有责任促进足球运动的发展:地方政府为俱乐部提供比赛与训练场地,政府为职业俱乐部提供资金支持。20世纪80年代初,这部分资金由国家体育基金来承担,体育基金的主要来源是国家足彩与体彩。20世纪80年代后期,随着职业化水平的不断提高,法国职业足球联盟建立,推动着足球经济向着更合理的方向发展:俱乐部的财政结构开始发生变化,成为具有特殊商业地位的实体公司,在职业足球联盟的管理下不断提高着自身的商业价值。②

目前为止,除了政府的投资之外,法国联赛的收入主要是电视转播权、

---

① 杨世东,段博文,杨祖辉. 法国足球甲级联赛研究 [J]. 体育文化导刊,2011 (3):21-25.

② 於鹏,成一祥,曹西文. 法国职业足球管理模式探析 [J]. 河北体育学院学报,2011,25 (6):35-37.

球员的转会以及门票收入。职业足球联盟在进行收入分配的同时,积极开发新的商品,为俱乐部争取利益。但是法国足球职业化水平落后于其他联赛,收入较少,这一现状引起了豪门俱乐部的不满,一定程度上阻碍了法国足球的发展。

## (二) 管理模式与商业运营

目前法国职业联赛主要分为甲、乙两级,职业足球联盟负责赛事的安排以及电视转播与广告的运营,在新的融资机制下增加俱乐部的收入,并根据新的标准对电视转播权收入重新进行分配。联盟同时负责俱乐部之间纠纷的处理以及俱乐部的人才培养活动。此外,法国职业足球联盟与法国职业联盟财政控制委员会进行合作,对出现财务问题的俱乐部进行处罚。

在法国职业足球联盟的运作下,各家俱乐部已经形成了多渠道的融资机制,融资途径主要包括:电视转播收入、商业赞助、门票收入与政府补贴。电视收入是各家俱乐部最主要的收入来源,占总收入的47%,商业赞助占22%,门票收入占18%,政府补贴占9%,球衣饰品等收入占4%。[1]

职业足球联盟根据球队知名度、最近五个赛季的排名以及上个赛季的排名情况将电视转播收入分配给各家俱乐部,这就是收入分配的基本原则。2002年,法国国家队在世界杯上惨败之后,职业足球联盟对收入分配制度进行了改革:将50%的收入分配给法甲的20支球队,30%分配给排名靠前的球队,20%根据最近五个赛季的排名进行分配。[2] 以2008—2009赛季为例,法国职业足球联盟获得了6.68亿欧元的转播收入,扣除运行费,将6.14亿欧元收入分配给了法甲、法乙共40支球队,每只法甲球队大约可以获得1 217万欧元的收入,其中马赛获得了最高的4 645万欧元。改革后的分配制度对俱乐部产生了有效的激励作用,各家俱乐部纷纷通过提高自身实力来获得更多的分成。

商业赞助排在俱乐部总收入的第二位,赞助形式主要包括球衣赞助、场边广告赞助。虽然法国职业足球联盟的商业开发能力不如英超联盟与德国职业足球联盟,但是依然吸引了许多大公司进行投资,例如,巴黎圣日

---

[1] Jean-Jacques Gouguet, Didier Primault. The French Exception [J]. Journal of Sports Economics, 2006, 7 (47): 51.

[2] 王大成. 论体育市场的发展条件及其构建——以法国的先进经验为蓝本 [J]. 商场现代化, 2006 (5): 150-151.

耳曼获得了阿联酋航空的赞助，马赛得到了法国第二大的固网运营商的支持。资金的流入增强了各家俱乐部的实力，精彩的比赛获得了更多的关注度，实现了赞助方与受赞助方双赢的局面。

门票收入也是联盟融资的重要来源之一。2008—2009赛季联赛的上座率达到了74.5%，是近些年来法甲联赛上座率最高的一个赛季，其中有8支法甲球队的上座率达到了80%以上，15支球队在70%以上，里昂的上座率更是达到了91%。在这一赛季中，里昂获得了2 557.7万欧元的门票收入，巴黎圣日耳曼获得了3 574.8万欧元的门票收入，马赛的收入高达4 270.9万欧元。由此可见，门票已经是球队获得收入的重要来源，但是由于场地条件的限制，门票收入已经达到了瓶颈。法甲球队的比赛场地大多修建于20世纪三四十年代，不但体育设施破旧，而且容量较小，2016年欧洲杯之前，仅有7座球场可以容纳3万人，能容纳4万人的球场只有3座。因此，职业足球联盟为了获取更大的利益，应当积极与政府协调，争取早日扩建球场，吸引更多的球迷现场观赛。

地方政府也为联盟提供了资金支持。根据法国法律的规定，体育活动属于政府的公共服务范围，职业足球联盟应在政府的指导与监督下进行商业运作。中小型俱乐部由于自身实力所限，很难通过商业运作获得收入，以维持俱乐部的正常运营，因此，政府几乎每年都要给予资金支持。政府补贴对豪门俱乐部来说或许微不足道，但确是中小型俱乐部收入的重要来源。

法国足球的管理模式很难被称为一种成功的商业模式，但法国足球在人才培养方面获得了巨大的成功。在足协的主导下，职业足球联盟在全国建立了15个人才培养中心，如克莱枫丹足球学校、奥德赛职业足球培训基地。这些培训中心不但设施齐全，并且师资力量强大，保证青少年接收到蕴含全世界最新的足球理念的训练。每年培训中心都会对来自全世界的青少年进行严格的选拔，通过选拔的青少年可以接受系统的训练①，例如亨利、阿内尔卡都是从中选拔出来的优秀球员。培训中心要求学员不仅要接受足球方面的训练，还要完成国家教育规定的课程。

---

① 杨世东，段博文，杨祖辉. 法国足球管理研究［J］. 体育文化导刊，2011（3）：21-25.

## 第七章 足球发达国家职业足球的治理经验

以奥德赛职业足球培训基地为例，每年联盟都会从每个区选拔出来的16个人中选出3~4人进行培训。选拔出来的运动员进入足球培训基地，进行足球训练。运动员的工资由足协承担：14岁150欧元，15岁200欧元，16岁250欧元，17~18岁300~500欧元。

法国职业足球联盟要求俱乐部必须有自己的职业梯队建设。每一个参加俱乐部培训的球员必须与所在的俱乐部签订合同，保证自己完成教育部规定的学业。足协作为监督者，每两年就要对俱乐部进行检查，检查的内容主要包括：在校学习情况、训练设施以及教练配置情况、住宿条件以及卫生状况。

在联盟长时间的经营下，俱乐部都有了丰富的培养青少年的经验，南特俱乐部培训中心擅长培养自己的后腰球员如马克莱莱、德尚，戛纳俱乐部培训中心培养出了齐丹、维埃拉等中场大将，这些俱乐部都通过人才培养增强了自身的实力。法国职业足球联盟完善的培养体系不但保障了联赛的成功运作，也为国家队输送了许多优秀人才。

1991年，为了整治联赛中出现的腐败问题，法国职业联盟财政控制委员会正式成立，它的主要职能是监督联赛与俱乐部的财务状况。被委员会查出违规的俱乐部由法国职业足球联盟执行处罚。①

法国职业联盟财政控制委员会由20名代表组成：主席1人，副主席1人，秘书长1人，秘书长助理2人，其他成员15人（分为13名经审议的成员和2名非经审议的成员）。② 法国职业联盟财政控制委员会主要有以下几种职责：（1）检查俱乐部的财政状况是否存在法律问题。（2）检查财政报告。（3）检查俱乐部的主要预算，包括球员工作、代理商与电视转播。（4）分析俱乐部的发展策略。（5）评价俱乐部的金融风险，包括球员转会、保险与足球合同问题等。（6）检查俱乐部是否违反其他具体的法律法规。③

---

① Hugh Dauncey, Geoffrey Hare. France and the 1998 World Cup：the national impact of a world sporting event ［M］. London：Frank Case, 1996：60.

② DIRECTION NATIONALE DU CONTRÔLE DE GESTION ［EB/OL］. ［2019-03-14］. https：//www/lfp. fr/corporate/dncg#.

③ Michel Desbordes. Marketing and football：an interesting perspective ［M］. Amsterdam Boston：Butterworth-Heinemann, 2006.

经法国职业联盟财政控制委员会检查发现,俱乐部的财政状况出现问题时,法国职业足球联盟会执行处罚,主要的处罚措施如下:(1)禁止招募新球员。(2)控制和限制新球员的招募。(3)要俱乐部在一定时间内修订其预算。(4)作为最严厉的处罚措施,可对俱乐部做出降级、逐出顶级职业联赛等处罚。历史上,马赛、摩洛哥等球队都有被降级的记录。

如今足球泡沫已经严重制约欧洲足球的发展,如英超联盟开始超前支付未来的转播权收益,西甲开始提前消费未来在冠军杯上的收益。一旦电视转播方出现资金问题或者球队在冠军杯上成绩不佳,大规模举债的球队很有可能出现崩溃或者破产。法国职业联盟财政控制委员会的建立,有效地预防了足球经济泡沫的出现。

### (三) 当前的挑战

随着职业化程度的加深,法国职业足球联盟受到了由一些豪门俱乐部组成的联盟的挑战。该联盟提出三点要求:(1)俱乐部应该获得比赛的所有收益。(2)对电视转播权带来的收入进行重新分配。(3)降低俱乐部的税收以及球员的工资。该联盟指责法国职业足球联盟垄断电视转播权,并将其制定的策略在全国范围内进行推广,没有考虑到豪门俱乐部所带来的关注度与收视率。

基于以上原因,该联盟呼吁各家俱乐部应当独立进行电视转播合同与赞助合同的谈判,所获得的收入全部属于各家俱乐部。① 法国青年和体育部没有接受这些要求,他们认为这些豪门俱乐部破坏了法国职业足球俱乐部之间的平衡,使俱乐部间的贫富差距越来越大,严重违背了法国足球的发展原则。要求被驳回之后,马赛、巴黎圣日耳曼等豪门俱乐部纷纷加入G14,与法国职业足球联盟进行对抗。归根到底,这次风波是足球市场经济自由化与体育公共服务之间的碰撞。

影响法国职业足球发展的另一问题是法国的劳动力成本高于其他四大联赛所属的国家。与欧洲大部分国家不同,法国的国民健康、社会安全以及养老金并非由财政拨款,而是用人单位按照一定的工资比例进行发放。与其他四大联赛进行对比可以发现,由于社会福利较低,支付一个同等身

---

① Patrick Mignon. French football after the 1998 World Cup: the state and the modernity of football [J]. Sport in Society. 1999, 2 (3): 240.

## 第七章 足球发达国家职业足球的治理经验

价的球员薪水,法国俱乐部往往花费最多。长此以往,法国职业足球联盟出现了资金短缺等问题,球员的薪金水平不断降低,最终导致许多本土球星纷纷出走,严重影响了联赛的水平。在当前法国的经济环境下,这一问题的解决任重而道远。

### (四) 与法国足协、政府的关系

法国目前采用的是政府、足协、联盟、俱乐部的四级管理体制,这一体制的优点是管理层次清晰,权、责、利明确。法国职业足球联盟隶属于法国足协,对法国国内的各级职业联赛负责。法国职业足球联盟由各级俱乐部组成,在政府的基本政策下,按照市场规律进行商业化运作。联盟的董事会由俱乐部投资者组成,通过代表大会对联盟发展的重大问题进行决策;联盟的主席由董事会选举产生,领导联盟董事会;董事会下设常设机构,主要包括经营部、财务部与市场部等部门。法国政府与足协协同合作,共同对法国足球进行宏观治理。政府在管理上更多的是指导与监督,不直接参与足球的运营,法国职业足球联盟才是足球管理的核心。

### (五) 小结

法国足球发展到今天,已有百年历史,其间法国足球取得了辉煌的成绩,这一切得益于法国足球的管理体制。法国足球的管理模式与英国等国家有很大的区别:相比于英超联盟、政府与足协三足鼎立的管理模式,法国采取的是政府主导与社会合作模式,即官方与民间合作结合型体制。[①]在这种体制下,国家通过足协来管理足球,法国职业足球联盟则是法国足协的一个下属机构,负责法甲联赛、法乙联赛与法国杯赛的管理,在法国足球的发展过程中扮演着重要角色。[②]

法国职业联赛的管理在欧洲独树一帜,如果说英超联盟是市场经济高度自由化的产物,那么法国职业足球联盟是在政府监督与足协主导下建立的,具有公共性。

隶属于法国足协的法国职业足球联盟在政府的宏观调控下,结合市场经济规律,将收入合理地分配给各家俱乐部,维持联盟内部的平衡。为了避免足球泡沫的出现,法国职业足球联盟与法国职业联盟财政控制委员会

---

① 周旺成. 法国体育体制的特点 [J]. 天津体育学院学报,1995 (1):26 – 27.
② 董新风,杨世东. 法国足球管理体制与运行机制探析 [J]. 山西师大体育学院学报,2011,26 (2):99 – 102.

合作，对俱乐部的财政状况进行监督检查。同时，联盟建立了完善的培训机制，为国家队输送了许多优秀人才。在职业足球联盟的经营下，法国职业足球水平不断提升。

## 四、西班牙职业足球联盟

### （一）概述

西班牙职业足球联盟于1984年正式成立，负责职业足球的监督与利润分配。据西班牙体育法的相关规定，职业足球联盟有以下职能：（1）承办西班牙的职业足球比赛。（2）与地方职业足球联盟配合，进行足球运动的全国性推广工作。（3）与地方职业足球联盟配合，制订足球运动员的训练计划。（4）组织在西班牙举行的国际大赛。（5）与政府合作，进行运动技术人员培训，预防使用药物和其他违反体育道德的行为。（6）依据体育法对违反体育规则的行为进行处罚。（7）监管分配给足协的补贴。

在职业足球联盟中，每个赛季每支球队有权注册25名欧盟球员，同时拥有3个注册非欧盟球员的资格。1990年，体育法案通过后，联盟将注册非欧盟球员的名额增加到了4个，同时也提出了界定条件：4名球员中只有3名可以同时出场比赛。1995年的博斯曼法案使联盟向所有的欧洲球员敞开了大门，但为了保护西班牙本土球员的利益，联盟重新将外援数量限制为3名。另外，各家俱乐部为了参加职业联赛，必须申请加入职业足球联盟，并缴纳注册费用。

西班牙职业足球联盟负责西班牙职业联赛的组织管理。联盟将联赛分为甲级联赛与乙级联赛。其中，西班牙足球甲级联赛是西班牙最高级别的联赛。西甲球队共有20支，赛季从9月份至次年6月份。联赛的前四强有资格参加欧洲冠军联赛，但联赛的第四名必须与其他联赛的第四名共同参加资格赛，只有获胜的一方才可以正式参加欧冠联赛。

第二级别的联赛是西班牙乙级联赛，该联赛创办于1929年，目前也由西班牙职业足球联盟组织管理。联赛由22支职业足球队组成，联赛的前三名可以升至甲级联赛。另外，根据西班牙职业足球联盟的相关规定，西甲联赛球队都可以拥有一支预备队，但为了保证比赛的公平性，两支球队不可以出现在同一联赛中，因此，即使预备队获得前三名，它也不能升入西甲联赛。同理，如果球队降级到下一级别的联赛，它的预备队也会自动降入更低级别的联赛。

在一段特殊的历史时期，西班牙职业足球联盟采取了俱乐部单独销售转播权的策略。在当时看来，这种销售策略是符合市场经济发展规律的，因为在这种转播模式下，商家可以最大限度地获取利益。但是市场经济具有一定的盲目性，虽然使得豪门俱乐部获得了丰厚的利润，但同时也拉大了俱乐部之间经济实力的差距。西班牙在完全开放转播权市场之后，足球市场在一段时间内陷入了失序状态。

电视转播权单独销售的策略严重削弱了西班牙职业足球联盟的整体实力。2010年，德勤会计师事务所公布了2008—2009赛季欧洲各大豪门俱乐部的收入榜，西甲两大豪门巴塞罗那、皇家马德里占据前两名。其中，仅就电视转播权收入这一项，皇马与巴萨分别获得了1.61亿与1.58亿欧元的收入。但是德勤会计师事务所的另一份报告显示，西甲虽然是电视转播权收入增长速度最快的欧洲联赛，但电视转播费依然位于欧洲五大联赛的末位，仅为英超联盟的二分之一。俱乐部实力不均衡直接导致了电视合同谈判时的差别化对待。这种差别化对待严重阻碍了西班牙职业联赛的健康发展。在俱乐部拥有电视转播的单独销售权之后，从表面上看，俱乐部拥有了更大的选择空间，实质上却催生了俱乐部之间的恶性竞争，出现了豪门俱乐部签下天价转播权合同，中小型俱乐部却无人问津的局面。①

西班牙职业足球联盟逐渐意识到了转播权单独销售带来的恶果，于是极力采取措施改变当前的混乱局面。② 最终联盟通过多方周旋，实现了联盟利益、俱乐部利益与球迷利益的"大一统"。联盟将电视转播权进行重新分配，集中与电视转播机构进行谈判，使得各家俱乐部都可以分得电视转播收入。另外，联盟允许俱乐部单独销售部分电视转播权。在联盟的积极运作下，电视转播权得到了更为合理的分配，有利于西甲联赛的良好发展。

西班牙职业足球联盟对后备人才进行综合性培养，将科学训练与文化教育相结合。青训阶段是球员成长的重要阶段，也是球员价值观形成的阶

---

① 陈清. 西甲电视转播权市场的"乱世纷争"[J]. 环球体育市场, 2010 (3): 26-27.

② 杨铄, 郑芳, 丛湖平. 欧洲国家职业足球产业政策研究——以英国、德国、西班牙、意大利为例 [J]. 体育科学, 2014, 34 (5): 75-88.

段。联盟结合年轻球员的生活习惯与性格特点,制定并坚决执行相应的纪律章程。相比足球技巧,联盟的青训营更加看重运动员待人接物的态度与学习能力。在学习专业能力之前,运动员需要树立正确的价值观与人生观。

西班牙实行文化训练与足球训练并行的教育方式。这样的方式使运动员拥有竞技与文化课的双重保障。联盟顺应青少年的身心发展规律,采取科学的训练发展方式。联盟下属的训练营认为:成为一名优秀的运动员,先天素质并不是决定性的因素,对足球运动的理解与热爱程度以及基本功的打磨才是促使球员成长的关键条件。因此,联盟更加注重球员兴趣的培养。

联盟严格控制训练时间,并针对不同年龄层次的球员制订不同的训练计划:16岁以下球员以培养兴趣、开发体能为主,避免高强度训练给运动员的身心带来过重的负担;16岁之后,球员进入技术定型期,开始加强技术与体能训练。这样的培养方式取得了良好效果,培养出了梅西、伊涅斯塔、法布雷加斯等顶级球员。

另外,西班牙职业足球联盟在人才选择上具有很强的民族特点,保证了球员对俱乐部的忠诚度。以西甲的巴塞罗那俱乐部为例,巴塞罗那不仅是著名的西甲豪门,更是加泰罗尼亚人的俱乐部。巴塞罗那虽然注重国际市场的开拓,引进了苏亚雷斯、内马尔等国际球员,但更加注重对国内球员利益的保护,着力培养国内球员。联盟下属拉马西亚足球训练营为巴塞罗那输送了大量的足球人才,打造出巴塞罗那独特的球风。拉马西亚训练营足球教练的水平符合国家统一标准,他们熟知俱乐部的内部情况,凭借丰富的经验指导下一代球员。①

在西班牙职业足球联盟的管理下,各年龄梯队都得到了有效衔接,梯队的完整性与有效性保证了西班牙足球健康、有序的发展。另外,西班牙职业足球联盟建立了运动员退役保障制度,为运动员退役之后的道路做出了妥善安排,不仅将球员培养成优秀的运动员,还要将他们培养成杰出的社会人。

西班牙足球界达成了以下共识:在具备了良好的外部物质设施条件以

---

① 彭玉娟,蒋志红. 西班牙竞技体育后备人才培养特点分析[J]. 体育科研,2016,37(6):53-56.

## 第七章 足球发达国家职业足球的治理经验

及优秀的球员之后,教练员的水平是决定整个国家足球发展水平的最重要因素。因此,西班牙职业足球联盟十分注重教练员的培养。为了保证教练员队伍的质量,联盟实行了严格的培养和管理制度。

联盟要求教练员必须持证上岗,并保证无故不得缺席每一次的教练员会议,对不同级别的教练员有着不同的要求。要成为一名合格的教练员,不仅要完成一定课时的培训,还需要经过长时间的实战考验。教练员扎实的理论知识与丰富的实战经验不仅会使年轻运动员受益良多,还是自身教练生涯的宝贵财富。

教练员在球员的启蒙阶段,根据其性格特点,制订科学合理的训练计划。教练员关心年轻球员的感受,引导并提升他们对足球的兴趣,并针对球员的年龄特点,采用游戏的方式进行授课,使他们享受足球带来的乐趣。教练员尊重年轻球员的身心发展规律,尽量避免为其安排高强度的训练。在球员身心发展成熟后,教练员针对球员的薄弱环节,开始加强技战术与体能训练。

西班牙职业足球联盟培养的优秀教练员帮助许多运动员走向成功,这也是西班牙足球水平不断提高的重要原因。

### (二) 与西班牙足协的关系

西班牙足协成立于 1913 年,是国际足联、欧洲足联与西班牙奥林匹克委员会的组成成员。作为西班牙足球的主管机构,它是执行公共职能的法人。西班牙足协由全国 17 个地区的地方足协、俱乐部、职业联赛与裁判组织组成。

西班牙足协负责统筹西班牙所有与足球相关的事务。但在 1984 年西班牙职业足球联盟成立之后,足协不再直接参与对职业联赛的管理。为了协调双方之间的关系,西班牙足协与西班牙职业足球联盟签订了用于规范各自管理领域与权限的"协调协议"。协议每四年签署一次,内容包括:球员招募、外籍球员注册、比赛日程与球队升降级等事务。双方之间的经济关系也受该协议的限制:职业足球联盟将根据各家俱乐部参加国王杯与超级杯的情况,支付给西班牙足协一笔费用,同时联盟还需支付校园足球发展费用与注册服务费。西班牙非职业足球联赛由西班牙足协举办,职业联赛由西班牙职业足球联盟举办,双方协同合作,共同推动西班牙足球的发展。

总体来说,西班牙足球联盟与西班牙足协通过签订协议形成合同关系。

联盟在向足协支付费用之后，取得了职业联赛的经营权。

### （三）小结

西班牙职业足球联盟自成立后开始管理西班牙职业足球联赛。职业足球联盟虽然受到法律的约束与西班牙足协的管理，但依然享有较高的自主权。1990年，为了帮助西班牙足球走出财政危机，政府出台了体育法案。体育法案帮助西班牙足球走上了正确的发展道路，确立了西班牙职业足球联盟在足球领域的地位。

西班牙职业足球联盟主要负责西甲、西乙两个级别联赛的管理，并制定了严格的升降级制度，保证了联赛的竞争性。为了缩小俱乐部间的实力差距，联盟将原有的电视转播权单独销售制度改为集体销售制度，但允许单独销售行为的存在。与此同时，为确保西班牙足球长期稳定发展，联盟制定了完备的后备人才培养策略与教练培养和考核制度。在制度的保证下，西班牙拥有了大量的足球后备人才。

为了协调西班牙足协与西班牙职业足球联盟之间的关系，双方签订了用于规范各自管理领域与权限的"协调协议"。二者在相互限制的同时，也通力合作，共同推动西班牙职业足球的发展。

## 五、意大利职业足球联盟

### （一）概述

意大利足球拥有一百多年的悠久历史，取得了优异的成绩：在国际赛场上，意大利四次获得世界杯冠军；在国内联赛运营上，意甲联赛球星云集，被称为"小世界杯"。意大利足球取得如此辉煌的成就，与意大利职业联盟的运作是分不开的。意大利职业足球联盟由所有俱乐部联合建立，负责意甲、意乙两级联赛的运营，通过制定联赛规则、开发市场等手段，为联赛带来商业收入，并运用合理的分配制度保证俱乐部利益的最大化。在联盟的管理下，意大利足球稳步上升。

1898年3月15日，意大利足球联合会（即意大利足球协会）宣布成立。同年5月8日，联合会举办了第一届意大利足球甲级联赛，为足球在意大利的发展奠定了良好的基础。但意大利足协管理经验不足，在球员资格认证、赛制、赛程以及比赛场地等问题上缺乏良好认识，无法对联赛实

# 第七章 足球发达国家职业足球的治理经验

施有效的管理,严重损害了俱乐部的利益。为了维护自身的利益,俱乐部决定成立意大利职业足球联盟,与意大利足协进行对抗。

第一次世界大战结束之后,意大利职业足球联盟与足协合并,并举办了战后第一次全国足球锦标赛,但由于合并后的联赛规模过大,足协难以实施有效的管理。为了改变现状,足协做出决定:取消全国性比赛,把原有的联赛按照地区分为几个赛区,分别举办区域性锦标赛。这一决定给意大利足球带来了毁灭性的打击,也使足协彻底失去了对全国足球运动的管理权。

为了使意大利足球走出困境,意大利组建了职业足球联盟。联盟确立了新的比赛制度:第一,将联赛分为甲、乙、丙、丁四个等级,联盟主要负责甲、乙两级联赛的管理。第二,联赛采取主客场双循环积分制。新的比赛制度确立之后,意大利足球开始走向健康发展的职业化道路。

另外,在意大利职业足球联盟的建议下,1980 年,意大利宣布开放外籍球员市场,每支球队可以选择两名外籍球员作为外援。1988 年,可征召的外援人数增至三名。在这一政策的激励下,意甲联赛开始崛起,世界各地的大牌球星纷纷加盟。20 世纪 90 年代中期,外援人数不再限制,联盟治下的意甲联赛成了世界球迷的焦点,吸引金融巨头们纷纷投资,为俱乐部带来了丰厚的收益。

意大利职业足球联盟是由 39 家甲级和乙级俱乐部联合组建的组织机构。同时,它也是一个以实现俱乐部利益最大化为目的的行业协会。作为意大利足协的下属部门,意大利职业足球联盟是一个拥有实权的自治机构,它的决策机构是股东大会。股东大会由俱乐部的业主和代表组成,推选或者聘任主席作为最高决策者,处理联盟的各项事务。联盟下设管理、资料中心、新闻、市场、会员、广播网络、秘书处与公平竞赛 8 个部门,负责意大利甲级联赛、乙级联赛、意大利超级杯、意大利杯以及青年足球锦标赛等赛事的组织管理。同时,意大利职业足球联盟对俱乐部享有监督权,对意大利足协的决定享有否决权。当然,在重大问题的决定上,联盟会与足协、俱乐部提前协商,一般不轻易行使一票否决权。①

---

① 吴建喜. 意大利足球甲级联赛研究[J]. 体育文化导刊,2009(5):148 – 150.

联盟拥有职业化的管理团队，合理配置各家俱乐部的资金与劳动力资源，为俱乐部带来经济效益。联盟的管理团队由具备商业开发能力的企业家与拥有丰富足球管理经验的专家组成，按照市场经济的基本规律与意大利足球法规进行运作。同时，联盟使用科学的分配制度，将来自电视转播权等方面的收入合理分配给各家俱乐部。联盟还负责协调俱乐部之间的关系，处理体育纠纷。

### （二）商业运营

俱乐部是联赛的中流砥柱，只有俱乐部实力提升，才能带动意大利足球的发展。在市场经济时代，俱乐部的实力常常与资金状况挂钩，因为只有资金充足才能吸引更多大牌球星。因此，为了提高俱乐部的竞争力，联盟通过多种渠道进行市场融资。

电视转播权的出售是意大利足球联盟重要的经济来源之一。随着职业足球关注度的增加，电视转播权的费用不断提高，例如，2005 年，尤文图斯俱乐部从电视转播中获得了 8 500 万欧元的收入；2007 年，AC 米兰俱乐部获得电视转播费 3 000 万英镑。① 与欧洲其他国家相似，意大利联赛的电视转播权由职业足球联盟统一销售。1996 年，意大利政府颁布了《586/1996 法案》，解除了《91/1981 法案》对俱乐部参与盈利活动的限制，允许职业俱乐部进行电视转播权销售等商业化运作。② 1999 年 1 月，迫于俱乐部背后大财团的压力，意大利政府反垄断部门出台了《十五号法案》，要求意大利职业足球联盟解除对电视转播权的垄断，允许所有的俱乐部直接进行电视转播合同的谈判。

单独出售转播权政策提升了豪门俱乐部对潜在经济收入的期望，引发利益相关者对电视转播所有权的博弈。同时，俱乐部单独出售所有权造成了俱乐部之间的贫富差距日益增大，甚至出现了豪门俱乐部控制联赛的现象，导致联盟整体收入降低，阻碍了意大利足球的发展。2006 年，意大利政府司法部门介入了豪门俱乐部操纵联赛的行为。2007 年，政府颁布了《106/2007 法案》，规定：联赛的电视转播权必须以整体的形式进行谈判，

---

① 冷雪. 曼联夺欧冠收益达 8 500 万镑板凳小董亦得 5 万[EB/OL].[2019-03-14]. http://sports.cctv.com/20080524/100567.shtml.

② 杨铄，郑芳，丛湖平. 欧洲国家职业足球产业政策研究——以英国、德国、西班牙、意大利为例[J]. 体育科学，2014，34（5）：75-88.

## 第七章 足球发达国家职业足球的治理经验

取消各家俱乐部的单独谈判权；职业足球联盟负责电视转播权的统一销售；制定了增加中小型俱乐部收入，减少豪门俱乐部电视转播权收入的分配办法。

意大利职业足球联盟统一销售电视转播权，带来了两方面的影响：第一，联盟整体的转播权收益显著提高。例如2010—2011赛季，电视转播权收入从上一赛季的7.63亿欧元增长到9亿欧元。第二，转播收入增长的同时，分配制度更加科学合理。例如意甲2005—2006赛季，排名前四的球队获得了52%的收入，在转播权统一销售的第二年，排名前四的球队转播权收入所占的比例降到了36%，球队之间的收入差距不断减小。

在职业足球联盟的运作下，意大利成为第一个将商业赞助引入职业联赛的国家。1980年，意甲18支球队的球衣广告卖出了200万美元的价格。20世纪90年代中期正值意甲发展的巅峰，国外服装公司纷纷出资赞助球队，例如英国恩宝公司赞助了帕尔马、拉齐奥、国际米兰、那不勒斯等球队。为了保证俱乐部利益的最大化，联盟努力与赞助商进行谈判，最终使意甲服装赞助收入达到800万英镑。胸前广告也同样卖出了不菲的价格，例如奥地利的BWIN公司以1 500万欧元购得AC米兰的胸前广告，如果AC米兰成功挺进欧冠半决赛，还将会获得至少800万欧元的奖励。

赞助收入在资金来源中占据着重要地位，有效保证了俱乐部的收支平衡。体育赞助商通过比赛提高企业的知名度，推广自己的产品，获取商业利益。各家俱乐部依靠体育项目特有的效果以及自身在各自地域的知名度，吸引企业向俱乐部支付高额的赞助费。根据俱乐部与赞助商达成的协议，俱乐部在体育赞助活动中获得了许多无形资产。

意大利的足球赞助商分为以下几类：

（1）官方供应商：为俱乐部提供产品和服务，同时，享有产品和服务的专有权。

（2）技术赞助商：为球队提供比赛和训练服装，以及运动装备与器材等。

（3）官方赞助商：有权将企业商标放置在运动员的运动装备上。

俱乐部经常出售商标使用权，与企业达成商业赞助合同，其中最为典型的是与电视转播媒体的合作，赞助合同规定俱乐部授予赞助商在固定位置摆放广告牌的权利。同时，其商业标志也可以在俱乐部的商业活动与新闻发布会中出现。随着意大利职业足球联赛的影响力不断增大,赞助的交易额也在持续增长,期限也被不断拉长,为联盟与各家俱乐部都带来了经济利益。

联盟除了引入商业赞助之外,还吸引了许多金融巨头,他们也成为意甲各家俱乐部的老板,例如,拉齐奥受到了食品大王克拉尼奥的资助;AC米兰的大股东是意大利最大影视集团的老板贝卢斯科尼;石油公司巨头弗哥杰森入主罗马;菲亚特老板阿涅利是尤文图斯最大的投资人。

联盟球员转会是俱乐部获得收入的重要途径。联盟通过对转会市场进行监督管理,为球员转会创造良好条件。球员通常从收益差的小球队向收益高的大城市流动。在濒临破产的情况下,为了缓解资金紧张的局面,许多俱乐部选择通过转让优秀运动员获取转会费。随着球员转会费的日益增长,中小型俱乐部已经将球员转会作为获取资金的最重要手段。俱乐部将有潜力的球员签下,当他们身价上涨时,重新投放到球员市场,赚取差价。

运动员转会充分利用了球星效应,增加了俱乐部的活力,包括吸引观众、增加门票收入等。据统计,每3年会有70%~75%的意大利球员进行转会,只有2~3名球员固定为一家俱乐部效力。球员转会对俱乐部与运动员都是有益处的,俱乐部因为球员流动而充满活力,成为疏散和集中人才的中转站。以罗马俱乐部为例,中田英寿以1 600万美元的转会费从佩鲁贾转会至罗马,凭借中田英寿的发挥,罗马获得了意甲冠军。中田英寿吸引了大量的日本球迷和赞助商,提高了周边产品的销量,俱乐部因此获得了2 000万美元的收入。再如2001年,尤文图斯队球星齐达内以6 600万欧元转会皇家马德里,转会费是我国职业俱乐部的几倍。每年意甲俱乐部都从球员转会中获取不菲收入,转会的合法性则由联盟确认。

出售门票是联盟的重要融资手段之一,它反映了球迷对比赛的关注程度,是衡量俱乐部经营实力的主要标准。因此,职业足球联盟十分重视观众上座率,采取各种手段将观众吸引到球场上来,例如,向球迷推出优惠套票、制定门票价格前进行详细的市场调查以及为观众提供各种便利服务。意大利职业足球联盟自成立以来,一直秉承着"提供全方位服务,以球迷为中心"的经营理念。球迷消费者的产品需求构成了职业联赛的产品市场,激烈对抗的比赛则是产品的核心,也是球迷观赏比赛的驱动所在。为了体现公平公正的比赛原则,增进比赛的激烈程度与观赏性,满足观众的观赏需求，意大利职业足球联盟不断修改竞赛规则。这不仅会对门票收入产生很大的影响，还关系商务开发、电视转播等经营活动的成效。

门票收入是意甲各家俱乐部主要的利润。为了体现公平的原则，联盟制定了合理的分配制度。对于意大利职业足球俱乐部来说，门票收入主要划归主队所有，同时根据门票收入的多少与缴纳税收的情况，按照一定的比例分配给客队。在意甲联赛中，客队俱乐部可以获得17%的收入；在意大利杯赛中，客队俱乐部获得50%的收入。由于意大利职业足球联赛的俱乐部在国内外的比赛中成绩优异，主场的上座率高达85%，同时，意大利俱乐部经常参加欧洲冠军联赛，因此，门票收入是意大利职业联赛收入的重要组成部分。

意大利职业足球联盟的商务开发主要包括标志物的转让使用费、会员会费以及运动场地出租费。联盟下属俱乐部围绕足球展开多种商务开发手段，以AC米兰俱乐部为例：AC米兰经营带有俱乐部标志的运动服、食品与纪念品等多种商品，一年仅队服就出售60万套。虽然对周边产品的商务开发没有为俱乐部带来高额利润，但这是衡量俱乐部经营实力的重要标志。

（三）与意大利足协、政府的关系

意大利职业足球联盟虽然隶属于意大利足协，但也拥有一定的决策权与财产权。政府与联盟间是一种监督关系。政府不直接干预意大利职业足球联盟的管理活动，而是采取宏观调控的方式限制联盟的经营行为。

联盟组建的目的是实现俱乐部利益的最大化，同时联盟还拥有独立的决策权与财产权，这将不可避免地与整个社会的整体利益产生矛盾。因此，政府为了维护公共利益，必须在一定的程度上对联盟进行约束。意大利政府对意大利职业足球联盟的管理较为宽松，主要依靠立法与司法系统进行宏观调控。

政府的宏观调控政策具有以下特征。

首先，依法管理。职业足球联盟的法律地位是独立自主经营的社团法人，在运作中应当遵守相关法律法规。政府颁布的经济立法与社会立法均适用于职业足球联盟。

其次，不直接参与经营。政府不控制职业足球联盟，保证联盟的自主经营权；政府不设立专门管理俱乐部的机构，由职业足球联盟负责协调它们之间的关系。

最后，市场调节。意大利政府将意大利职业足球联盟视为一种经济组织，采取适者生存、优胜劣汰的规则。因此，政府从未向联盟提供赞助或者减免税收。联盟依靠自身实力在市场中进行运作，以此证明自身价值。

政府不直接参与联赛的运营，而是以第三方监督联盟的经营行为，赋予了联盟经营自主权，一定程度上刺激了意大利职业联赛的发展，但是如何采取措施进行有效的监督及审计财务，是摆在意大利政府面前的难题。

（四）小结

足球作为一种市场运作要求高、社会影响力大的集体项目，需要职业联盟进行管理。当意大利足球陷入困境时，意大利职业足球联盟通过修改比赛制度与开放外籍球员市场等手段将足球发展引向正确道路，在意大利足球的健康发展过程中发挥了重要作用。

意大利职业足球联盟是一种具备独立法人资格的自治性民间社团机构。它不以营利为目的，维护下属俱乐部的利益，协调俱乐部之间的矛盾。同时，联盟作为自主经营的经济实体，采取独立的经济核算方式。为了在激烈的市场竞争中生存下来，联盟必须提高服务质量，以市场为导向，拓宽资金的来源渠道，并使用合理的制度进行分配。联盟的资金来源渠道包括电视转播权、赞助、门票与商务开发。联盟通过自身的经营能力来证明自己的价值。

意大利职业足球联盟虽然隶属于意大利足协，但也拥有一定的决策权与财产权。政府与足协间是监督与被监督的关系，政府依据相关的法律法规，按照市场规律对联盟进行约束，保证各项活动的合理性。在政府的监督下，意大利职业足球联盟依靠自身的经营，将意大利足球推向了新高度。

## 六、南非足球联盟

（一）概述

位于非洲南部的南非共和国是非洲经济最为发达的国家，体育运动在非洲占有举足轻重的地位。南非前总统纳尔逊·曼德拉曾经说过："体育具有改变世界的力量，体育的力量无与伦比，它能激励人民、团结人民。要

## 第七章 足球发达国家职业足球的治理经验

打破种族藩篱，体育的力量胜过各国政府。"① 尽管南非由于政府的种族隔离政策而与国际体育隔绝了许多年，但是南非在重返国际体育大家庭之后，在足球领域取得了不俗的成绩。② 20 世纪 90 年代，在南非足球联盟（National Soccer League，简称"NSL"）的管理下，南非开始加速职业足球发展，在发展足球产业的同时，也提高了南非国家队的成绩。

作为曾经的英联邦成员国之一，南非足球的历史源远流长，20 世纪 30 年代，足球已经在南非得到了普及。但种族隔离制度的实行，导致南非足球界成了白人运动员的天下，不平等现象处处可见：南非不同种族之间不允许相互进行比赛，不允许包含白人和黑人运动员的混合队伍存在，国家队里不能有黑人运动员，禁止黑人参加国际性的足球赛事。在政治因素干预下，南非足球的发展潜力迟迟未被挖掘。1971 年，跨越南非四大足球协会之上的"南非足球联盟"成立了，联盟明确表示将接纳不同肤色球队的加盟。1991 年，南非的种族隔离制度被打破，此后南非足球水平突飞猛进：1996 年，南非首次参加非洲国家杯足球赛即获得冠军；1998 年，南非国家足球队首次入围世界杯决赛圈；2010 年，南非成功举办世界杯。

南非足球的发展也体现在国内联赛的运营上。南非足球联赛创建于 1960 年，创建之初只有 4 支球队。在南非足球联盟的运作下，南非足球联赛 1996 年改制成如今的南非足球超级联赛（Premier Soccer League，简称"PSL"）。南非足球超级联赛为南非足球的最高级别联赛，从刚开始的 4 支球队发展到了现在的 16 支球队，赛制和欧洲各大联赛一样，从每年的 8 月开始到次年的 5 月结束，进行双循环主客场。

在南非足球联盟的经营下，足球逐渐发展为一种大型商事行业，带动了南非全国经济的发展。2010 年南非举办足球世界杯，虽然在修建 5 个新体育场和维修 5 个既存场馆以及其他建立更新体育基础设施方面耗费了巨资，但使南非的经济产生了飞跃，增加了南非的经济收入，创造了较多的工作岗位。根据赛前专家预测，南非会获得 21 000 000 兰特收入，新增 15

---

① 李小燕. 南非体育立法研究 [A] //洪永红. 非洲法评论（2015 年卷）[C]. 湘潭：湘潭大学出版社，2015：156 - 157.

② 黄世席. 南非体育法制介评 [J]. 河北法学，2007（8）：179 - 182.

万个以上的工作岗位。① 2010 年的世界杯同时带动了南非旅游业的发展，促进了南非电视转播权收入的增加。

近些年来，南非的足球发展呈现出一定的下滑趋势，这与南非足球联盟的管理者不能适应现代足球的发展速度有很大的关系。因此，为了加快南非职业足球的发展脚步，南非足球联盟需要不断提升自身的管理能力。

### （二）管理模式

南非足球联盟通过立法制定出基本章程与行事规则，下属机构的所有活动必须严格遵守这些章程与规则。南非足球联盟将联赛分为两个级别：南非足球超级联赛和国家甲级联赛（National First Division，简称"NFD"）。联赛规则的制定以及联盟运行中具体事务的管理由联盟下属的执行机构负责。执行机构分为多个部门，各部门各司其职，保证联盟有条不紊地运转以及联赛顺利开展。联盟另设首席执行官作为最高的运行机构，一方面对联赛进行管理，另一方面贯彻执行委员会制定的方针政策。

联盟的司法机构成员由纪律委员会亲自任命，确保司法机构完全独立于其他机构，保障监督权的有效实施。纪律委员会处理所有纪律性问题，主要包括由联盟自己做出的纪律处罚和依据联盟成员对其他成员的抗议或者控诉而做出的纪律处罚。② 纪律委员会有权实施的处罚包括警告、暂停资格或者颁布禁止令，以及罚款。如果当事人对纪律委员会的裁决或者处罚不满意，可以依据南非足协章程提起上诉。如果任何一方当事人对足协下属上诉委员会的裁决不满意，可以依据足协的相关章程提交仲裁。

随着南非足球联赛规模的不断扩大，纠纷也不可避免地增加了。世界体育纠纷解决的主流形式是"替代性纠纷解决机制"，即双方在法院起诉或在法院之外进行纠纷解决。南非足球联盟的规则规定，足球运动参与者应当通过替代性纠纷解决机制化解矛盾。但替代性纠纷解决机制的优先适用违反了宪法的相关规定。基于此，南非足球联盟在两者之间做出了妥协，成立了纠纷解决委员会，用于处理南非职业足球中除了纪律性纠纷之外的

---

① 李小燕. 南非体育立法研究［A］//洪永红. 非洲法评论（2015 年卷）［C］. 湘潭：湘潭大学出版社，2015：157.

② ［南非］法莱·拉扎罗. 让体育远离法庭：南非足球联盟纠纷解决委员会——南非和非洲体育纠纷解决的模范［C］//周青山，刘丹江，译. 洪永红，李伯军. 非洲法评论（2016 年卷）. 湘潭：湘潭大学出版社，2016：74.

所有纠纷。

### (三) 商业运营

资本的正常运营是职业体育存在的前提,只有资本获得收益,联盟才能不断发展壮大。为了保证获利,南非足球联盟必须利用行业自身的专业知识与技能,提供其他行业无法提供的服务产品,形成一种天然的技术壁垒。联盟利用自身的垄断属性,进行市场开发,为联赛吸引赞助,例如,在南非足球联盟的运作下,中资企业华为赞助南非足球队 Ajax Cape Town,成为该球队在当赛季足球联赛的官方服装赞助商。

在职业足球的转播方面,由于当时非洲的社会经济环境较差,订阅电视频道的用户很少,为了增加观众人数,开拓职业足球市场,南非足球联盟积极与政府进行协调。协调过后,南非独立通讯局于 2003 年通过了一个类似于欧盟"无国界电视转播指令"的条例,确保公众可以收看国内足球比赛的转播。该条例规定,国内足球比赛必须做到及时实况转播、推迟实况转播或者免费电视转播,国内电视转播商不得对国内足球比赛的电视转播权进行垄断,因为这些比赛涉及公共利益。这一条例为足球市场的进一步扩大奠定了基础。

职业竞技中,球员通过自身精彩的表现获得球迷与媒体的关注。联盟通过商业化运作将关注度转化为收益。因此,为了获得更高的收益,南非足球联盟必须提供精彩并充满悬念的比赛,而这一切是以联盟中的球队实力强大、并且水平相当为基础的。俱乐部只有不断提高自身实力才能得到更高的收入,但以实力为依据进行利益分配的方式往往造成强者恒强、弱者恒弱的局面。例如,南非超级联赛中的莫罗卡燕子、奥兰多海盗等强队可以获得较高的奖金,用于球队的下一步补强。而弱队常常面临着失去当家球星的困境,实力不断减退。

球队实力的巨大差距使强弱双方在经营上都陷入了困境:弱队担心在升降级的机制下被淘汰出局;强队担心在竞争不均衡的情况下失去竞争对手,最终失去观众。为了摆脱困境,保持联赛的竞争均衡,南非足球联盟采用利益共享的方式进行分配。

### (四) 纠纷解决机制

南非职业足球联盟有着解决纠纷的职能。在研究南非足球联盟的纠纷职能之前,需要研究替代性纠纷解决机制的基本概况,了解这种纠纷解决机制成为解决体育纠纷的首选方式的原因。

替代性纠纷解决机制是一种排除司法干涉的纠纷解决方式,形式主要包括调解、调停、仲裁和专家裁决。南非足球协会和国际足联的相关章程中规定,任何体育纠纷都要通过替代性纠纷解决机制解决,而不是通过法院解决。相比法院,替代性纠纷解决机制通常更快捷、更灵活、更经济、更保密。这些优势可以保证当事人在维持商业关系的过程中实现双赢。

虽然替代性纠纷解决机制在解决纠纷上有很大的优势,但仍然有纠纷当事人将他们的纠纷提交给法院解决。甚至出现过这种情况:当事人之间已有将体育纠纷提交给替代性纠纷解决机制的协议,或者根据南非足球协会和国际足联的相关章程明确要求他们将纠纷提交给内部纠纷解决程序解决,当事人仍然将纠纷提交给法院。

过去,许多职业足球纠纷被提交给法院而不是由替代性纠纷解决机制解决。南非足球发展到今天,替代性纠纷解决机制越来越被认可,全世界都意识到体育问题最好由相关体育机构内部裁决。因此,当替代性纠纷解决机制可以适用时,尽管法院享有管辖权,他们也不愿意介入。

根据南非宪法,任何人都有权把可以通过法律解决的纠纷,提交给公平公开的法院审理,或提交给合适的其他独立公正的法庭或机构解决。① 在大多数情况下,南非足协的章程要求当事人将纠纷提交给替代性纠纷解决机制。

南非职业足球纠纷解决的转折点是高级法院对 Cotzee v Comitis and Others② 案的判决。库切作为本案的当事人,认为南非足球联盟关于足球运动员转会的规定与宪法不符,因而无效。法院经过审理后,决定支持库切的主张并认定南非足球联盟关于足球运动员转会的规定无效。在本案判决之前,南非足球联盟虽然已有关于内部纠纷解决的规定,但是没有纠纷解决机构。随着库切案件的判决,南非足球联盟修订了它的章程,规定在职业足球领域发生纠纷时,通过联盟的常设机构解决纠纷。

南非足球联盟章程第 16 条规定,南非足球联盟下设两个常设机构,命

---

① Section 34 of the Constitution of the Republic of South Africa, 1996.
② [南非]法莱·拉扎罗. 让体育远离法庭:南非足球联盟纠纷解决委员会——南非和非洲体育纠纷解决的模范 [C] //周青山,刘丹江,译. 洪永红,李伯军. 非洲法评论(2016 年卷). 湘潭:湘潭大学出版社,2016:73.

# 第七章 足球发达国家职业足球的治理经验

名为纪律委员会和纠纷解决委员会。纪律委员会处理所有纪律性问题,对违反纪律者实施警告、暂停资格、发布禁止令以及罚款等处罚行为。纠纷解决委员会处理所有非纪律性纠纷。南非足球联盟章程第 18 条规定,将处理纪律性的争议之外所有的争议,都提交给纠纷解决委员会是所有职业足球参与者应尽的义务;球员的劳动合同中的相关条款也规定,因合同而产生的任何纠纷必须提交给纠纷解决委员会;另外,许多俱乐部已经将仲裁条款纳入他们的合同和员工手册,规定双方所有的纠纷应当交给纠纷解决委员会解决。

纠纷解决委员会是一个独立的机构,成员由联盟执行委员会和球员任命。南非足球联盟章程第 18 条规定了南非足球联盟的设立,界定了它的管辖权,详细规定了纠纷解决委员会化解矛盾的程序。委员会在做出裁决时必须遵循公平和公正的原则以及相关法律。委员会由律师组成,其中主席是一名高级律师。每起案件都是由三人专家小组来裁决,包括一名常设主席和两名依次轮换的成员。

委员会对球员转会、球员身份认定与不公平的解雇和违约纠纷都享有管辖权。同时,委员会也应联盟的要求,为联盟提供咨询意见,包括解释关于球员身份认定和球员注册管理的国际足联章程。委员会对所有职业足球的从业者都享有管辖权,包括南非足球联盟、俱乐部、行政官员、运动员、教练员、经纪人。

南非足球联盟章程第 41 条规定了纠纷解决委员会处理纠纷时必须遵守的程序以及委员会有权实施的制裁。这些制裁手段主要包括:支付赔偿金或补偿金、支付转会费或诉讼费。委员会做出的裁定具有强制力,类似于法院对纠纷做出裁定的效力。委员会自成立以来,已经处理了大量的案件,做出的相关裁定大多依据南非法律被强制执行。另外,联盟章程规定了一种快速执行裁定的方式:授权联盟的首席执行官从违约方扣除若干数额的金钱,付给获胜一方。例如,纠纷解决委员会已经裁定俱乐部支付球员补偿款,但俱乐部并没有在规定期限内履行裁定,此时,这个球员就可以请求联盟的首席执行官,依据这一条款支付补偿金。

委员会解决纠纷应当适用如下规则:将体育纠纷提交给纠纷解决委员会的一方须先支付咨询费;必须采用书面形式向委员会提交纠纷;提交后,需要说明索赔所依据的所有材料事实以及希望寻求的救济;申请人需要附上所有文件的清单；申请人提供的所有证据都必须附在申请书中，申请书必须提供给被告，并向联盟提供送达证明；一旦联盟收到申请，该案件就会被安排进入自愿调解程序。如果案件经调解后仍未解决，将被提交仲裁并向当事人公告14天。①

纠纷当事人有权委托代理人，各方代理人都有权陈述事实，证明其事实或否认对方的事实，都可以提出旨在证明案件事实的任何论点和证据，并有权聘请专家提供专家证言。相比法院或者法定审判机构的强制性规则，纠纷解决委员会的程序更加简单、便捷。

任何一方当事人，如果对委员会做出的裁决不满意，可以依据足协章程上诉至上诉委员会。如果对上诉委员会的裁决仍不满意，可以依据足协章程将案件提交进行仲裁。根据足协章程，仲裁是终局的并且对当事人有约束力。

随着体育被持续商业化，以及日益增长的重新评估和明确体育关系的需求，体育纠纷的数量也将不断增长。纠纷解决委员会作为非洲足球领域中最为先进和组织有序的纠纷解决机构，有效地化解了许多矛盾，推动了南非职业足球的发展。②

### （五）与南非足球协会的关系

在南非，足球机构按照金字塔的结构设置，等级结构递减如下：最顶端FIFA，接下来是非洲足球联合会（Confederation of African Football，简称"CAF"），最底层是南非足球协会（South African Football Association，简称"SAFA"）。南非足球联盟则是南非足球协会的下属机构。

南非足球协会是南非足球界的官方机构，掌管南非所有足球事宜，包括管理各级别联赛、国家队等，总部设于约翰内斯堡，属非洲足协和国际足联会员。南非足球联盟作为南非足球协会的特殊成员，以及唯一专业的足球机构，负责南非所有职业足球联赛的运营。联盟虽然是足协的下属机构，但依然保留着一定程度的自治权。在不与相关法律法规相冲突的前提

---

① ［南非］法莱·拉扎罗. 让体育远离法庭：南非足球联盟纠纷解决委员会——南非和非洲体育纠纷解决的模范［C］//周青山，刘丹江，译. 洪永红，李伯军. 非洲法评论（2016年卷）. 湘潭：湘潭大学出版社，2016：77.
② 中国非洲史研究会. 非洲法律与社会发展变迁［M］. 湘潭：湘潭大学出版社，2010：422.

第七章 足球发达国家职业足球的治理经验

下,联盟可以自由管理联赛事务,如完善升降级制度、修改比赛规则。南非足球协会为南非足球联盟制定了一系列章程,保证联盟在足协的控制下进行运作。

(六)小结

20世纪90年代,南非回归国际足联大家庭,并在国际赛场上取得了优异的成绩,有效地促进了南非足球产业的发展。随着足球在南非实现了巨大的商业化,南非足协建立南非足球联盟负责职业足球的运营管理。联盟虽然隶属于南非足协,但依然保留着一定的自主权。

联盟通过立法制定出基本章程与行事规则,并直接管理超级联赛与甲级联赛的内部事务;另设首席执行官作为最高的运行机构,一方面对联赛进行管理,另一方面贯彻联盟制定的方针政策;成立纪律委员会,处理所有纪律性问题,保证监督权的有效实施;成立纠纷解决委员会,化解联盟的内部矛盾。在联盟的精心经营下,南非足球水平获得了突飞猛进的发展,拉动了南非经济的增长。

## 七、澳大利亚职业足球体系

(一)概述

澳大利亚没有采取职业足球联盟的方式进行职业足球管理,但这并不妨碍澳大利亚成为一个足球强国。澳大利亚根据自身国情,建立起独特的职业足球体系,有效地促进了本国职业足球的发展。这种足球管理模式同样值得我们研究。

澳大利亚(Australia)一词源自拉丁文 Terra Australis,本意为南方未知的土地。随着15至17世纪欧洲强国开启的地理大发现,1606年荷兰探险家威廉姆·简士(William Janszoon)成为有记载以来第一个真正登陆这片未知土地的外来人,而后澳大利亚大陆被荷兰人称为"新荷兰"。1770年英国航海家库克船长(Captain James Cook)发现了澳大利亚东海岸地区,将其命名为"新南威尔士"(大致相当于现今澳大利亚的新南威尔士州之地),并且声称其为大英帝国的领土。至此,澳大利亚便开始成为英国的殖民地。到1900年,受拉美地区独立运动的影响,澳大利亚的六大殖民地举行了全民公决,通过了要求建立一个统一的澳大利亚联邦的议案。同年7

月，英国议会表决通过《澳大利亚联邦宪法》和《不列颠自治条例》。1901年1月1日，六大殖民地改为州，成立了澳大利亚联邦，确立了《澳大利亚联邦宪法》为联邦的第一部宪法。1931年英国议会通过《威斯敏斯特法案》，澳大利亚仍旧作为一个英联邦成员国，但取得了自身内政和外交的独立自治权。由此可见，历史上的澳大利亚作为英国的一个殖民地必定深受英国政治制度、组织构架和社会风俗的影响。

澳大利亚足球管理机构的起源可以追溯至1911年。作为英联邦成员国的澳大利亚，这一足球管理机构设立之初，便自然而然地成为了英联邦足球协会（Commonwealth Football Association）的会员之一。而后该管理机构于1921年被总部设立在悉尼的澳大利亚足球协会（Australian Soccer Football Association）所取代。1954年11月，澳大利亚足球协会在与国际足联（Fédération International de Football Association，简称"FIFA"）的洽谈上终于取得进展，被FIFA授予了国际足联临时会员。然后短短的五年之后，于1960年，澳大利亚足球协会因非法挖走海外球员被FIFA终止了临时会员的资格，从而导致了解散。一年过后即1961年，澳大利亚足球管理协会重整旗鼓，由"澳大利亚足球联合会"（Australian Soccer Federation）作为前管理机构的潜在继承者继续管理澳大利亚足球相关事宜。同时，FIFA以罚款未完全缴纳为由拒绝了"澳大利亚足球联合会"重新进入FIFA的申请。直到1963年，澳洲足球管理机构才得以再次返回FIFA这个足球大家庭。

因澳大利亚地理位置特殊（处于大洋洲），与世界足球发展的主流地区相隔绝等一系列因素，澳大利亚足球遂向离澳大利亚最近的亚洲地区靠近以谋求自身的发展，故在1960年，澳大利亚便多次申请（后于1974年又申请一次）加入，亚洲足球联合会（Asian Football Confederation，简称"AFC"），均遭到了拒绝。

1966年，不甘心的澳大利亚联合新西兰建立了大洋洲足球联合会（Oceania Football Federation，现为Oceania Football Confederation，简称"OFC"）。在1974年第二次申请加入AFC之前，澳大利亚足球联合会还曾于1972年退出OFC，为加入AFC而做准备，但随着第二次申请加入AFC的失败，澳大利亚在1978年又返回了OFC。

在近二十年间，澳大利亚足球风平浪静。除在1995年时，澳大利亚足

第七章 足球发达国家职业足球的治理经验

球联合会更名为澳大利亚足协（Football Federation Australia）外，并未有过大的变动。

澳大利亚足协的新一轮变革发生在2002年韩日世界杯结束后。2002年韩日世界杯预选赛附加赛期间，澳大利亚队主场1比0战胜乌拉圭队，客场0比3不敌乌拉圭队，主客两回合总比分1比3，被乌拉圭队淘汰，从而失去了入围2002年韩日世界杯决赛圈的资格。此举失利导致国内外的大小舆论媒体对澳大利亚足协开始了狂轰滥炸般的指责，并且控诉澳大利亚足协欺诈和管理不善。迫于压力，澳大利亚足协不得不委托了一个第三方的独立调查机构展开调查，后得出了一份著名的调查报告（the 2003 Report of the Independent Soccer Review Committee），因其主要的报告撰写人为大卫·克劳福德，故被称为"克劳福德报告"（Crawford Report）。该调查报告的结果是澳大利亚政府威胁足协要撤回对足球项目的体育经费投入，澳大利亚政府干预澳大利亚足协的行为违反了FIFA章程中的禁止政治干预条款。同时，澳大利亚足协董事会在听取并分析了调查报告后，他们认为调查报告中的建议无法得到有效的执行和实施。因为该调查报告中有一项明确要求，即要求澳大利亚足协开始着手重建工作。

但随着一个由弗兰克·洛伊（Frank Lowy）主导的临时委员会的建立，澳大利亚足协被重建的命运在所难免。三个月后，澳大利亚足协进入了清算程序，取代它的新澳大利亚足协名为澳大利亚足球协会（Australia Soccer Association，简称"ASA"），它就是现今澳大利亚足协（Football Federation Australia，简称"FFA"）的前身机构。并且澳大利亚政府还同意向ASA提供大约1 500万美元的援助。

2005年1月1日，ASA遵循一般国际惯例，将"soccer"改为"football"，同时自身更名为澳大利亚足协，并且提出了"老足球，新足球"（"Old Soccer, New Football"）的口号，希望澳大利亚足球能够走出2002年韩日世界杯的阴影。

2005年3月23日亚足联执行委员会全体一致通过了澳大利亚足协申请的由OFC加入AFC的请求。同年4月17日，OFC也通过了澳足协的申请，并交由国际足联执行委员会批准。2005年6月29日FIFA以各参与方都同意为由，秉承体育自治原则之精神，批准了该申请，且可以不交由国际足联大会讨论。2006年1月1日，澳足协正式从OFC转入AFC。FFA对外宣称希望此举能够给予澳大利亚一个公平进军世界杯的机会,同时也希望 A 联赛(A-League,后简称澳超联赛)的俱乐部参加亚冠联赛,从而提高澳大利亚足球俱乐部在国际俱乐部中的水平和在各地区之间相互竞争的水平。

**(二) 管理模式**

澳大利亚职业足球体系的最高管理机构是一家名为澳大利亚足球协会的法人组织,该组织的前身可以追溯至 1911 年,总部坐落在位于澳大利亚新南威尔士州的悉尼市。其组织形式为担保责任有限公司(a Company Limited by Guarantee)。担保责任有限公司不同于一般传统意义上的有限责任公司,是一种特别的公司形态。一般观点认为该种公司起源于英美法系,但在我国也有一些早期研究者认为其起源于意大利的"无名持分公司"(Societa Anomina Per Quote)①。而在我国现行《公司法》中,并未对担保责任有限公司做出任何规定,不属于我国的公司类型,同时学界对此的关注也不是太多,但这种公司不失为一种发展的趋势。而在国外该类公司多在设立学校、科研机构、体育组织、宗教团体等慈善或准慈善组织时运用。因为该类组织在设立时会有一笔启动基金,并不需要其成员另外投入运营资本;或者由其成员缴纳一定的相关费用。② 根据澳大利亚《公司法》(CORPORATIONS ACT 2001)中有关有限公司类型之规定可知,澳大利亚有限公司可分为三类:(a)股份有限公司;(b)担保有限公司;(c)担保股份有限公司。且对于担保责任有限公司这一概念,澳大利亚在其《公司法》中给出了一个明确的定义:"担保有限公司是指根据其成员的责任而形成的公司,其成员的责任以做出保证在公司清算时向公司提供资产的数额为限。"可见其特点在于股东的责任仅限于其已做出保证的金额,在设立之初因其有显著的非营利性特征也可不需要营业资本。另外在有股份划分的担保责任公司(a Company Limited both by Shares and Guarantee)中则会要求股东承担出资额和在已做出保证的金额内的双重责任。所以在澳大利亚公司法类型中,担保责任有限公司是非常重要的责任公司形式之一。

受自身公司宪章、公司章程以及澳大利亚公司法的约束,澳大利亚足协通过管理澳大利亚各州、领地的地区足球协会和运作联赛来负责澳大利

---

① 何勤华,李秀清. 民国法学论文精粹(第三卷)[M]. 北京:法律出版社,2004:504.

② 秦芳菊. 保证有限责任公司管窥[J]. 人民论坛,2011(35):128 – 129.

# 第七章 足球发达国家职业足球的治理经验

亚职业足球的相关事项。

作为澳大利亚足球的最高管理机构，FFA 的设立初衷就包括：（1）决定澳大利亚足球的战略方向；（2）为澳大利亚足球的运行管理和行为准则制定政策文件；（3）监督和管理各州、领地足球协会，常设委员会以及足球联赛。同时还要求依照公平竞赛原则和统一的教育、文化以及人道主义理念，持续地管理和推动足球比赛的进步和发展，特别是在青少年和一些发展项目中。FFA 作为 FIFA 和 AFC 的成员之一，自然而然也被要求遵守 FIFA 和 AFC 的相关章程和条例。

FFA 总则确立了促进友谊原则、中立原则和消除歧视原则。中立原则核心指 FFA 在政治和宗教上保持中立，而消除歧视原则的含义更为广泛，包含 FFA 承诺会提供一个无歧视的运动和工作环境、任何内容的歧视都会被纪律委员会处以惩罚以及成员保护政策（Member Protection Policy）和观众行为守则（Spectator Code of Behaviour）。除此之外，它还在宪章中对于自身的收入和开支的管理有着非常详细和严格的范围限制，规定如下：（1）FFA 取得的所有收入、利润和财产只得被用于以促进或实现它设立宗旨的目标中去，不得作为它用；（2）绝不会直接地或间接地向其成员支付任何股息、红利、利润或者其他形式的财产［这也是澳大利亚《公司法》中确立的"担保责任有限公司不分红原则"（Companies Limited by Guarantee not to Pay Dividends）的强制性要求］；（3）届时付款，即会按时向官员、成员或者是那些官员和成员的合作伙伴的公司或企业支付货款，但仅限制于：a. 向 FFA 提供过有偿性服务的；b. 在正常业务范围内向 FFA 供应商品的；c. 用于购买上述 a、b 两项而产生的，同时该利息被 FFA 的股东大会所认为合理（即表决通过）的借款利息；d. 向 FFA 提供房屋出租而产生的合理租金。由此可见，虽作为一个公司，但是 FFA 不会向其成员发放任何红利或股息，这点已与现在大多数体育自治管理机构相同，例如上述所提到的 FIFA、AFC、OFC 等跨区域国际体育组织和一些体育项目的国家自治组织如"足球协会有限公司"（the Football Association Company Limited，即"英足总"）。另外，上述所规定的 FFA 支出范围也仅限于商事活动领域中的买卖、租赁合同或基于买卖、租赁行为而产生的利息，限制十分严苛。FFA 还通过将其写入公司内部章程的形式，分别确立了禁止索赔原则（即如果一个成员的成员资格被终止了，它也不能因为由其造成的损失或者其他事项向 FFA 或其董事会提出索赔的要求）和有限责任，但在有限责任条款中有一项规定，将破产清算视为了唯一的例外情形，笔者将会在下面成员的权利与义务中继续展开讨论。

　　FFA 的成员共有 10 个，包含 9 个州、领地的地区足球协会成员和 1 个 A 联赛成员。其中的 9 个州、领地的地区足球协会成员分别对应澳大利亚行政区划中的六大州和两大领地：（1）昆士兰州足球有限公司，原昆士兰州足球协会有限公司所对应的行政区划为昆士兰州；（2）北领地足球协会公司，原北领地足球协会公司①所对应的行政区划为北领地地区；（3）新南威尔士州足球有限公司，原新南威尔士州足球有限公司所对应的行政区划为新南威尔士州；（4）新南威尔士州北部足球有限公司，原新南威尔士州北部足球公司所对应的行政区划也为新南威尔士州；（5）塔斯马尼亚足球协会有限公司，原塔斯马尼亚足球有限公司所对应的行政区划为塔斯马尼亚州；（6）南澳大利亚州足球协会公司，原南澳大利亚州足球协会公司所对应的行政区划为南澳大利亚州，简称"南澳州"；（7）西澳大利亚州足球有限公司，原西澳大利亚州足球有限公司所对应的行政区划为西澳大利亚州，简称"西澳洲"；（8）维多利亚州足球协会公司，原维多利亚州足球协会公司所对应的行政区划为维多利亚州；（9）澳大利亚首都特区（领地）足球协会公司，也称首都足球协会，原澳大利亚首都特区（领地）足球协会公司所对应的行政区划为澳大利亚首都特区；（10）澳大利亚足球超级联赛（也被国内球迷简称为"澳超"）。根据上述所列的地区足球协会名称，我们可以发现澳大利亚所有的地区足球协会都是以公司形式存在的，无论是有限责任公司抑或是股份有限公司。我们通过对上述一些公司章程的总则分则编排和机构设立如股东大会、董事会、秘书处等可知，它们都是以现在公司类型的结构体系框架为模板来构建的。而成员投票权效力形式上，通常在 FFA 看来，对于每一个州或领地的足球机构，董事会都必须将其看作一个团体，但针对新南威尔士州所拥有的两个足球机构的情况，FFA 将其视作了例外情形，并认为董事会可以将它们看作两个独立团体，以便更好地代表新南威尔士州足球的利益。

---

　　① 为了遵循国际惯例，并且响应澳大利亚足协"old soccer, new football"的口号，2005 年澳大利亚的足协都将其原名字中的英文单词"soccer"改为"football"。故虽改名前后的中文名称一致，但是略有差别。

第七章 足球发达国家职业足球的治理经验

除澳大利亚足球超级联赛以外的九大地区足球协会组织又在自身的行政区划中担任最高的足球管理和运营机构来负责相关联赛和处理与足球有关的事务外,同时作为管理州的地区足球协会组织内部也吸纳了州内部的足球组织或联赛成员。我们以昆士兰州为例,昆士兰州足球公司由昆士兰州内的10个成员组成,该10个成员也分别对应昆士兰州的10个区域,它们分别为黄金海岸足球协会、布里斯班足球协会、阳光海岸足球协会、西南昆士兰足球协会、宽湾足球协会、昆士兰中部足球协会、麦凯地区足球协会、昆士兰州北部足球协会、西北昆士兰足球协会、远北昆士兰州足球协会。这10个昆士兰州内部的区域性足球协会组织除受到昆士兰州足球协会的指导外,也可能间接地受到来自FFA的指导,所以在各个州和领地内部的区域足球协会是受到来自FFA与其州足球组织的双重指导的。但同时区域性足球协会组织在自身区域内仍旧拥有许多自治的权利。

因此在澳大利亚现今的足球联盟体系中,管理与运营机构的体系已大致可划分为三个层次,且呈现出树状分散的形式。第一层即最高层级别的"根",是由FFA主导的,其作用是描绘澳大利亚足球的未来蓝图、统筹全局规划并制定全国性的足球政策和处理对外的国际事务与比赛。第二层为树状中间的"茎","茎"传达"根"的讯息和反馈"叶"的成长,是由澳大利亚六大州和两大领地共八大行政区划的州足球协会来充当的,它们指导各自行政区划内部的地区足球组织和在不违反FFA的政策及规定下制定州层级上的足球政策及规定,起承上启下的作用。第三层则为树上的"叶",是最基本的单位,为各行政区划州和领地内的地区足球协会,只负责处理自身地区内的联赛和足球事务。

澳洲足球联盟在联赛赛事运营和赛事管理方面,也有与其他国家足球联盟不同的地方。在澳洲足球联盟中,层次级别最高的为澳大利亚足球超级联赛(简称"澳超"),即上述FFA中唯一的联赛成员。澳超联赛直接受到FFA的垂直管理和监督,相关的赛事运营权和商业权如电视转播权、版权等也统一收回,由FFA来一并行使。同时联赛的法律申述程序和司法机构等也一并囊括在FFA组织架构之中。笔者将会在下面的FFA组织架构中详细谈及其相关机构的组织构成和运作方式。

澳超成立于2004年,建立时间相比于其他国家男子职业足球联赛来说较短,联赛前身为1977年建立的澳大利亚国家足球联赛(National Soccer

League，简称"NSL"），后来因为上文所提到的"克劳福德报告"而改制重建。因澳大利亚地处南半球，联赛赛季大部分时间和北半球国家相反，故每个赛季是从第一年的10月一直持续到第二年的5月。每个赛季包括27轮常规赛和由在常规赛结束后积分靠前的球队所进行系列赛对决的季后赛，每个赛季澳超会产生两个冠军，其中常规赛的冠军叫作"Premier"，而季后赛的冠军则叫作"Champion"。这一种冠军的称谓也不符合澳大利亚其他主要联赛的足球规则，因为通常其他联赛会将其常规赛的冠军称为"Minor Premier"，将季后赛的冠军称为"Premier"。澳超联赛最初有8个俱乐部，现已扩充至10个俱乐部，其中还包括1个来自新西兰的惠灵顿凤凰队（替代了最初成立时的新西兰骑士队）。澳超联赛中俱乐部的分布十分不合理，不利于西部和一些相对于东海岸偏远地区足球的发展。这里的原因在于澳大利亚地形特殊，以中西大部分地区为例，如大沙漠、吉布森沙漠、维多利亚沙漠等干旱或半干旱地区，降水稀少，气候干燥，不适合人类居住，故多数人口集中在澳大利亚东南部海岸地区。因此澳大利亚的经济也呈现出紧随人口东多西少而东部发达西部落后的情形。体育运动作为上层建筑也同样受制于下层经济能力的发展，导致绝大部分的俱乐部分布在东部或者东南部，例如东南部的新南威尔士州拥有4个俱乐部，维多利亚州也拥有2个俱乐部，仅这两州的俱乐部占比就已超过了百分之五十，而塔斯马尼亚州和两领地地区（虽ACT领地地区小，但是北领地地区广阔）没有1个澳超俱乐部。因FFA已于2006年正式加入了AFC，根据AFC对其下属成员国联赛积分制的规则，澳超联赛的俱乐部可以获得由AFC主办的洲际俱乐部联赛、亚洲足球俱乐部冠军联赛（AFC Champions League，即"亚冠"）"2+2"的名额资格。但考虑到澳超联赛俱乐部数量少的原因，最后决定"2+1"的名额，即2个直接获得参加亚冠联赛的名额和1个参加亚冠联赛资格赛的名额。

其中2个直通亚冠的名额规定由澳超联赛的常规赛冠军和季后赛冠军直接获得。同时因澳超联赛赛季跨年度的特殊性，亚冠联赛名额资格的获得是由上一年度澳超俱乐部联赛排名所决定的。例如，2017年澳大利亚参加亚冠联赛的名额是由澳超联赛2015—2016赛季的排名所决定的，这是澳超联赛的又一特点。

除澳大利亚最高级别的澳超联赛以外，澳大利亚足球联盟体系中还包含国家层面上的第二级足球联赛——国家超级联赛（National Premier League，简称"NPL"）。NPL建立于2013年，原名为澳大利亚超级联赛（Australia Premier League，简称"APL"），后因联赛的命名权侵犯了澳大利亚草地滚球所持有的权利，从而变更联赛名称为NPL。相比较于澳超联赛而言，NPL的独立性更高，只受到FFA的监督，同时又因为澳超联赛不设升降级制度，因此NPL俱乐部无法升入澳超联赛，且澳超联赛也不会降级至NPL，两级联赛是完全独立的。另外，NPL的运作方式也与澳超联赛截然不同。NPL是由澳大利亚每个州的最高级别联赛所组成的，NPL包括八个分区：澳大利亚首都特区、新南威尔士区、新南威尔士北区、昆士兰区、南澳大利亚区、塔斯马尼亚区、维多利亚区、西澳大利亚区。可以看出上述八个分区刚好为FFA中的州足球协会成员，但排除了北领地地区。北领地地区中的足球联赛和组织规定笔者将会在NPL后进行阐述。NPL在划分为八大分区后，各自分区内的俱乐部在常规赛中同本分区内俱乐部举行主客场的较量，在常规赛中积分排名第一的队伍获得各自分区的州冠军或称作联邦联赛冠军，最后由来自八个州的州冠军球队继续在季后赛中厮杀，以决出最后的季后赛冠军，即总冠军。我们还需要注意的是，因考虑到NPL的球队数量多，八大分区俱乐部数量一共相加有90个，且各分区的球队普遍在8～14个，数量庞大，赛程相对于澳超或者其他国的一二级联赛更为密集。所以当各州冠军球队进入季后赛后，八个队伍分为四场比赛，且皆采取的是单场淘汰制，而非主客场总比分制，即同世界杯决赛圈中淘汰赛阶段时俗称的一场定输赢。此种措施在运动健康层面上既能有效地减少各个参加NPL季后赛俱乐部球队球员的疲劳程度，降低因赛程密集和高强度的比赛而增加的可控伤病风险。同时在商业层面还能大大增加比赛的激烈程度，提高观赏性，以防止球队在主场大比分赢球或者输球后，客场关注度呈现出急剧下降的情况，提高了比赛球场的上座率，进而增加了商业利润。

此外在NPL八大分区中，八大分区皆设立了自己的NPL的下属联赛。根据A-League和NPL联赛等级的划分，我们暂时可以将NPL中各分区下属联赛称为第三级联赛或者第四级联赛（即NPL分区下属联赛的下级别联赛）。对于NPL各州联赛及其下属联赛或下属联赛的下级别联赛的升降级制度等，笔者将会在下面的NPL部分对此进行专门的探讨。

综上可知，我们所讨论的 NPL 八大分区并没有包括有北领地地区，其原因是因为北领地地区的足球协会在北领地地区成立了与 NPL 同一级别的二级联赛制度，且已形成了自身体系。从行政区划上说，北领地地区划分为三个区域，分别为北部地区、中部地区和南部地区，最初北领地联赛也同行政区划一样分别设立了北部、中部和南部三个分区。但因考虑到俱乐部数量和经济区域发展等一系列的因素，最后北领地联赛取消了中部分区，改设 2 个分区，共 10 个俱乐部。现今的 2 个分区分别为北部地区联赛，共 6 个俱乐部；南部地区联赛，共 4 个俱乐部。虽北部地区联赛中仍旧存在下级别联赛，但因其联赛的场地、球员的技术、裁判的判罚等综合指标的考量，其性质大致可以划为半职业半业余联赛，参考价值不大，不展开讨论。因此在整个北领地地区足联联赛中，无论是与 NPL 同级别的二级联赛还是其下级别联赛都一概不设升降级。

通过上述我们对澳大利亚职业足球体系管理机构及其联赛运作的大致描绘，我们可以初步得出澳大利亚职业足球体系的一个大致范围：以 FFA 为中心所领导的澳超联赛，和各大州、领地地区足协所共建的 NPL 及 NPL 下属或下级赛事等一同构建的以管理澳大利亚足球和促进其发展的联盟体系。只有适应自身国家体育足球发展和当前实际情况的足球体系，才是有潜力的。如果一个国家的体育运动市场化经济已经高度发达，适用大公司模式的足球联盟或许能产生更多的商业利润，将产生的商业利润再投入市场，加大资源的利用效率，从而又能刺激足球联盟的发展。这种发展模式更加强调了市场自身的资源调动作用，以供需关系为杠杆来撬动整个项目的进步或发展，但其前提必然是成熟的市场化运作体系和能高度保障公司发展的商业立法体系。相反，如果采用的是综合体制，在不否认协会自治和联赛自身独立运作的前提下，强调体制中的规划对于项目发展的推动作用也是合情合理的。显然澳大利亚足球联盟是采用一种综合体制的框架来构建，而在这个体制之中，FFA 作为整个澳大利亚足球联盟体系运转的核心，相当于大脑之于人体。接下来将着重阐述 FFA 的组织架构和内部运营的模式。

FFA 的组织形式上文已有所提及，即《澳大利亚公司法》中规定的担保责任有限公司，这种公司的形态一般只存在于英美法系国家中。但同时其也能被视作公司的基本类型之一，澳足协内部的架构仍旧没有脱离世界

# 第七章 足球发达国家职业足球的治理经验

上大多数国家对于公司内部组织架构的一般规定。当然除此之外,《澳大利亚公司法》中的一些特殊规定也制约着 FFA 的组织结构。

FFA 中的最高机构或最高决定机构仍旧是《澳大利亚公司法》中规定的股东大会,这一点并没有突破常规公司法的限制。董事会同时作为 FFA 的执行机关存在,这也是现在公司法上"三权分立"的要求,即掌握最高权力机关的股东大会和作为负责公司日常经营活动的执行机关并同时行使在其未召开股东大会期间代行决定权的董事会,以及负责对公司日常内部行使监视权利的监督机关——监事会,这三个机关相互独立,行使自身的职权。同时 FFA 中还设立了秘书处作为行政办事机关。FFA 条例中规定:FFA 的主席由董事会的主席来担任。而董事会的主席又由董事会其他成员来推举产生,同时选举办法和产生的方式受制于 FFA 的宪章。上述的规定大致上和一般商业公司的架构没有多大不同。除此之外,FFA 内部还专门设立一个常设委员会和一个特设委员会,并要求这两个机构来给予董事会一些专业性的建议,以便协助董事会更好地履行其自身的责任。同时,FFA 为了应对解决相关的体育纠纷和满足有关申述程序,在其条例中设立了两个内部的司法机构,分别为纪律与道德委员会和上诉委员会或称仲裁委员会。作为体育纠纷解决和相关申述程序的司法机构,这两个机构经常出现在关于澳大利亚地区足球协会的研究中,同时结合相应的澳超联赛纪律处罚条例和 NPL 联赛的纪律处罚条例规定,我们不难发现:FFA 和各地区足协管理或者参与的联赛纠纷的内部解决机制即是通过这两个司法机构的。

股东大会是 FFA 的决策机构和最高立法机构,也是其最高的权力机构。股东大会的召开、通知事项内容和规定及其取消、推迟等一系列的法律行为严格受《澳大利亚公司法》和 FFA 章程的制约。

股东大会分为一年一次的年度股东大会和临时股东大会。年度股东大会根据《澳大利亚公司法》相关内容的规定,要求在 FFA 财政年度结束后的五个月之内召开。因此可知 FFA 年度股东大会的召开标准时间点是一个财政年度的结束。根据 FFA 章程中对于财政年度的有关规定,FFA 的财务周期以一年为单位,具体的起止时间是从第一年的 7 月 1 日到第二年的 6 月 30 日。同时 FFA 的财政收入和财政支出的年度报表要求遵守公认会计原则,并且要求建立副本以备核查。所以可知在 6 月 30 日当年的财政年度结束后的 5 个月内即 11 月 30 日之前必须召开年度股东大会。同时 FFA 章程还要求在年度股东大会上应该告知股东成员下一财政年度的财政预算，且还要公开当年度的财政报表、董事会报告、审计报告。针对 FFA 的附属机构和子公司的财政报告，FFA 要求首席执行官确保其附属机构和子公司的财政报告能够被写进 FFA 的财政报告中，一同在 FFA 的股东大会中向股东展现出来。

FFA 依照《澳大利亚公司法》对临时股东大会的召开进行了相关的规定。持有百分之五及以上投票权的股东可以通过董事会来要求召开临时股东大会，这里对于召开临时股东大会的股东界定不要求是一个人，可以是多个股东的总投票权相加大于或等于百分之五即可。这样的规定能够更加有效地保护好中小股东的权利，但应该注意到的是这种要求必须以书面形式提出，提出召开临时股东大会的成员也必须在该召开要求上签字。而召开临时股东大会的费用也应该由那些要求召开临时股东大会的成员来承担。这种要求也并非一定会得到董事会的支持，因此这种间接召开临时股东大会的权利并非在股东的手里，能有效防止权力的滥用和提高资源的使用效率。而与间接召开临时股东大会相对的是《澳大利亚公司法》中规定的，即当董事会拒绝召开股东大会时成员所拥有的直接召开临时股东大会的权利：拥有百分之五十及以上投票权的股东要求召开临时股东大会，且同时满足有关召开程序性如书面形式等要求时，在成员要求召开的 21 天时限内董事会不召开，股东可以自行筹备和召开临时股东大会。对于召开和筹备工作规定了三个月的时效性，而非无限期的，以此来督促股东及时行使自身权利。在临时召开股东大会时，因其原权利行使主体董事会不再或拒绝行使权利，行使的相关主体的替代使得召开股东大会的费用负担主体发生转移，故该条款也要求公司必须支付给召开和筹备股东大会的成员以合理的费用。FFA 对于召开股东大会通知事项和提前通知的时间限制也基本参照《澳大利亚公司法》，即要求至少提前 21 天向其成员发出召开的通知和内容及相关事项，公司章程另有规定的除外。

在 FFA 股东大会框架体系下，除间接地赋予了董事会拒绝临时召开股东大会的权利外，还给予了董事会取消和延期召股东大会（包括年度股东大会）的权利。因董事会取消召开股东大会的决议可以由满足条件的多数成员自行召开股东大会来制衡，所以董事会取消召开股东大会并无程序上的限制，因其公司内部董事会的行为也受到监事会的监督，所以无附加条件的限制。但考虑到董事会可以无限期地推迟召开股东大会，所以 FFA 也同《澳大利亚公司法》中的相关规定一样，明确了延期后再次召开的确切日期、地点及多会场的情形。同时 FFA 为了保护其成员对于再次召开股东大会的知情权，要求延期召开天数不得小于通知天数（21 天）。

除对召开股东大会的前置程序有细致规定外，FFA 关于会议记录和进行程序的规定也展现出了澳足协的不同之处。其第一条关于会议记录的规定是有关法定出席人数的，即只有当大于百分之六十有投票权的成员出席股东大会时，会议才能召开，会议的相关决议才会有效。如果未达到法定召开人数，则会议决议是无效的。当未到法定召开人数时，会经过一个休会程序来判断会议是否继续。休会程序的具体规则是，股东大会的出席人数未达到法定人数即百分之六十时，那么会议将进入三十分钟的休会时间。在三十分钟内，如果出席人数满足了法定人数的要求，休会程序结束，股东大会继续进行。如果三十分钟后，出席人数依旧未达法定人数，将由召集的方式来决定两种不同的结果。如果召集方式是由成员直接召开的股东大会，则大会即刻取消。如果成员希望再次召集股东大会，必须满足《澳大利亚公司法》中关于成员召集股东大会的程序条件才能再次召集。而如果是由除成员召集外的其他方式召集的如董事会召集等，只需由董事会指定召集时间和地点，便可以再次召集会议。对于董事会指定召集时间没有过多的规定。但笔者认为应该不超过 21 天，如果董事会再次召集会议的时间超过了 21 天，则属于召集前置程序中的延期程序，因此董事会应该向所有成员另行通知时间，而非适用于休会程序的指定再次召集。

当股东大会出席人数满足法定人数或者经过休会程序出席人数满足法定人数后，会议开始进行。FFA 也明确了关于股东大会的会议主持主席规定，即当会议无主持主席或者会议开始 15 分钟后大会主持主席未到场（正常情形是由董事会主席来担任会议的主持），那么将按照下列的顺序来推举出当场会议的主持主席：（1）如果副董事会主席到场出席的话，由副主席担任；（2）如果副主席未到场出席的话，由董事会主席的多数董事共同推举出一位董事来担任；（3）如果只有一位董事到场出席的话，由该董事担任；（4）如果董事都不到场出席的话，由多数成员共同推举出一位成员来担任。上述的推举皆采用多数表决制来决定，这一点同在会议上的简单事项由多数投票表决制决定一致。在多数投票表决制中，因 FFA 是担保责任有限公司，故既不存在划分股本，也不会按照股份数量多少来划分有用的投票票数，所以每个成员只有一票的投票权，表决事项由成员投票总数多少来决定。票数超过一半则为多数，也就意味着决议通过。反之，决议不通过。此外，因考虑到休会制度和股东大会主持主席人选表决的迫切性和当时性，对于投票内容还有两项限制。第一项是关于大会因出席人数未达到法定人数而是否进入休会制度的表决投票应该立即收回，以便及时唱票和决定；第二项是关于大会主持主席因出现未出席或者在法定时间出席而导致的投票选举的情形，此时的表决投票也应该立即收回。当然所有的投票都应该被收回，以便对相应的投票程序复查和监督，防止出现贪污或者贿赂的情形，同时也保证了程序正当性和合法性的基本要求。

　　FFA 规定董事会由 5～9 名董事组成，董事会设主席和副主席，董事可分为由选举产生的董事和委任产生的董事两种。选举产生的董事最多不得超过 6 名，而委任产生的董事最多不得超过 3 名。根据 FFA 章程关于董事选举资格的规定：一个人在取得 FFA 雇员身份的任命（除 CEO 外）后直至两年时间内，可以取得选举董事的资格；一个人在取得 FFA 的 CEO 任命后直至三年时间内，可以取得选举董事的资格；同样地，一个人在取得澳大利亚各州地区足协的雇员身份任命后直至三年时间内，也可以取得选举董事的资格。该条对一个人取得 FFA 雇员身份中的职位有哪些部门或等级的要求，并未有过多的说明，只是列举了如常设委员会的委员，和其他办公职员等一并在取得任命后直至两年时间内，皆可以获得选举董事的资格。除正面列举概括选举董事资格的人员之外，FFA 还规定了两个限制选举董事的要求：(1) 一名在当前被取消资格的人员（a disqualifying position）无法获得参选董事的资格；(2) 一名董事在接受了 disqualifying position 后需要立刻向其他的董事知会。但对于一名处在 disqualifying 的人员的确切划定标准和定义，FFA 也未有说明，《澳大利亚公司法》中也未有对于一个 disqualifying position 的定义或者相关规定。只有 FFA 章程第 15 条第 19 款关于位置空缺（vacation of office）的（C）项中出现了 disqualifying position 的规定，一名董事处于 disqualifying position 的状态，那么董事会中的这名董事的董事席位就处于空缺。但上述规定也只是讲述了处于该状态下的董事的大致权利、义务、地位，并未向我们阐明其实质内容。根据相关理论和

# 第七章 足球发达国家职业足球的治理经验

实践,我们可以大致推测 disqualifying position 应该约等于权利被剥夺的状态,所以在一名董事被宣告处于该地位时要及时告知董事会中的其他董事,防止出现越权或者无权行使的行为。

FFA 对于董事人员的规定中,还有特别股东大会对第一届董事人员的任命方式和人数的要求,以及在过渡时期内董事人员数和任期的要求。FFA 规定,在 2007 年召开的特别股东大会上通过投票的方式选举出三名董事组成第一届董事会。第一届董事的任期直至 2013 年的年度股东大会结束,即在每个财政年度结束后五个月内必须召开的年度股东大会。2007 年特别股东大会所推选出来的董事可以在第一届任期结束后再次参加董事选举。而在 2007 年至 2017 年 FFA 过渡时间内的董事会任期时间还有特别之规定,2013 年的年度股东大会所推选出来的董事任期直至 2017 年的年度股东大会召开才结束。其中在 2015 年还须另选举出四名董事,且第一位和第二位董事的任期至第三个年度股东大会召开结束,第三位和第四位的任期不同于前两位,其任期至第四个年度股东大会召开才结束。其原因是为了使得后期董事轮换程序有效实行,不同董事任命时间的差别和任期的长短规定才能使董事的到期轮换变得有可能。如果同时任命且任期也相同,那么董事会中的董事就不能进行有效轮换,只会出现"同上同下"的情形,即上一届的董事全体下任,新一届的董事则会耗费大量的时间和精力来熟悉和处理董事会的程序和相关的决策文件,不利于公司整体利益的考量和发展。除对于在 FFA 过渡时间(2007—2017 年)的非特定任期的规定外,2017 年后的每届当选董事的任期为当选之日起直至第三年的年度股东大会的召开,董事任期的时间可以估算成三年。

2017 年的年度股东大会召开后,董事会开始实行轮换,要求每年的股东大会召开后,三分之一的由选举产生的董事必须轮换,即最多 2 名选举产生的董事被轮换,最少也会有 1 名选举产生的董事被轮换。因为 FFA 要求如果选举产生的董事不是 2 的倍数,那么被轮换的选举出的董事会根据四舍五入的原则凑整。例如 FFA 董事会中委任董事达到了 3 名的上限,而董事会要求其人数最低不得小于 5 名,所以选举出的董事至少不得少于 2 名,然后根据轮换程序 2/3 四舍五入所得的结果为 1。所以 FFA 关于董事成员轮换程序的规定,可以总结性地概括为董事会在每年年度股东大会召开结束后会更换 1~2 名的由选举产生的董事。

在详细阐述完董事任期、人数和过渡时期的规定外，FFA 还规定了除过渡时期外董事成员的连任问题，一般规定是由选举产生的董事成员最多不得连任三届，即三个任职期。如果由选举产生的董事已经连任了三届，那么该董事在三个任期结束后必须直到第二年的年度股东大会才能继续参选。该做法规定了一年的时间间隔，以防止过长的连任而导致的操纵董事会，使董事会成为董事自己谋利的工具，从而损害了 FFA 和澳大利亚社会整体的利益。另外，在 2015 年前被选举成为董事会成员的董事，及在 2015 年年度股东大会上当选成为董事会成员的四分之三，即在过渡时间内选举产生的 4 名中的 3 名都不得连任超过两届。这样对连任和任期的规定使得 FFA 董事会中的成员能够受到除流动轮换自由约束以外的强制性任期约束，加强董事会的透明度和公开度。

由选举产生的董事除自愿参选外还有被提名参选的董事，提名制度规定提名的人员只能由至少 2 名的澳大利亚地区各州足协成员或在席董事可以提名 1 名成员参选，另外还须有 1 名地区足协成员或在席董事附议该提名人员。提议参选董事的成员或董事被称为提案人，而附议该提名的成员或董事被称为附议人。提案人和附议人的提名或附议都需要通过书面申请的方式递交给 FFA 以做好保存和备份，通过提名选举董事的书面申请书必须在 9 月 30 日前提交。2007 年 FFA 特别股东大会的选举董事中也适用了提名董事制度，当时因考虑到筹备会议的紧迫性和提前性，要求提交提名申请书的时间提前到了 2007 年 5 月 31 日。对于提名参选董事人员的资格同样适用参选董事的选举资格要求，只是参选董事在实质条件上还受到一些审查。FFA 要求参选董事不能同时兼任与 FFA 利益有关联的相关机构的职位，或涉及任何与 FFA 核心利益有关的活动中。董事成员的退休程序规定在 FFA 章程第 15 条第 7 款，在此不多加赘述。

在 FFA 现有的结构框架下，委员会部门设立了三种相互独立运作的委员会。委员会是通过董事会向其各委员会授权，以使得各委员会监督其相关事项并且向董事会提出有关事项的建议和意见。委员会的种类可分作强制性要求设立的委员会和非强制性要求设立的委员会两种。FFA 章程所直接规定要求必须设立的常务委员会，其下固定设立三个分支委员会，分别为独立审计委员会、裁判委员会和提名委员会。独立审计委员会的作用是监督 FFA 下的财务运营管理情况，包括年度财务报表、独立审计报告和向董事会提出有关财政状况和控制财政风险方面的建议和意见。而裁判委员会则主要对比赛规则的适用和当值比赛裁判的任命情形起监督作用，当值比赛裁判的判罚偏好、国籍或者判罚历史等因素也是影响一些重大的洲际俱乐部或者国家队间比赛走势的重要因素，需要或者说应该归为比赛考虑的事项之一。所以有必要独立设立一个裁判委员会，这也是大多数拥有成熟联赛体系或者成熟的体育制度国家的普遍做法。提名委员会是 FFA 在 2015 年修改公司章程时加入的，2011 版 FFA 章程中未对此部门进行强制性的规定。但我们还可以发现 2015 版 FFA 章程虽然规定有提名委员会这一部门，却未对该部门的作用或者部门运作方式进行详细阐述。同时《澳大利亚公司法》中也未曾发现有关于提名委员会的相关规定。参考相关文献，我们大致可以获知提名委员会的基本职能为筛选和推举法人团体内部组织的相关候选人，而此候选人通常是董事的候选人。① 此外因美国公司制度的开放性或任意性程度高，公司法法律体系发展完备，对于提名委员会的制度设立和规范也走在世界前列。参考美国于 1997 年发布的《美国商业圆桌会议公司治理声明》中关于公司提名委员会的相关规定，里面囊括了提名委员的职责：（1）整体上向董事会就公司治理事务提出相关建议；（2）完善董事会的规模及构成的政策；（3）审核董事会的可能人选；（4）对董事会进行评估；（5）推荐提名名单等。② 从上述早期美国商业公司结构中关于提名委员的规定，我们可以看出虽然其职责同其他常设委员会有相同或者相似之处，但提名委员会可以行使推举和审核董事人选和提名名单这一核心职能是非常突出的。澳大利亚作为英美法系下的国家，公司法中相关机构职责设立偏向英美一说也是有所依据的。所以我们暂且可以将 FFA 中提名委员会的职能和作用理解为上述美国公司中提名委员会所拥有的大致相当的职能。

除 FFA 章程中直接规定要求强制性设立的三项常设委员会外，董事会还可以通过讨论设立其他任何他们认为有设立必要的常设委员会，同时终止那些由董事会所设立的任何常设委员会机构的权利也由董事会来行使，但前提是必须通过 FFA 章程中的所规定的相关正当程序，即需要由股东大

---

① 潘成林. 提名委员会制度：美国法的经验与中国法的完善［J］. 证券市场导报，2013（3）：73-78.

② 谢朝斌. 独立董事法律制度研究［M］. 法律出版社，2004：571.

会的决议通过。在 FFA 常设委员会中，董事会还设立了负责处理球队教练各事项的教练常设委员会，负责处理球员各事项的球员常设委员会以及专门负责处理特殊的五人制足球的五人制足球常设委员会等。

FFA 相关委员会框架体系中，除了上述强制要求设立的常设委员会外，还有同为强制要求设立的国家咨询委员会。国家咨询委员会因考虑到其政治性等国家特殊因素，必须包含每个州足协的代表，以便在考虑到各州地区足协的利益不受侵犯的同时，更好地平衡国家与地区足协之间既对立又统一的整体利益。国家咨询委员会中的每个州代表的任命也有着严格的要求，州代表必须由各地区州足协的主席担任或由州足协的主席任命，因其代表着地区足协在 FFA 中的相关利益考量。在国家咨询委员会这个框架下，FFA 依旧赋予了董事会可以自行设立董事会认为有设立必要的任何相关国家咨询委员会的权利和解除其设立的任何相关国家咨询委员会的权利（但国家咨询委员会这一部门在 FFA 委员会结构体系层面上是不能够被瓦解的，因此我们可以理解为董事会只能有权解除其他的由它所设立的国家咨询委员会）。当然董事会的设立和解除的行为也必须经过 FFA 章程中规定的正当程序。

常设委员会和国家咨询委员会都是依照 FFA 章程中的强制性要求设立的，与此相对的则是非强制性要求所设立的临时委员会。临时委员会顾名思义强调临时性，故其存在的时间有一定的限制，一般以某一时间点或事情的结束作为临时委员会解散的标志。FFA 章程中规定临时性委员会依旧由董事会来设立，而该机构解散的情况则不同于上述两项强制性要求设立的委员会。临时委员会除因上述的时间届满而解散外，也可以是因为临时委员会达到了当初设立的目标而解散。因它具有临时性这一特点，临时委员会的设立目标或宗旨也会随着设立该临时委员会时的不同情形和不同要求的变化而变化，不确定性也是临时委员会的特征之一。另外，FFA 章程还特别强调了设立的任何一个临时委员会都直接隶属于董事会，向董事会直接报告，因此临时委员会只是在结构框架的设立层面上作为一个委员会的形式存在的。

随着现代体育的飞速发展，竞技体育项目职业化与商业化的特征愈加明显，国家与国家之间的竞争与一国内不同俱乐部之间的竞争也日益激烈，其背后所隐含的不同利益之间的博弈和较量也使得体育比赛中纠纷数量的大幅度增加。"通过对美国、英国、澳大利亚等西方国家体育纠纷救济实践进行分析，可以发现，虽然各国法律传统、体育制度各不相同，但都出现了一些普遍的发展趋势：第一，体育纠纷救济机制呈现多元发展的态势，目前各国大多采用体育行会的内部救济与调解、仲裁、诉讼相结合的方式来解决体育纠纷；第二，体育界对体育行会内部的纠纷处理机制的要求越来越高，当事人要求保证程序的公正性与合法性；第三，虽然体育界非常不情愿，但体育诉讼的数量还是呈现增加的趋势；第四，体育仲裁是当前最有效的体育纠纷解决方式。"①抛开上述对于何种措施才是体育纠纷最有效的解决方法的争辩，可知随着体育纠纷的多元化趋势，解决体育纠纷的种类也愈加繁多，但笔者认为可以大致依照解决体育纠纷的内外部性归为体育行会内部的纠纷处理机制和相关体育独立机构的外部纠纷救济机制如国际体育仲裁院或一些国家专门立法所规定的体育仲裁院。这种内外部的体育纠纷解决的差异对比和相关程序会在关于澳大利亚足球联盟整体的纠纷解决机制中有详细的论述。回到这一部分来，对于FFA结构中的司法机构的性质就可以按照上述体育纠纷解决机制分类中的体育行会内部的解决机构来定性。

同时将FFA章程第五部分关于FFA司法机构的管辖权问题相结合来看，我们就可以在大致上了解FFA司法机构设立的目标和所规定管辖的纠纷类型或范围。

FFA章程第五部分在一开头就明确规定了纠纷解决管辖权权属问题。因为只有当司法机构合法取得了对纠纷上诉的管辖权后，才能进入相应的纠纷解决程序之中，所以我们可以将司法机构的管辖权视作进入解决纠纷程序的先决条件。在该部分中，FFA依次按照纠纷解决机制的管辖权权属大小进行了划分：开篇规定了FIFA的管辖权内容，然后规定了AFC的管辖权内容，最后才规定了FFA自身纠纷解决的管辖权事项，当然又因考虑到FFA纠纷的管辖权同澳大利亚各州的地区足球协会的纠纷管辖权有着竞合关系或称之为纠纷解决争端，故又在其后添加了FFA对于澳大利亚地区足协纠纷管辖权的一些保留或限制。FFA规定对于下列三种情况拥有管辖

---

① 韩勇. 体育纠纷的法律解决机制 [J]. 首都体育学院学报, 2004, 16 (4): 57-66.

权：(1) FFA 成员不满由 FFA 直接做出的制裁、决定而发起的上诉，其中包括违反《国家注册条例》《国家行为守则》或 FFA 许可、认证程序等行为。(2) 参加由 FFA 所控制的比赛、联赛的法人或自然人提出的申诉程序，这里的比赛、联赛包括澳大利亚国家队的比赛、澳大利亚全国联赛、澳大利亚国家锦标赛等一系列由 FFA 所举办的比赛。此外该项特别强调了违反《澳超联赛纪律条例》的澳超比赛行为也包含在内。(3) 通过澳大利亚各州地区足协上诉的纠纷和申诉，包括（a）对于澳大利亚地区足协行会内部司法机构所做出的制裁、裁定或决定的上诉（但这种上诉必须要以穷尽了地区足协内部的救济手段为前提要件）；（b）FFA 行使自身的权利来介入各州地区足协的调查和听证会结果中。FFA 对于澳大利亚各州地区足协管辖权的介入理由来源于 FFA 章程第 23 条第 5 款中对于地区足协调查和听证管辖权的保留措施，但如果 FFA 认为有必要行使自身的管辖权时就会介入，同时 FFA 的这种介入是一种绝对的自由裁量权，以此来维护澳大利亚足球整体的利益和实现作为澳大利亚足球最高管理和运营机构的权益。

FFA 司法机构包括纪律与道德委员会和上诉委员会。因考虑到司法的独立性和公正性，FFA 要求担任纪律与道德委员会和上诉委员会的成员不得再在 FFA 其他任何相关机构中任职，以防止纠纷解决中出现偏袒一方或者故意忽视他方诉求的情形，增强 FFA 所做出的上诉裁定和裁决的说服力和裁决力。委员会的成员也是由 FFA 来指定的，当委员会中的一个成员辞职或不愿意、不能继续履行其自身的职责时，FFA 会另外指派一名人员来代替这名成员。此外还规定了上述两个部门做出的裁定、决定对于 FFA 中其他部门的效力，例如 FFA 认为其常设委员会做出决定的权利可以不受到纪律与道德委员会和上诉委员会所做出裁定或决定的影响。

1. 纪律与道德委员会

纪律与道德委员会内设一名主席和多名成员，其主席和成员都是由 FFA 的董事会直接任命的。同时这种任命还必须经由年度股东大会所确定的普通程序的投票，才能决定董事会对于他们下届任期内的任命是否有效。FFA 在给予董事会任命权的同时，也还赋予了董事会解雇的权利，即董事会可以随时解雇委员会内的成员，并且这种解雇的状态是立即有效的。虽然解雇的效力还需要待年度股东大会上的投票来确定，但是在投票之前委员会成员的权利已经被剥夺了。此外股东大会也可以将董事会对于委员会成员的解雇决定认定为是无效的，那么就需要股东大会和董事会两者权衡此事，做出一定的妥协和让步。FFA 章程第 25 条第 3 款还特别规定了独立仲裁员在处理澳超联赛纪律事件和反兴奋剂政策上的作用和地位。考虑到反兴奋剂作为一种国际体育间的难题，我们将会在后文对澳大利亚和新西兰足球联盟和足协对于反兴奋剂的政策及处罚方式、机制等进行专门的、详细的比较和探讨。

另外 FFA 章程还详细列举了纪律与道德委员会分别对于法人组织和自然人的处罚种类。纪律与道德委员会对法人组织的处罚种类包括：（1）谴责；（2）警告；（3）罚款；（4）没收奖项；（5）丧失比赛成绩；（6）重赛；（7）提交保证金；（8）扣除或者丢失比赛得分；（9）在特定的时间段内禁止旗下任何球员转会或者注册登记；（10）废除或取消球员的注册；（11）暂停其参加比赛；（12）从一项赛事中暂停或开除其比赛资格；（13）令其在中立球场或在没有观众的情况下比赛；（14）在指定的场馆中比赛；（15）取消比赛结果；（16）降级；（17）其他 FIFA 章程中所规定的适用于违反纪律处罚条例的适当处罚措施等。纪律与道德委员会对自然人的处罚种类则包括：（1）谴责；（2）提醒；（3）警告；（4）罚款；（5）没收奖项；（6）提交保证金；（7）在特定的时间段内禁止球员在任何一家俱乐部注册；（8）废除球员注册信息；（9）暂停参加比赛；（10）暂停参加联赛或从联赛中开除；（11）暂停或取消球员经理许可证、教练员资格证；（12）终止球员合同；（13）禁止出现在更衣室和替补席；（14）禁止进入特定的球馆；（15）禁止参加从事与足球有关的任何活动；（16）暂停个人社会活动；（17）其他 FIFA 章程中所规定的适用于违反纪律处罚条例的适当处罚措施等。上述所规定的无论是对于法人还是自然人所适用的兜底条款即（17）条，具体运作细则和要求可以参见《国际足联章程》第 53 条关于纪律委员会的规定：要求具体的处罚措施满足《国际足联纪律守则》中的相关规定。在《国际足联纪律守则》中，对于每种处罚措施都有细致的范围限制或规定可供参考。例如在罚款的处罚措施中，按照第 15 条之规定可知：罚款的数额是有一定范围限制的，基于 FIFA 所规定的基本货币瑞士法郎或者美元（因 FIFA 总部设立于瑞士的第一大城市苏黎世，当地货币和通用货币分别为瑞士法郎和美元，瑞士法郎下简称瑞郎）进行等值换算。FIFA 要求罚款最低不得低于 300 瑞郎，但考虑到青少年比赛和发展项目等没有收入的比赛，又另行规定了在有年龄限制的比赛中的罚款可以要求不得低于 200 瑞郎。罚款的最高限度不得超过 100 万瑞郎，大致相当于 700 万人民币。而在这罚款限度内，罚款的数额就可以根据各地区的经济发展状况、自然人或法人纪律违反情形等一系列因素来确定，各国足协还可结合国内的纪律处罚条例来行使自身的自由裁量权，做出一定限额的罚款。

2. 上诉委员会

上诉委员会同样设一名主席和多名成员，但其与纪律与道德委员会有所不同的是该委员会还多设了一名副主席来帮助主席处理相应的上诉案件，同时 FFA 也要求主席和副主席必须要有法律资格。同时其主席、副主席和成员也都是由 FFA 董事会直接任命的。这种任命也必须经由年度股东大会所确定的普通程序的投票，才能决定董事会对于他们下届任期内的任命是否有效。FFA 在给予董事会任命权的同时，也还赋予了董事会解雇的权利，即董事会可以随时解雇委员会内的成员，并且这种解雇的状态是立即有效的。虽然解雇的效力还需要待年度股东大会上的普通程序的投票来确定，但是在投票之前委员会成员的权利已经被剥夺了。此外股东大会也可以将董事会对于委员会成员的解雇决定认定为是无效的。FFA 理事会对于上诉委员会成员任命权和解雇权的规定同纪律与道德委员会是相同的。

纪律与道德委员会的受理范围可以参考 FFA 的《澳超纪律处罚条例》《国际纪律处罚条例》《国家超级联赛纪律处罚条例》等。而 FFA 上诉委员会的管辖范围则写入了 FFA 章程之中，包括：（1）FFA 自身纪律与道德委员会所做出的决定；（2）来自澳大利亚各州地区足协的上诉委员会的上诉，但要求上诉内容中的罚款大于 3 000 美元；（3）来自澳大利亚各州地区足协的上诉委员会的上诉，但要求上诉内容中对于球员停赛的处罚不低于 6 场比赛。同时还规定了在上述所列举的第（2）和（3）点，对地区足协上诉委员会的上诉，要求地区足协上诉委员会必须完全行使了一切的救济程序，且无效后才能上诉至 FFA。所以笔者认为 FFA 上诉委员会关于地区足协上诉的前置程序可以看作管辖权内容的第（4）点。

FFA 上诉委员会在规定了上诉的管辖范围之外，还规定了类似于我国行政法上关于行政案件的受案范围之规定，并将其称为上诉受理理由之规定：（1）一方没有能够给予召开听证的合理机会；（2）做出的决定受到偏见的影响;(3)因证据未向各州地区的上诉委员会或纪律与道德委员会合理公开就做出的决定。上诉受理理由的规定大致都从程序正当性的角度来维护当事人的上诉权利,即使相应的委员会所做出的决定是合法有证据的,但程序上的瑕疵或者不具有正当性也会导致决定的不合法。

同时FFA考虑到上诉的特殊性,在上诉的程序运行上也做出了一定的要求。即在双方称述上诉意见的听证会中,上诉委员会必须由三名成员组成,从这三名成员中还应选出一名主席。如果申诉程序中包含一名职业球员的申诉,那么在这三名仲裁员组成的上诉委员会中必须要有一名仲裁员有过职业球员的经历,或者为前任职业球员,这样才能站在球员的角度和立场更好地保护球员利益。在申诉程序过程所组成的上诉委员会中,每名成员只拥有一票的投票权,投票结果决定采用的是多数制。如果当出现投票结果相当的情形,那么最后的投票决定权由主席来决定。因在选举主席过程中,其他仲裁者可以说是让渡了一部分的投票权利,即将一部分投票权利给了主席,所以主席的投票权在一定程度上是高于成员的投票权的,但这种权利只有在出现票数相同的情形下才能行使。

## 八、新西兰职业足球体系

### (一)概述

除了澳大利亚的足球管理体系之外,新西兰的足球运作方式也独具特色。

新西兰境内负责管理日常相关足球事务和新西兰国家队的最高机构,即新西兰足协(New Zealand Football,简称"NZF")。新西兰足协在法律上自我界定为社团组织,该种法律性质的界定不同于邻邦澳大利亚足协的有限担保责任公司性质。虽然《澳大利亚公司法》继承了英国公司法体系中关于有限担保责任公司的规定,即在公司财产不足清偿债务时,股东在缴纳的股本之外,另行在公司注册资金范围内承担补充责任,且各股东间对外承担连带责任①,但我们对于澳足协的有限担保责任公司性质应做出不

---

① 王德山.论有限担保责任公司——有限责任公司股东有限担保责任[J].河北法学,2001(2):37-41.

同的解释：该类公司多在设立学校、科研机构、体育组织、宗教团体等慈善或准慈善等非营利组织时运用①。因为该类组织在设立时会有一笔启动基金，并不需要其成员另外以股本的形式投入运营资本，或者由其成员缴纳一定的会费来填充资本。相比之下，新西兰足协的性质在法律上的依据未归结在新西兰的公司法体系中，而是通过新西兰《社会组织法》中第4条关于社会组织的规定予以确定：(1) 根据任何合法目的非营利性目的而组成的人数不低于15人的社团，根据本法向注册处申请，可成为根据本法注册成立的社团；(2) 除非获得社会大部分成员的同意，否则不得提出该申请。由此可见，新西兰对于成立足协类具有非营利性的、公益性的社团组织的规定要更为简洁明了。但这并不意味着新西兰对于注册社会社团组织的形式审查和实质内容的审查就被弱化了，相反，即使放宽了注册登记标准，而实质内容的审查标准更加严苛的话，从总体上看注册制度也并未有实质上的入口放宽，甚至会产生出口向严的趋势。

新西兰足协在其宗旨、义务和原则上同其他国家足协的规定大同小异，有一点值得注意的是包括新西兰在内的世界上绝大多数国家的足协有着中立和反歧视原则的规定②。这一点非常值得与中国的规定进行对比。依据2017年最新修改的《中国足球协会章程》，我们可以看到总则部分中仍旧只规定了反歧视原则条款③，未将中立条款通过明确的条文呈现出来。虽然中国足协在5条第1款中规定了反对任何偏见的兜底条款，但我们结合第5条第2款禁止足协会员歧视的具体内容上来看，第1款的兜底条款只是足协自身对于歧视内容的概括补充，不能做其他的扩大解释，更不能将中立条款肆意解释到其中。一般意义上的中立原则，是指一国足协在政治和宗教问题上保持中立。从结构上来看，中立原则是一国足协对于本协会总体纵向上的原则性概括，在涉及宗教和政治问题上足协处于中立地位。而反歧视原则，是指足协除对于自身纵向的反歧视原则规定外，还要求了其足协会员在横向上禁止以任何形式的原因歧视他人，该他人一般包括其他国家、地区、组织及其会员和个人。两者对比，可以发现中立原则指足协作为社会团体组织，在对外部的社会关系中保持中立性；而反歧视原则

---

① 秦芳菊. 保证有限责任公司管窥 [J]. 人民论坛，2011 (35)：128 – 129.
② 一般做法是将中立原则和反歧视原则直接写入足协章程开头总则部分。
③ 《中国足球协会章程》(2017版) 第5条。

第七章 足球发达国家职业足球的治理经验

多指足协自身和足协的会员在内部及其外部活动中禁止以任何原因歧视他人。虽然中立性原则涉及国家政治性问题，但是足协作为体育协会组织在遵守《中华人民共和国宪法》《中华人民共和国体育法》及其他法律、法规和政策下，依法拥有自主开展活动的权利。同时，FIFA 章程第 19 条第 1 款关于成员协会和机构独立性规定"各成员协会都应当独立地管理其事务，不受第三方的影响"，在逆向层面上要求 FIFA 成员协会在政治上通过保持中立的方式以确保不受任何第三方的影响，无论该影响是积极的或是消极的。否则，体育协会或体育联合会在选举领导人的过程中极易出现第三方或政治因素干预的现象①，这也是间接违反中立原则的表现。

新西兰足协吸纳的会员包括新西兰全国各个地区的地方足协，全国性质的职业联赛、职业俱乐部和新西兰职业足球球员协会（New Zealand Professional Footballers' Association，简称"NZPFA"）。新西兰在地方行政区划上共设有 11 个大区，5 个单一辖区，新西兰地方足协在管理中整合为 7 个地方足协，分别为北方足球协会（Northern Football Federation）、奥克兰足球协会（Auckland Football Federation）、怀卡托—丰盛湾足球协会（Waikato/Bay of Plenty Football Federation）、中央足球协会（Central Football Federation）、首都足球协会（Capital Football Federation）、大陆足球协会（Mainland Football Federation）和南部足球协会（Football South）。同时每个地方足协又被称为新西兰第 X 地区足球协会，如以奥克兰足球协会和怀卡托—丰盛湾足球协会为例，奥克兰足球协会的章程全称为《新西兰第二地区足球联合会规定》，怀卡托—丰盛湾足球协会的章程全称为《新西兰第三地区足球联合会规定》。奥克兰足球协会在其章程中除规定了基本的宗旨原则，如支持青少年足球的发展、促进本区域内赛事水平的提升和鼓励引导本辖区范围内和其他辖区范围内的成员间比赛等，还另外要求"支持和援助财务健康的俱乐部的发展"，同时实现和维持上述目标的行为措施可以是直接的或是附带性的。这体现了地方足协对地方俱乐部的扶

---

① 郭树理. 体育联合会领导人选举纠纷法律问题探讨［J］. 体育科学，2016，36（6）：21 - 36.

持①,但这种扶持是有条件的,该条件就是俱乐部的财务状况要达到奥克兰足协中所规定的财务状况良好情形,这就需要奥克兰足协通过形式审查和实质审查来排除那些具有欺骗等非法目的或处于非良好财务情形的俱乐部。

新西兰足协吸纳的会员除7个地方足球协会外,还有两个全国性质的联赛会员,即全国范围内的男子顶级足球联赛——新西兰足球锦标赛(New Zealand Football Championship,简称"NZFC"②)和女子顶级足球联赛——新西兰国家女子联盟联赛(National Women's League)。这里值得我们注意的是,根据NZF的规定"在新西兰应该只能存在一个顶级男子国家联盟和一个顶级女子国家联盟",所以新西兰在全国范围内的足球联赛仅有两个,男女联赛各一。另外,关于新西兰职业足球球员协会的作用和性质可以对比参照1907年成立的职业足球协会(Professional Footballers' Association,简称"PFA"),PFA设立的目的是希望通过以集体谈判协议的方式来保护、改善和协商该协会所属的所有职业球员的权利、地位和状况。除上述会员外,新西兰足协的会员还包括职业足球俱乐部等。

NZF规定并非所有的协会会员都拥有投票权。NZF章程将协会会员区分为普通会员和拥有投票权的会员,章程在定义投票权会员时规定"投票权会员包括:a. 每一个地区足球协会;b. 国家联盟联赛许可方(the National League Licensee Group);c. 职业足球俱乐部;d. 新西兰职业足球协会(NZPFA);e. 相关股东"。同时,参照NZF章程第25条"每一个拥有投票权的会员应该选取一名代表成员参加代表大会,并且每一名代表成员行使一票的选票投票权,但每一地区足协成员应当选取两名代表以表决两票的选票"的规定。NZF在规定全体大会相关程序和规则时,是许可没有投票权的协会会员参加的,但是他们不能行使选举的权利。拥有选举权利的会员仅仅是那些拥有投票权的会员,且选举权要以代表制的形式来行使。每一个拥有投票权的协会会员可以通过内部的大会选取一名代表来参加NZF的全体大会以行使投票权,7个NZF的地区足协会员中每一个地方

---

① 这种扶持或援助的行为并不能称为地方足协的一种义务,这仅仅是一种设立目标或宗旨,不能扩大解释为一项义务,同时奥克兰足协在章程中关于社团义务部分未做相关的规定,所以只能严格解释这种扶持。

② NZFC在2016年开始因赞助商原因也被称作为斯特灵体育联赛。

# 第七章 足球发达国家职业足球的治理经验

足协会员可以选取两名代表,共计两票。在关于投票和代表规定中,NZF在章程中规定了拥有投票权的会员共有 28 名代表,即 28 张选票。而根据 7 个地区足协会员的每个地区两票规定,共 14 票,还剩下 14 张选票,这种有意识的百分之五十选票设计突出了 NZF 对于地区足协会员意见的重视。剩下的 14 张选票,可以大致划分到新西兰国家男子和女子顶级足球联赛的 2 张、职业足球俱乐部的 10 张、新西兰职业足球协会的 1 张和其他股东利益相关者的 1 张选票。此外,NZF 还严格规定了赞成票中的选票构成"在拥有投票权的 28 名代表中(或选票中),地区足协的选票应当不能低于百分之五十"。该句话前半段只是注意性的规定,强调选票的总计数量,但后半句话则对于选票构成中的地区足协会员选票额外增设了条件性规定,即在 14 张地区足协会员选票中应当获得不低于百分之五十的选票,即获得 14 张中的过半数选票,地区足协会员才能承认该投票有效。

## (二)新西兰联赛体系

在上述关于 NZF 投票权会员的规定中,我们提及了新西兰职业联赛体系中的一部分,即处于新西兰联赛体系金字塔顶端部分的两大顶级联赛:新西兰男足的顶级联赛——新西兰足球锦标赛和新西兰女子足球的顶级联赛——新西兰国家女子联盟联赛。除此之外,根据 NZF 的规定,在新西兰内不能存在其他的全国范围内的联赛。考虑到新西兰注册的职业足球球员数量,NZF 规定的单一全国联赛的做法是有合理依据的。第一,新西兰国土面积的有限性限制了新西兰职业足球总体容量的扩大。第二,人口因素。同新西兰国土面积相差不大的英国人口为 6 512.87 万,而同时期的新西兰的人口数量仅为 459.57 万(依据世界银行 2015 年关于国家人口的调查数据)。第三,其他运动的影响。在限制发展职业足球的基础因素被固定后,综合新西兰国内的实际情况和文化发展,新西兰足球并未作为新西兰的第一大体育运动而被推广,新西兰的第一大体育运动是英式橄榄球①,新西兰对于橄榄球的推广和喜爱程度是要高于足球的。NZF 对于全国单一足球联赛的规定是十分合理的,这有助于整合足球市场的资源和足球产业的发展,提高体育市场的资源利用效率。同时,联赛赛事品牌持有权当然归属

---

① 这里值得我们注意的是,作为其邻邦的澳大利亚,其橄榄球是以澳式橄榄球而存在的,虽然新西兰与澳大利亚同为英国殖民地国家,但还是有所差别。除澳式和英式橄榄球外,还有美式橄榄球,这三类橄榄球是世界上广泛分布的橄榄球种类。

于 NZF，赛事组织运营、联赛广告开发、赛事转播权转让、赞助商赞助合同的订立和联赛门票出售及其收益等与商业有关的所有权利全部都归 NZF 所有。

在新西兰联赛体系中，除上述两大全国联赛外，还有 4 个相互独立的单一地区联赛，这 4 个地区联赛分别为北部地区足球联赛（Northern Region Football League 或称 NRFL Premier，简称"NRFL"）、中央联赛（Central Premier League）、大陆超级联赛（Mainland Premier League，or Robbie's Mainland Premier League）、南部足球超级联赛（Football South Premier League or ODT Football South Premier League）。上面的四大地区联赛分别由北部地区足协、中央地区足协、大陆足协和南部地区足协来管理。四大地区联赛正好两两组合，将新西兰南北两岛分割开来，新西兰北岛的市场由 NRFL 联赛和中央联赛所占有，而新西兰南岛的市场则由大陆超级联赛和南部足球超级联赛所占有。上述的四大地区联赛在新西兰整体足球联赛体系中处于第二级联赛的地位，所以我们可以看到除顶级联赛新西兰足球锦标赛外，二级联赛就已下落至地区联赛。这也是新西兰不同于世界上其他国家联赛的特殊规定，体现了新西兰足球全国联赛的唯一性特征。

以奥克兰地区足球联赛的联赛体系为例，在奥克兰地区足球联赛的地区，最高级别的比赛就是上述提到的 NRFL，而在 NRFL 联赛体系下，还可以将地区联赛的级别依照等级划分为第一级、第二级，再向下的联赛就是奥克兰地区的一些本地联赛。由本地区内的一些业余球队所参与的小规模的赛事，因赛事的区域性限制大，对于职业足球体系的参考价值意义不大，故不做过多的讨论。另外，上述提到的奥克兰地区性联赛都是由奥克兰地区足协主办或参与协办的。

NZF 和地方足协的关系，可以参照奥克兰足协章程中的相关规定："地区足协应当作为新西兰足协所正式设立的分支机构，地区足协所指定的规则规定应当受到新西兰足协条例和规定的约束，同时所有决定应当在上述规则下做出。"我们可以看到，奥克兰足协章程对于分支机构的具体界定，参考的是新西兰《社会组织法》（Incorporated Societies Act）对分支机构的规定，同时《社会组织法》在第 31 条（a）款中对于分支机构的法人性质做出了法律规定，规定分支机构法人性质的法律规定源自《社会组织法 1920 年修正法案》（Incorporated Societies Amendment Act 1920）。奥克兰等地方足协虽是作为 NZF 的地区分支机构存在的，但在法律性质上仍旧为社团法人，这同 NZF 并没有差别。但是依据奥克兰足协章程第 16 条第 2 款和 3 款之规定，"地方足协除以通过下列程序外不能批准新规定，地方足协的规则修改要同 NZF 进行商议，涉及一些次要规则时可以由地区足协董事会通过，另外当地区足协的条例和规则需要修改时，需通过社会组织注册管理处进行必要的相应变更，依照《社会组织法》条例处理"；"新西兰足协拥有修改地区足协管辖范围和改组、合并、分离以及增加或减少地区足协会员的权利"。上述两款规定表明，NZF 的七大地区足协成员在实际操作过程中除拥有少数次要规则的制定权外，并未实际拥有自主独立的规则制定权，并且 NZF 对于地区足协的统一管理和规划拥有极大的权限。做个不太恰当的比喻，我们可以将 NZF 比作新西兰足球的"社会总公司"，而 NZF 所管辖的七大地方足协成员就是 NZF 总公司设立在新西兰各大行政分区上的"分设机构"或"分公司"。注意，不能把 NZF 和七大地方足协当作母公司和子公司，因为在公司法所规定的母子公司关系中，子公司是有相当的独立性的。子公司的独立性主要表现在：拥有独立的名称和公司章程；具有独立的组织机构；拥有独立的财产，能够自负盈亏，独立核算；以自己的名义进行各类民事经济活动；独立承担公司行为所带来的一切后果与责任。而上述的地区足协的独立性在一定程度上未达到子公司同母公司的独立性要求，新西兰地方足协同 NZF 的关联度是十分高的。另外，奥克兰足协章程在第 16 条第 4 款中对于 NZF 条例和规定的优先权适用原则做出了说明，当然在管理层次上七大地方足协是受到 NZF 直接管理的，所以在规则效力层级的规定上也无可非议。

### （三）新西兰足协的内部管理体系

NZF 规定代表大会是最高权力机构；执行委员会是行政机构；而常设委员会和特设委员会的职责是协助执委会开展日常工作，其中常设委员会包括财政委员会、审计委员会、裁判委员会、球员章程委员会、女子足球委员会等其他委员会；NZF 的司法机构包括纪律委员会、道德委员会以及上诉委员会；而 NZF 依据章程"俱乐部注册机构是在 NZF 范围内根据《章程实施条例》而设立的负责俱乐部注册机制的机构"，"选举委员会是依据《选举法》而设立的负责组织、监督选举和许可或否决选举过程的机构"，在机构管理结构上，前两者机构直接受代表大会领导，此处的选举委员会并不包含在常设委员会中，属于独立的其他机构部门。而选举委员会中的委员会的选举和选举上诉委员会的选举行为也受到《选举法》的约束。同样地，奥克兰足协中也单独设立了选举委员会，AFF 对于选举委员会人员的任命采取的是任命制而非 NZF 的选举制，"选举委员会由三名委员组成，一名由 AFF 董事会任命（且须为董事会成员），一名由 NZF 任命（且须为 NZF 董事会成员），最后一名由新西兰体育协会或管理地区协会的区域体育信托机构任命"。

NZF 最高权力机构代表大会是由拥有投票权的会员召集召开的，同时没有投票权的协会会员或机构工作人员也可以参加，如负责会议记录而参会的秘书处成员。NZF 的财政年度截止日期是每年的 12 月 31 日，秘书处在每年 3 月 31 日前负责监督和拟订每年的综合账目。NZF 召集代表大会的方式分为普通召集（又称为年度全体大会）和特殊召集，同时召集的次数要求每年不得低于一次，召集人为 NZF 主席。NZF 的普通召集规定"拥有投票权的会员应该不少于三个月前得到会议召开通知"，但这里需要注意的是此处的召开通知是非正式的告知，可以是以口头告知的方式也可以是以书面等其他方式告知。而召集的正式通知应当由 NZF 提前一个月以书面形式的方式通知，且此时的通知必须包含会议召开的会议议程，而前者的告知则没有此要求，仅仅是一种召集会议的表示。根据 NZF 的规定"任何议案或提议都应当写入召开的会议议程中"，所以规定议案或提议须提前至少两个月以书面形式交由秘书处，同时秘书处应当保留底本，以满足第二年年度全体大会上对于上第一年度的会议记录和会议过程的审查。

相比较之下，奥克兰地方足协在财政年度截止日期上和 NZF 相同，都为 12 月 31 日。AFF 增设了要求召开年度股东大会必须在财政年度结束后的 2～5 个月内的规定。此外，AFF 还认可了投票代理人代理投票的行为，但 NZF 对于代理投票的行为是禁止的。依照 AFF 章程第 23 条第 22 款到 29 款的规定，代理人须以书面形式通过俱乐部代表的授权或者董事会的同意，按照 AFF 所提供的格式代理投票委托书来行使投票权。但代理委托书即代理投票的方式并不适用于邮寄投票，因为邮寄投票是非现场投票的一种，或也被称为提前选票。邮寄投票的方式最早在 1877 年开始适用于澳大利亚的西澳大利亚州，后在 1890 年拓展到南澳大利亚州。邮政投票的优缺点明显，优点就是可以极大地扩大投票者的范围，使得尽可能多的选民参与到投票中来,并且成本相对较低,而缺点则集中在投票的公平和隐秘性问题上,容易导致选票舞弊或监督不当。NZF 还对会议议程内容做了强制性的详细规定,如必须通过上一年度的会议议程、(如有需要)依照执委会的提议任命独立审计员等。鉴于 NZF 关于会议议程或大会召开程序的特殊规定(因为 NZF 对于会议议程的内容有严格的程序限制,对于在召开前的会议议程内容禁止任何变更,所以 NZF 的会议议程同大会召开程序是完全一致的,这也是禁止变更的正当程序性要求),在会议议程中需要对监票员进行任命。同时,一些地方足协的会议议程中也对监票员任命有强制性的要求。以奥克兰足协为例,根据 AFF 章程,依照投票形式的不同,可以对一名或多名监票员进行任命:对在大会进行过程中的记名或不记名投票都须从没有投票权的参会成员中任命一名监票员,而对于邮寄投票,考虑到在计票时可能会出现未有第三方进行监督的情况,则需要任命两名监票员。AFF 对于邮寄投票的程序有着严格的要求。邮寄选票无效的情形除包括实质无效,即没有投票权如无效代理、越权代理外,还包括一些程序无效,以此保护程序正当性的要求。例如,AFF 规定"如果投票人没有将其姓名或地址正确地写在信封的外部,则选票无效",这种对于投票形式要件的审查除保护邮寄投票的程序正当性外,也间接地维护了个人的隐私。比如,一封信件在 AFF 邮寄选票规定的时间(一般为 14 天)内到达 AFF,但该信件的封面上没有任何相关信息,即使 AFF 工作人员明知或应当知道这封信是由合法投票人寄出的,但没有其他实质性条件使监票人确定这封信件的寄出人拥有合法的投票权。根据外国法律对于隐私权保护的重视,不得私自拆封他人邮、信件,否则会构成侵权,而在一些国家如美国,"将民事侵权行为、行政违法行为及其刑事犯罪行为编排在一起,所以,几乎每条隐私权法律法规中都存在着一定数量的美国隐私权刑法保护规范,而事实上,美国隐私权刑法保护的范围也极其宽广,几乎覆盖了美国人生活的方方面面"①。情况严重者甚至会被处以刑事处罚,所以该投票只能被无效化。回到新西兰足协,NZF 对于特别全体大会的召集条件、召集时间和程序要求规定在第 32 条中。对于修改 NZF 章程等一些特别议案,要求投票数必须超过出席的拥有投票权人数的 3/4,而其他绝大多数的一些普通议案只要求投

---

① 王立志. 美国隐私权刑法保护之评析 [J]. 学术交流, 2009 (6): 77 – 79.

票数超过出席的拥有投票权人数的一半即可。

NZF 的执行委员会由 10 名委员组成，其中 7 名委员由执行委员会下设的提名委员会选举任命，剩下的 3 名委员由其下设的调查委员会选举任命。执委会的主席和副主席由全体大会从 10 名委员会成员中选举产生。同时，执委会、提名委员会、调查委员会和资格审查委员会的成员必须在新西兰境内拥有居所和在任何国境内都无犯罪记录。NZF 规定执委会的委员在任职期间也不得同时在 NZF 司法机构担任任何职务。执委会的职责是负责处理 NZF 日常相关的行政事务工作的决议和在全体大会未召开期间行使部分的决策职能，所以 NZF 规定每年执委会的召开次数的最低限度为四次，其目的就是加强执委会委员间的联系和沟通，如此才能更好地从整体出发维护 NZF 的利益。NZF 的司法机构有三个，分别为纪律委员会、道德委员会和上诉委员会。纪律委员会的处罚措施是根据《NZF 纪律处罚条例》来实行的，做出的处罚也应当遵循程序正当原则，即必须至少拥有三名纪律委员会委员，但又有特别规定，在一些确切案件中可以由一名纪律委员会委员来做出处罚。对于纪律委员会做出的处罚结果，NZF 规定执委会还可以同纪律委员会在《纪律处罚条例》框架下进行争论，但最终纪律委员会做出的处罚措施必须符合 NZF 章程第 59 条中所列举的规定，或 FIFA 章程第 53 条关于纪律委员会的规定，即"要求具体的处罚措施满足《国际足联纪律守则》中的相关规定"。

NZF 中的上诉委员会的管辖范围包括纪律委员会和道德委员会做出的非最终裁定，在排除有上诉规定的案件后，如果纪律委员会和道德委员会认定其做出的裁定是最终裁定，上诉委员会会以无管辖权为由拒绝受理。而 NZF 的上诉委员会所做出的上诉裁定也并非最终裁定，还可以根据 NZF 规定二次上诉至新西兰体育仲裁院或国际体育仲裁院（CAS）。当然并非所有的上诉申请都会被受理，依据《新西兰体育仲裁院 2012 规则》对管辖权的规定："四种具体的诉讼类型是拥有管辖权的：1. 违反反兴奋剂程序规则的上诉案件（包括临时暂停申请）；2. 由运动员上诉的反对禁止治疗药物豁免的决定；3. 依照新西兰奥委会和国家体育机构所做出的决定而提起的上诉；4. 其他由双方协议的有关体育纠纷的上诉。"而 CAS 对于上诉案件的管辖权则在《国际体育仲裁法典 2017》中有非常细致和精准的规定。

## 九、结语

通过对英超联盟、德国足球联盟、法国职业足球联盟、西班牙职业足球联盟、意大利职业足球联盟、南非足球联盟、澳大利亚职业联赛与新西兰职业联赛的研究,我们可以发现世界各国的足球发展模式存在较大差异。即使是存在职业足球联盟的国家,足球管理模式也存在着差别,这种差别重点体现在联盟与足协间的关系上(见表3)。

表3　英、德、法、西、意、南非六国足球联盟与足协关系对比表
Table 3　Relation of Football League and Football Association in England, Germany, France, Spain, Italy, South Africa

| 国家 | 联盟名称 | 与足协间关系 |
| --- | --- | --- |
| 英格兰 | 英超联盟 | 平等关系 |
| 德国 | 德国足球联盟 | 股权关系 |
| 法国 | 法国职业足球联盟 | 隶属关系 |
| 西班牙 | 西班牙职业足球联盟 | 隶属关系 |
| 意大利 | 意大利职业足球联盟 | 隶属关系 |
| 南非 | 南非足球联盟 | 隶属关系 |

在以上六个职业足球联盟中,唯一与足协保持着完全平等关系的是英超联盟。这与英超联盟组建时英国的基本国情有关。国情的不同造成了差异的存在。20世纪90年代,英国的自由经济处于高度发达的阶段。足球产业作为经济产业的一部分,也是在完全自由、排除外界干预的环境下发展着的。英超联盟作为唯一的不是由足协组建的联盟,从创建到发展,都是由各家俱乐部按照职业足球发展的规律实现的,足协只有在特定的情况下才享有话语权。决策机关采取各种商业手段来运作联盟,将英超联赛打造成了世界上商业化水平最高的职业联赛,为各家俱乐部赚取了丰厚的收入。但是,过度的商业化也带来了许多问题,例如英超球员身价虚高以及财务问题显著等。为了改变现状,英超联盟也在加紧与足协合作的步伐,在一定程度上会限制自身权利。

在其他国家,德国足球联盟是德国足协的全资子公司,这种关系在保证足协对联盟实现有效控制的同时,也赋予了联盟一定的经营自主权。即

使是同样与足协保持隶属关系，各国之间还是有所区别的。例如，法国职业足球联盟完全受到法国足协的控制，在法国足协的指令下运行；相比之下，西班牙足球联盟则享有着较高的独立性。各国国情的不同，造成了职业足球联盟的差异，这给予了我国重要启示：发展足球应当尊重基本国情。

# 第八章
## 法治视野下的中国职业足球联盟构建设计

### 一、构建中国职业足球联盟的基本理念

通过研究国外足球的发展现状，我们发现，大部分足球发达国家都在结合本国国情的基础上，建立起了职业足球联盟。我国目前处于足球改革的重要时期，在现阶段，我们可以适当借鉴西方经验，建立职业足球联盟来促进足球产生的发展，当然，这种借鉴必须建立在符合我国基本国情的基础上。

我国的市场经济发展尚不成熟，联盟建设采取自由发展的英超联盟模式是不现实的。并且，中国足协依然是管理足球的主体，职业足球联盟应与其保持隶属关系，而非对等关系。中国足协赋予联盟中超、中甲以及中乙三级职业联赛的经营权。在得到授权之后，联盟可以使用法人治理结构进行构建，并组建起专业的管理团队进行商业运作。同时，联盟的一系列经营行为都应当处于在中国足协的监管之下，防止联赛出现过度商业化等问题。

#### （一）建立职业足球联盟构建的法律基础——法人治理结构

"法人治理结构"也被称作"公司管理结构"，通常译为 Corporate Governance Structure，诞生于现代企业的管理之中，设立的目的是为了保证股东和经理人的利益一致，将所有权与经营权进行分离，在公司内部设立股东会、董事会、经理层、监事会。法人治理结构是一种相互制衡的制度设计。

法学领域内注重对法人治理结构规则的制定，目的在于通过法律制度安排，达到相关利益主体之间的权力、责任和利益的相互制衡，实现效率

和公平的合理统一。① 法人治理结构也可以应用于职业足球联盟的构建中。我国针对职业联赛的发展现状,在构建职业足球联盟过程中,既要学习西方先进的经验,又要考虑到职业足球联盟的特殊性,因此,联盟的法人治理不仅包括法学范围内的制度安排,还包括经济领域内的所有权与经营权的分离。这一结构旨在实现利益共享和权力制衡的格局,最终达到成立科学合理的职业足球联盟的目的。

法人治理结构已经在国内外的职业足球领域得到了广泛的运用。

1. 在国外职业足球领域内的运用

Jonathan Michie 以英超二十家俱乐部为对象,对职业足球领域内法人治理模式做了研究:第一,各家俱乐部根据英国公司法及两项法人治理结构守则,建立了详细的信息披露制度,如俱乐部的财务状况与股权变更应当及时通知股东、球迷。第二,俱乐部严格遵守英国的《公司治理综合准则》,具体表现为董事会成员的选举要遵守俱乐部章程、俱乐部实现所有权与经营权的分离、对董事会成员工作绩效进行考量和再培训、构建薪酬和审计委员会、建立风险管理和评估机制等来改善俱乐部的财务状况及提高整体的管理水平。②

除此之外,Jonathan Michie 为了证明法人治理结构的有效性,研究了奥地利俱乐部的管理模式。目前俱乐部三种主要的管理模式为:第一,为了防止赞助商干预球队的管理,将球队管理与商业经营分离,即赞助商不直接参与球队的经营管理。第二,采取传统的单项协会模式,即俱乐部以会员的身份加入当地足协,由协会的代表负责俱乐部的日常运营。第三,采取法人治理模式,俱乐部成立联盟,联盟设立股东会、董事会、经理层、监事会,负责处理日常事务及公司财务。国外职业联盟一般采用法人治理结构,实现所有权与经营权的分离,保证俱乐部的利益最大化,改善联赛的运营状况。

2. 在国内职业足球领域内的运用

随着《民法通则》《公司法》《企业法人登记管理条例》等法律法规的颁布,法人治理的模式也开始出现在国内职业体育中。

---

① 任先行,周林彬. 比较商法导论[M]. 北京:北京大学出版社,2000:399.

② Jonathan Michie. The Corporate Governance of Professional Football Clubs in England[J]. Corporate Governance:Ar International Review. 2005,13(4):517-531.

## 第八章 法治视野下的中国职业足球联盟构建设计

根据职业体育的相关研究,法人治理模式最早出现在甲 A 联赛,当时的问题在于进行经营和管理时政企不分、我国职业足球俱乐部与投资企业产权不清、股权结构的配置不合理、行业自治程度欠缺、各利益主体权益得不到有效保证等,这些都是法人治理结构不完善的表现。

近年来,《国务院办公厅关于加快发展体育产业的指导意见》《国务院关于加快发展体育产业促进体育消费的若干意见》《中国足球改革发展总体方案》等政策开始更多地涉及法人治理,为俱乐部、社团以及基金会的法人治理提供了清晰的路线。

由此可见,法人治理不仅体现在俱乐部与联赛的治理领域,还涉及体育社团与体育基金会。关于职业足球联赛的法人治理,政府应当转变职能,发挥积极作用。正如梁伟在《公司治理结构优化下的中国足球超级联赛管办分离研究——基于对公司自治与政府规制的理解》一文中提到的,对于政府的角色定位和利益权限范围的界定,大多数学者通过"简政放权,转变政府职能"进行阐述,如在我国职业足球联赛中,政府的规制方式应由行政介入转为政策制度干预。具体表现为在联赛的治理中将中超公司的股权结构重置,将政府代理人——中国足协的股份进行转变,最后的股权结构应体现为投资与承担的责任和风险相同,保障中小股东的利益。① 我国拟建的职业足球联盟可以作为足协的下属机构,将其定性为社团法人将更有利于联盟的建设与发展。

### (二)明确政府责任,坚持政府指导

在足球发展过程中,政府主要起到主导与保障的作用。在主导与保障过程中,首先,政府应当积极发挥导向作用,通过制定法律法规,为职业足球的发展营造出一个良好的环境;其次,政府在市场经济发展过程中,应当转变自己的职能,在机制改革中,找好自己的定位,促进体育产业结构优化,优胜劣汰,淘汰那些不利于实现市场化的企业。

足球产业不是孤立存在的,它与文化、旅游与教育等产业息息相关,因此在发展过程中牵扯到的利益集体较为复杂。职业足球的发展离不开文化、旅游与教育领域内相关法律法规的支持,更离不开社会资本的投入、

---

① 梁伟. 公司治理结构优化下的中国足球超级联赛管办分离研究——基于对公司自治与政府规制的理解[J]. 中国体育科技,2015,51(1):36-41.

足协的服务以及政府的引导。为了充分发挥事业单位法人、社团法人、企业法人三者的职能，必须明确各部门的职责，这是构建职业足球联盟的基本原则。①

### （三）追求社会效益与经济效益，完善评价制度

社会效益与经济效益是衡量联盟绩效的主要标准：通过联盟的总收入（如广告、赞助、门票、电视转播、品牌价值等）、联盟的竞争平衡度、球员的溢价比、俱乐部的利润率等指标来考量经济效益；相比之下，联盟产生的社会效益较难量化，大体可通过收视率、球迷组织数量等进行评价。反馈系统的完善决定了新构建的职业足球联盟的有效性，有执行、有反馈的评价制度是保证管理效益的基础。

### （四）注重足协建设，改善公共服务质量

我国社会的自主性较弱，社会组织发展到一定程度之后，由于制度供给缺失，经常寻求向政府部门挂靠②，这是自身实力与治理能力较弱的表现。根据《行业协会商会与行政机关脱钩总体方案》《全国性行业协会商会负责人任职管理办法（试行）》《中国足球改革发展总体方案》《中国足球协会调整改革方案》，中国足球协会是具有独立法人资格的社会组织，已经与体育总局脱钩完成实体化建设③。

足协的主要工作是支撑与推动职业足球的发展，它应当承担更多的社会责任，包括运动员的注册、俱乐部许可证发放、五人制足球的推广、青少年的培养、为俱乐部服务以及国家队建设，在提高自身绩效的同时，形成一个自治系统。④

### （五）实现俱乐部主导，完善联赛职业化建设与竞争机制建设

职业足球的发展需要社会资本的参与，以保证获得充足的资金。在职业足球领域，社会资本投资的目的是获取收益，而不是实现体育行政主管

---

① 梁伟. 公司治理结构优化下的中国足球超级联赛管办分离研究——基于对公司自治与政府规制的理解 [J]. 中国体育科技，2015，51（1）：36－41.

② 张春合. "管办分离"背景下的中国体育管理多中心治理问题研究 [J]. 体育与科学. 2015，36（5）：69－73.

③ 赵毅. 足球改革背景下中国足协法律地位之困境及破解 [J]. 苏州大学学报（法学版），2016（4）：1－12.

④ 梁伟，梁柱平，张珺. 中国足球协会"双向代理人"角色定位及其对职业联赛的治理研究 [J]. 天津体育学院学报. 2014，29（6）：484－488.

部门的事业目标。因此,俱乐部应占据主导地位,拥有联赛的所有权与绝大部分经营权。

在职业足球联盟建成之后,互利共生的竞争机制是维系联盟长久发展的纽带。历史经验告诉我们,失去竞争机制的联赛无法稳定地发展。俱乐部应当按照市场规律进行运作,完善现代企业制度与市场开发体系,承担社会责任。只有俱乐部拥有健全的现代企业制度,他们组成的联盟才是真正的职业联盟。

目前,我国尚不存在真正意义上的职业足球联盟,因此,在构建职业联盟过程中有许多问题需要关注。首先,应当考虑到现阶段我国所处的特殊时期,立足本国实际,在加快供给侧改革步伐的同时,有选择地向西方学习先进经验。① 其次,在职业足球领域实现有效的法人治理是构建我国职业足球联盟的关键。② 政府在协调事业单位、社团、企业法人间关系的同时,应当及时转变职能,发挥政策导向性功能;足协应在提供公共服务的同时,尽快完成实体化改革;俱乐部在职业足球联盟中应占据主导地位,拥有联赛的所有权与绝大部分经营权,同时要加强现代企业制度建设,共同制定规则形成共生机制。③ 最后,通过产生的社会和经济效益来衡量联盟的有效性。

## 二、各利益主体构建中国职业足球联盟的基本途径

构建职业足球联盟实质上是利益主体争取通过博弈或是一种利益均衡机制来相互制约,彼此达到共赢。在此过程中,各方主体应当找准自己的定位,不"越位",不"缺位"。

### (一)政府

1. 健全相关法律法规,保障职业足球联盟运行

职业联赛具有一定的外部性,依靠市场机制是很难将其消除的,只有

---

① 韦深涉. 西方治理理论的价值取向与理论困境 [J]. 广西大学学报(哲学社会科学版),2007,29(4):80-88.

② 谭小勇. 依法治体语境下的体育行业自治路径 [J]. 上海体育学院学报,2016,40(1):37-45.

③ 殷泽锋. 中国体育社会团体自治权的法理研究 [J]. 北京体育大学学报,2011,34(12):14-20.

政府才能承担这种责任。欧洲五大联盟的成功经验表明，职业足球的发展离不开政府的引导与政策的支持。职业足球并非是一种完全自由的行业，它的发展需要政府的宏观调控。政府通过制定相关的法律法规，弥补市场机制存在的不足，比如政府为俱乐部提供税收、场地与水电等政策优惠，足协在政府授权下提供技术保证与资金支持，同时，政府考虑到职业联盟的特殊性，为其提供一定程度上的反垄断豁免权。

2016年3月15日，在《中国足球改革发展总体方案》发布一周年之际，云南省发布了《云南省足球改革发展实施方案》。方案中提出要支持本土职业俱乐部的建设和发展，鼓励职业俱乐部在当地注册，并建立职业足球培育目标激励机制等。① 我们可以发现，地方政府部门如体育、财政、住建、交通等部门对职业俱乐部的扶持，有利于壮大我国足球产业的规模，形成层级科学合理、完善的职业联赛体系。

在支持职业足球联盟发展方面，政府主要通过购买公共服务的方式给予适当的财政补贴。由于我国的职业足球起步较晚，这方面的法律法规还不健全，如2013年9月颁布的《关于政府向社会力量购买服务的指导意见》对政府在向社会组织购买公共服务时在购买主体、承接主体、购买内容、购买机制、资金管理、绩效管理六方面仅有大致的要求，每一项并没有详细规定。

在职业足球联盟构建过程中，政府为了体现出它良好的治理能力，必须将其视为合作伙伴。政府通过购买公共服务，将治理重点转到对公共体育服务的组织、管理和监督上，便可减少经济负担。政府应当充分发挥社会团体的职能，调动社会力量参与到职业足球的发展中，增加公共服务供给，协调与第三方之间的关系。

针对职业足球产业，我国尚未颁布有针对性的法律法规，在法治建设的新时期，相信与职业体育相关的政策会尽快出台，同时《体育法》也将得到修改，《反垄断法》中的空白也会得到填补。政府应以完善相关法律法规的形式促进职业足球的发展，充分发挥宏观调控和监督职能，由市场参与者变为市场监督者。

---

① 《云南省足球改革发展实施方案》出台[EB/OL]. [2017-09-11]. http://sports.163.com/16/0315/10/BI6LSKLN00051C8M.html.

## 2. 明确自身定位，形成多元治理格局

政府的职能定位模糊使我国足球职业化改革二十余年以来产生了许多问题。郭道晖教授曾经提到三种权利（力）：国家权力、私人权利、社会权力。国家权力的核心是强制力，私人权利的核心是自由，社会权力的核心是自治。江平教授曾经提出："国家对社会生活的干预在社会主义国家达到了一个顶峰，干预的触角伸入文化领域、经济领域、体育领域乃至家庭领域。"① 因此，改革开放一个重要目标就是扩大社会权力，在构建职业足球联盟过程中，合理配置国家权力、私人权利与社会权力十分关键。

政府在发挥国家强制力上起到了无可替代的作用：转变自身职能和执政方式，奉行"两个凡是"的原则，即凡是市场能够做好的都交给市场，凡是社会能够做好的都交给社会。社会权力则是国家权力与个人权利的润滑剂，不但能提高政府效率，减少冲突，还可以监督政府的行为，防止公权力被滥用。

在构建职业足球联盟时，中国足协既是政府与俱乐部的沟通桥梁，也是承担公共职能的社会组织。从某种意义上说，足协的权力是政府赋予的，是公法的私法化，即政府将关乎公共利益的问题交由足协处理。根据《行业协会商会与行政机关脱钩总体方案》，政府应当放权，将足协视为一个具有独立性和公益性且有充分代表性的社团法人组织，例如足协人员的组成，不再由政府任命，而是按照自治原则进行民主选举。同时，政府应该进一步发动社会力量，降低社团成立的标准，充分发挥社团法人的职能。

过去，我们对职业足球联赛产品的属性认识存在偏差，认为足球联赛产品作为一种具有公共属性的服务性商品，从生产阶段到流通阶段应当始终保持着非营利性、无偿性、非排他性、垄断性、外部性等特点。实际上，联赛是一种充满了排他性、竞争性与外部性的准私人产品，俱乐部投资的目的是为了获得经济收益。过去，政府掌握着商业开发权、电视转播出售权以及赞助商选择权，现在，政府将这些权力归还给俱乐部，在不干预自由的情况下，进行市场秩序的监管。俱乐部有权自由进行资源分配、价格规定，形成一个利益群体，促进职业足球联盟的构建。

政府在协调好足协与联盟关系的同时，应努力打造多元治理的格局。

---

① 江平. 改革的重要目标，扩大社会权力 [J]. 中国改革，2008 (3)：22-23.

在当今提倡社会治理体系和治理能力的背景下,协商精神与平等精神应当获得高度关注。协商是指在进行多中心治理时构建民主协商机制,平等则包括权利平等、机会平等、规则平等。在职业足球发展过程中,国有资本相比社会资本具有不平等性,这是因为国有资本在经营能力、政府补贴与获得资金支持等方面具有一定的优势,这就造成了双方在起点上的不公平。职业联赛最初创建的目的是为了提高国家队的成绩,职业足球为国家队服务,这种扭曲的认知不仅不会促进国家队成绩的提高,还会使得我国职业足球市场渐趋萎缩,这样的导向也是一种不平等的体现。因此,今后应当少一些干预,多一些协商,做到政府不"越位",这样的定位有利于我国足球产业发展。

政府部门既然以追求公共利益或社会效益最大化为目标,就要将矫正性的财政补贴用于发挥职业足球联赛的外部性,从而扩大社会的总效益。同时,政府部门之间也要加强联系,合理分权,打破原有的利益格局,充分发挥足协与联盟的作用,使政府的权力、责任与利益相统一。

### (二) 中国足球协会

#### 1. 实现自治

当下传统的公共事务管理活动正越来越多地导入非营利组织和私人伙伴参与治理,同时私人部门、非营利组织也需要国家的权力干预,二者相互配合才能达到最佳效果。① 自治是实现这一切的前提。

由于"中心与协会同构"模式的存在,足协的运作脚踏体制内和体制外两只船,"哪块牌子好用用哪块",左右逢源,政社不分。在深化改革的背景下,许多涉及行业自治的政策相继出台。

《行业协会商会与行政机关脱钩总体方案》提出建立和完善产权清晰、权责明确、运转协调、制衡有效的法人治理结构,健全行业协会商会章程审核备案机制,完善以章程为核心的内部管理制度,健全会员大会、会员代表大会、理事会、常务理事会制度,建立和健全监事会、监事制度。《全国性行业协会商会负责人任职管理办法(试行)》第8条提到,全国性行业协会商会负责人应当履行民主选举程序,通过会员(会员代表)、大会或者

---

① 姜世波,姜熙,赵毅,等. 国际体育组织自治的困境与出路——国际足联腐败丑闻的深层思考[J]. 体育与科学,2015 (4):19-26.

# 第八章 法治视野下的中国职业足球联盟构建设计

理事会以无记名投票方式选举产生；第 9 条提到，全国性行业协会商会负责人选举会议须有 2/3 以上会员（会员代表）或者理事出席方能召开，召开会员（会员代表）大会的，其选举结果须经到会会员（会员代表）1/2 以上赞同方为有效，召开理事会的，须经到会理事 2/3 以上赞同方为有效。

《中国足球改革发展总体方案》要求按照政社分开、权责明确、依法自治的原则调整组建中国足球协会，改变中国足球协会与体育总局足球运动管理中心"两块牌子，一套人马"的组织构架。中国足球协会与体育总局脱钩，在内部机构设置、工作计划制订、财务和薪酬管理、人事管理、国际专业交流等方面拥有自主权；同时提出中国足球协会不设行政级别，其领导机构的组成应当体现广泛代表性和专业性，由国务院体育行政部门代表、地方及行业足球协会代表、职业联赛组织代表、知名足球专业人士、社会人士和专家代表等组成。

《中国足球协会调整改革方案》要求建立决策权、执行权、监督权既相互制约又相互协调的机制。健全中国足协会员大会、特别会员大会、执委会、专项委员会和特别委员会会议制度，完善会议规则，规范决策程序，形成科学、民主、依法的决策机制，确保运转规范、高效。

政策文本已经明确中国足协大致的改革方向，即形成完善的法人治理结构，建立决策、监督、执行三权相互协调和制约的权力机制。但是自治常常伴随着许多风险，例如自治程度较高的国际足联也存在贪腐丑闻，因此，刚刚从事业单位母体中脱胎出的足协的良好自治很难直接实现。

实现自治往往是一个复杂的过程：一方面，政府应当明晰政府与足协之间的权力边界。当前对于政府的权力约束及行使范围已经有明确的政策文本，但是对于足协，在构建职业足球联盟中其权力边界仍是模糊的，所以在有效行使权力的基础上，有计划地实现自治，保证足协的独立性是十分困难的。我国应当学习西方先进的管理经验，以修改章程为切入点，在操作过程中，国务院足球改革发展部际联席会议办公室应当积极协调民政部、人力资源和社会保障部、财政部、体育总局等单位在足球管理上的作用。另一方面，亦不可照搬西方的管理模式，应当在自治过程中勇于创新。正如《中国足球协会调整改革方案》中所说："调整改革中国足协，创新协会组织结构和管理模式，明确定位和职能，优化领导机构，健全组织体系，加强党的领导，形成专业高效、系统完备、民主开放、运转灵活、法制健全、保障有力的体制机制，推动足球运动健康发展，为体育改革探索新路。"

### 2. 明确权限，确保非营利社团法人属性

《行业协会商会与行政机关脱钩总体方案》《中国足球改革发展总体方案》将中国足协定位为具有公益性、广泛代表性、专业性和权威性的社团法人。在足改过程中，足协多次表示将更多地体现出社会服务功能，只对联赛进行宏观上的指导，不再直接参与联赛的管理。例如，2015年12月30日，中国足协出台了《中国足球协会球员身份与转会管理规定》，其中某些条款的变更就能体现对俱乐部和球员利益的保障，如取消球员转会手续费，球员因俱乐部拖欠球员工资和奖金终止合同的天数由3个月改为30天等。

足协规定在2016年1月10日后，禁止俱乐部跨省转让。实施这一政策的目的是为了实现属地化，培育本地区的足球文化，促进联赛的发展。但足协依然有干涉正常市场秩序的嫌疑。资本具有逐利性，哪里有利润，哪里就有投资，因经营上的困难而寻求转让是正常的企业行为。因此，为了防止俱乐部频繁转让，政府给予资金的支持才是关键。同时俱乐部本身也要加强自身的盈利能力。足协应与政府相关部门进行沟通，为俱乐部争取更多的财政投资。

中国足协在改革过程中，不仅应该对自身属性做出准确定位，还要明确自身的权限。这样有利于中国足球协会从传统的"官民二重性"组织向真正具有独立法人资格的社会团体过渡。中国足协放权让利，将属于市场调节的事项交还给市场，按照市场经济规律去运行。

### 3. 协调政府与市场间关系，加强实体建设

政府最大的优势是利用公共政策将资源进行配置，但常常无法实现有效配置；市场最大的优势是通过市场机制实现资源的有效配置，但往往无法实现公平。① 当政府部门或体育管理部门与职业俱乐部发生利益冲突时，处于二者之间的中国足协应发挥纽带及桥梁的作用，代表职业俱乐部的利

---

① 李砚忠. 多重竞争模式和我国公共服务体制改革路径选择 [J]. 中央财经大学学报，2007 (7)：15 – 20.

益与体育管理部门进行沟通,通过有序、有组织的表达来影响政府的决策。①

比如,在涉及俱乐部场地使用权问题时,足协可以依照国外先进的管理经验,协调政府相关部门,给予俱乐部一定的优惠政策,特别是使俱乐部在本地保有一个主场。在广州市足协改革后,之前打算搬出广州的恒大淘宝俱乐部获得了天河体育场场内的承租权。

2016年5月1日,我国全面推广营业税改增值税的试点,其中将建筑业、房地产业、金融业、生活服务业纳入试点范围。在职业足球领域,需要关注的是场馆租赁服务的纳税税率:在"营改增"之前,体育场馆的租赁服务,属于租赁业范畴,所缴纳的营业税税率定为5%,而在"营改增"之后定为17%。② 这一举措给许多场馆增加了经济负担,这种负担将转嫁给俱乐部,使俱乐部的纳税负担更加沉重。此时,足协可以通过部际联席会议与相关政府部门进行协商,鼓励各级地方政府支持俱乐部进行自有场地设施的建设或为俱乐部场地设施建设提供一定比例的补贴。③ 这一措施不仅将此种业态转为税率较低的文化体育产业,而且盘活了更多的场地资源。

4. 中国足协在建立足球职业联盟上所起的作用

新成立的职业足球联盟将是中国足协的下属机构,隶属于中国足协。之所以采用这样的组织结构,主要是参考法国职业足球联盟的有益经验。法国组建职业足球联盟时所处的环境,与中国的基本国情类似,都是由足协全面负责足球的管理工作。足协拥有资金和具备先进管理经验的人才,并且了解俱乐部的经营情况。这都是足协组建职业足球联盟的巨大优势。目前,我国正在进行足球职业化改革,需要尽快组建起职业足球联盟来推动改革进程。拥有天然优势的中国足协将是组建者的不二人选。由中国足协组建中国职业足球联盟,在联盟成立初期,中国足协可以向其提供资金

---

① 梁伟,梁柱平,张珉. 中国足球协会"双向代理人"角色定位及其对职业联赛的治理研究 [J]. 天津体育学院学报,2014,29 (6): 484 – 488.

② 陈元欣,王华燕,张强. "营改增"对体育场馆运营的影响研究 [J]. 体育文化导刊,2016 (2): 126 – 131.

③ 赵毅. 足球改革背景下中国足协法律地位之困境及破解 [J]. 苏州大学学报(法学版),2016 (4): 1 – 12.

与技术支持，并可以较好地发挥在各俱乐部之间的协调作用，可以使职业足球联盟尽快步入发展的正轨。

并且，法国与我国一样，足球都是公共服务的一部分，足球产业不仅需要产生经济效益，还要产生一定的社会效益。职业足球联盟不仅应当承担商业运作的职能，还需要承担社会职能，如配合足协进行青少年后备人才培养、支持国家队参赛等工作。将中国职业足球联盟定位为中国足协下属机构，有利于联盟社会服务工作的落实。

对于中国足协来说，中国足协将职业联赛运营部分交给职业联盟负责，这大大减轻了足协的工作负担。目前，中国足协不仅负责职业联赛的管理，还需要关注国家队训练、后备人才培养等问题。这给中国足协带来了沉重的工作压力，在重压之下，足协的很多工作难以开展或者取得好的成果。中国职业足球联盟建立之后，将分担中国足协在联赛管理上的压力。中国足协可以专注于提高国家队成绩与培养后备人才力量等工作，可以提高工作效率。

由中国足协组建的中国职业足球联盟将在职业足球的广告、招商、比赛转播权出售、形象代言人选拔、足球产品设计开发、商业比赛、技术服务、咨询服务及相关投资项目上发挥重要作用，推动中国职业足球的发展。

### （三）职业联赛理事会与中超公司

《中国足球职业联赛管办分离改革方案（试行）》规定：职业联赛理事会负责联赛相关事宜，如联赛的发展规划、运行管理、商务开发、日常事务的处理等；接受中国足协的授权，属于足协的下属组织；同时对中超公司给予业务指导，在人事架构、专项监管方面也有大致要求。中超公司则接受职业联赛理事会的宏观指导，负责中超联赛的市场开发工作，如无形资产的开发、俱乐部特许商品的买卖与联赛媒体版权的销售等。

中国职业足球联盟将在职业联赛理事会执行局的基础上组建，联盟成立之后，联赛理事会将不复存在，联盟替代职业联赛理事会享有联赛的运行管理、商务开发、日常事务处理的权利。同时，联盟将中超公司并入其中，组建统一的决策机构——联盟大会，由中超、中甲、中乙俱乐部代表构成，负责整个职业联赛体系的市场开发运作。同时，联盟制定先进的分配制度，这将在一定程度上避免中超、中甲、中乙三级联赛的收入、竞争实力差距过大。

## 第八章 法治视野下的中国职业足球联盟构建设计

联盟成立后,将形成决策、监督、执行相互制衡的法人治理结构。为了方便不同级别联赛的区别管理,联盟内部设置有中超、中甲、中乙三个组。联盟大会是中国职业足球联盟的决策机构,由中超、中甲、中乙俱乐部代表组成。具体的执行工作由联盟的执委会负责,执委会根据联赛的具体情况,下设相应的部门,如市场开发部、公共关系部、财务部、安保部等;此外,联盟还设有秘书处,下设竞赛、财务、技术、法务、人力资源等相应工作部门。监督层可由部分足协人员或按照国家法规由联盟大会的部分成员担任。①

在联赛成立之前,联赛理事会与中超公司相关权利边界的不明确,在一定程度上阻碍了中国职业联赛的发展。中国职业足球联盟将在职业联赛理事会执行局的基础上建立起来,享有职业联赛日常事务管理的权利。同时,它在并入中超公司后,也拥有了联赛市场开发的权利。作为唯一享有职业联赛相关权利的组织,中国职业足球联盟将解决管理机构之间权利界限不明的问题,系统、高效地发展职业足球。

### (四)职业俱乐部

#### 1. 实现俱乐部自主经营,完善法人治理结构

有国企背景的俱乐部是构建职业足球联盟的重大阻碍,它使俱乐部无法实现自主经营,无法形成完整的市场。因为国企的长期主导,仍有较多的俱乐部尚未呈现明确的法人治理结构。以山东鲁能泰山队为例,其俱乐部的管理模式依然沿用国企的行政领导方式,最明显的特征为所有的引援都需要经过集团体育文化部的审批,这样的做法明显不符合市场化的运作特征。

相比之下,职业化水平较高的俱乐部已经建构起法人治理结构的雏形。以广州恒大淘宝俱乐部为例,它采取的模式为总经理领导下的主教练负责制,股东会负责为俱乐部注资并制定战略目标,董事会负责执行股东会的决议,主教练由总经理选聘。

俱乐部在发展过程中,应当先完善法人治理结构,实现所有权与经营权的分离,逐步排除国企对俱乐部的控制,这是建立职业足球联盟的重要

---

① 谭小勇. 依法治体语境下的体育行业自治路径 [J]. 上海体育学院学报, 2016, 40 (1): 37-45.

基础。

### 2. 实现俱乐部分工的专业化，提高职业化程度

中国职业足球联盟由中超、中甲、中乙的各家俱乐部组成。因此，提高俱乐部的职业化程度有利于加快职业足球联盟建设。

成熟的职业足球俱乐部应是一个复杂的、分工精细的系统，因此组织机构设置的简单化和粗泛化往往是俱乐部自身经营能力不足的体现。一个发展良好的俱乐部无法割裂与整个社会的联系，它不仅为球员与比赛服务，还要围绕球迷协会、投资人、消费者、赞助商、广告商、媒体、社区关系、联盟及其他俱乐部、政府等进行综合服务。

为了更好地实现俱乐部的职能，一家俱乐部的正式员工至少应在100人以上。以曼联队为例，仅公共关系这一领域，按照工作职责和内容的不同就分为市场营销与社区关系部、企业赞助部、转播部、现场解说团队4个部门，共计35人，是我国单个俱乐部人数的总和。由此可以看出，我国俱乐部的专业化、职业化程度远远达不到一个成熟俱乐部的要求。

实现俱乐部分工的专业化和精细化、提高职业化程度是我国职业俱乐部成为市场主体的重要条件，但是自职业体育起步以来，我国一直未按照职业体育的内在规律去运营。在今后的发展过程中，各家俱乐部应当不断提高自身的实力，使职业足球走上正确的发展道路，这将在职业足球联盟建设上发挥重要作用。

### 3. 通过职业足球联盟实现整体利益的最大化

职业足球联盟是指职业俱乐部基于整体利益最大化自愿形成的合作共同体，通过制定统一的制度和规则，维持一种竞争相对平衡的经济组织。追求整体利益最大化是职业足球联盟的一个本质特征。以英超联赛为例，成绩好的球队获得更多的收入分成，如电视转播收入所占的份额会更多，对于成绩较差的球队，即使已经降级，也会得到一定的补偿，这就体现了一种利益平衡机制。①

目前中超联赛的俱乐部缺乏共生意识，联赛中恶性竞争不断。一些企业投资足球是为了提高关注度和曝光度，不计成本地想要获得胜利，甚至

---

① 董红刚. 职业体育联赛治理模式: 域外经验和中国思路 [J]. 上海体育学院学报, 2015, 39 (6): 1-5.

# 第八章 法治视野下的中国职业足球联盟构建设计

为自己攫取政治资本,丝毫不顾及联赛的长期发展。据 2015 年中超商业价值报告统计,2015 年中超 16 家俱乐部总支出 40 亿,总收入 25 亿,整体亏损 15 亿,与 2014 年相比增加 85.2%(2014 年整体亏损额为 2.22 亿)。虽然北京体奥动力公司以 80 亿购买了中超的电视转播版权,使中超俱乐部的分红在未来几年会有所增多,但如果不尽快改善联赛环境,任由恶性竞争现象发展下去,中超联赛将会出现更多泡沫,比如球员价格虚高、运动员工资飞涨等,这终将导致联赛失去商业价值,俱乐部走向破产。因此,各家俱乐部只有按照整体利益最大化进行决策,建立中国职业足球联盟,根据市场形势共同商议竞争规则,才能净化联赛环境,实现共生共赢。①

在世界范围内,职业足球运动的控制权都属于各个俱乐部。我国成立职业足球联盟之后,联赛的所有权和控制权也应归属于俱乐部。欧洲职业足球联盟的理事会大多以俱乐部为主构成,董事构成比较单一,拥有对联赛所有权和绝大部分经营权的同时,也采用了现代公司治理结构。② 为了使自身在博弈中占据优势,俱乐部应当不断提升自身的实力,争取在俱乐部间形成共生格局。俱乐部不仅要在经济上形成企业联合,而且要在意识上树立公平竞争的观念。一般来说,职业足球联盟的形成需要两个步骤:第一,吸引成员加盟;第二,合理分配联盟收入,保证每个成员加入该联盟后所获得的收益要大于其单独存在时所获得的收益,这样才能保证联盟的稳定性。

为了维护联盟的稳定,应制定合理的联盟收入分配策略。在职业足球联盟中,收入主要来源于媒体转播权转让收入、商业经营(如赞助、广告等)和门票收入,三者合适的比例为 4:1:5。目前为止,中超联赛还无法实现这一合理结构。以媒体转播权为例,在中超,媒体版权的销售由中超公司具体负责,由于足协在中超公司占有 36% 的股份,因此足协可以几乎在不出一分钱的情况下坐享 36% 的收入。过去由于媒体转播权带来的收入较低,俱乐部认为这一资源价值较小,还不足以与足协发生冲突。但是,2016 年,北京体奥动力公司以 5 年 80 亿的价格购买了中超联赛的媒体转播权,这一资源的商业价值逐渐凸显。在俱乐部的抗议下,足协很难按照原

---

① 王庆伟. 我国职业体育联盟理论研究 [D]. 北京:北京体育大学,2004:15.
② 杜从新,等. 中国职业体育组织产权制度创新 [J]. 武汉体育学院学报,2009,43(4):32 – 38.

先的规则进行分配。在利润分配上,我国可以向欧洲国家学习:在英超联盟,将50%的媒体转播收入平分,25%按照当年俱乐部的排名进行分配,25%以球队主场被转播的次数为依据进行分配①;在德甲,将20.5%转播收入分配给德乙联赛,70.5%在德甲俱乐部之间分配,分配的依据也与英超类似,一部分平分,一部分按照球队成绩,剩下的9%归更低级别的联赛所有②。在职业足球联盟组建之后,为了实现所有俱乐部的整体利益,联盟应当制定合理的分配制度,使不同级别联赛的俱乐部之间的实力差距保持在一定的合理范围之内,实现三级职业联赛的均衡发展。只有如此,才能保证联赛长期保持良好的竞争氛围,有利于中国职业足球的发展。

## 三、小结

我国职业足球联赛面临着严重的管理问题,建立职业足球联盟是解决问题的有效途径。职业足球联盟是职业足球俱乐部基于整体利益最大化自愿形成的合作共同体,通过制定统一的制度和规则,维持一种竞争相对平衡的经济组织。在体育自治原则下,职业足球联盟可以有效地管理我国职业联赛。

为了加速职业化进程,我国应当从管理模式、产权框架、联盟权能等角度入手,向国外的职业足球联盟学习。在今后的建设中,我国也要采用体育自治原则,尊重经济发展规律,建立起更为完备的市场开发、利润分配以及纠纷解决制度。在向国外学习的同时,也要结合本国国情,即我国职业足球联盟建设不应当脱离中国足协的管理。

通过对我国成立职业足球联盟可行性的分析,我们也可以发现构建我国职业足球联盟的挑战:政府部门在供给侧改革的背景下要明确如何对自身进行深化改革、如何发挥自身该有的政策导向性功能;俱乐部目前仍面临着与国有资本"对抗"和加快自身职业化建设的任务;足协在《行业协会商会与行政机关脱钩总体方案》等相关文件的指导下如何尽快完成脱钩,

---

① 王金鲁. 中外足球联赛电视转播权开发比较分析——以英超联赛和日本J联赛为例[D]. 上海:上海体育学院,2014:14.

② 夫然后. 德甲电视转播费公布,拜仁多特居前二菲尔特垫底[EB/OL]. [2017-07-23]. http://sports.163.com/13/0613/13/918L426300051C97.html.

形成自治。

在职业足球发展过程中，政府的宏观指导是联盟建设的重要保障。在实际建设中，我们还应立足本国实际，有选择性地吸收国外的先进理念。通过前文的分析，我们得知法国在足球方面的基本国情与我国类似，因此，我们在组建职业足球联盟过程中，可以参考法国的有益经验：由足协组建职业足球联盟。另外，可以在职业联赛理事会执行局的基础上组建中国职业足球联盟，同时将中超公司并入，这些做法可以使联盟享有完整的联赛管理权，促进中国职业足球的发展。同时，俱乐部作为联盟的组成成员，应当加快自身职业化进程，俱乐部自身的成熟将加快中国职业足球联盟的建设步伐。

# 第三编

## 校园足球伤害的法律问题研究

# 第九章 校园足球伤害问题的研究意义

## 一、问题的提出

紧随 2015 年《中国足球改革发展总体方案》的颁布，作为足球改革的重要一环，一场被学者命名为"新校园足球"的运动正在席卷神州大地。①无论是国家发改委牵头的《中国足球中长期发展规划（2016—2050 年）》，还是教育部等 6 部门出台的《关于加快发展青少年校园足球的实施意见》，均要求从近期至 2020 年，支持建设 2 万所左右青少年校园足球特色学校，2025 年达到 5 万所。另外，《教育部 2016 年工作要点》之一即"加快推进校园足球的普及，广泛开展校园足球活动竞赛"。显然，与足球作为世界第一运动的地位相符，校园足球亦被教育部门赋予了超于其他校园体育项目的地位。然而，再好的顶层设计也需要直面现实的底层应对，其中，"校长怕担风险，教师怕担责任，家长担心学生受伤"②，就是不可回避的问题。可以预测，随着校园足球运动的铺开，有关致伤赔偿的法律争议会越来越多，校园足球伤害的争议也将浮出水面而愈发重要，法政策在不同利益诉求上的选择不同也会在一定程度上影响校园足球运动开展的走向。所以，无论就足球运动本身之重要性而言，还是将校园足球作为校园体育一种具有代表性的项目而言，有关校园足球伤害的研究都是极具意义的。

而整体而言，目前专门就校园足球伤害法律问题进行的研究还比较缺

---

① 李吉慧，侯会生，兰保森. 现代足球训练理论与实践 [M]. 北京：人民体育出版社，2008：256.

② 龚波，陶然成，董众鸣. 当前我国校园足球若干重大问题探讨 [J]. 上海体育学院报，2017（1）：61 – 67.

乏。在中国知网（http://www.cnki.net/，最后访问时间为 2016 年 10 月 23 日）通过"高级检索"以"校园足球"为主题的法律类论文，只见到李永刚、谷平于 2015 年发表的《校园足球开展中运动伤害事故的法律责任认定探析》一文。该文对于学校在校园足球伤害中的责任持相当严苛的态度：学校被认为需要对一二年级学生的全部伤害承担全部责任，对其他年级学生非教学时间的伤害承担次要责任，对学生自己动作不到位或者其他意外原因产生的伤害也要承担责任。① 显然，如果按照这样的法政策行事，没有学校愿意开展校园足球活动。黄璐近期对社会足球伤害归责的研究对于我们审视校园足球法律问题颇有借鉴意义。按照黄璐的说法，"法院对于社会足球伤害案件的致伤事实认定、行为的合规性以及赔偿责任等，必须建立在运动技术合规性审查基础之上，为法院判案提供来自体育特殊性的规则支持和客观依据"②。但是，这一结论主要运用于当事双方皆为足球运动参与人的社会足球领域，对学校责任的认定并无指导意义。

另外，还有一些研究者从个案出发，讨论了校园足球伤害的法律适用问题。③ 整体上看，一些个案评论已经触及了校园足球伤害法律适用的核心问题：在各方当事人均无过错的情况下，学校被认为比个人有更强的赔付能力，由此学校即使无过错也要根据公平责任原则分担损失，造成学校无论有无过错都陷于被动的局面④。新近的一些《侵权责任法》著作也开

---

① 李永刚，谷平. 校园足球开展中运动伤害事故的法律责任认定探析 [J]. 运动, 2015 (17): 3-4.

② 黄璐. 社会足球伤害案件的运动技术合规性审查 [J]. 上海体育学院学报, 2016 (3): 46-51.

③ 如杨立新:《学生踢球致伤应否承担侵权责任》, 载杨立新:《侵权司法对策》(第3辑), 吉林人民出版社 2003 年版, 第 100 页; 赵毅:《体育侵权中受害人同意和自甘风险的二元适用——由"石景山足球伤害案"引发的思考》, 载《武汉体育学院学报》2014 年第 4 期, 第 11-15 页; 韩勇:《学生踢球伤人: 谁之过》及《足球伤人: 体育运动中的风险问题》, 载韩勇:《体育与法律——经典体育纠纷案例评析》, 人民体育出版社 2006 年版, 第 239-244 页及 254-257 页; 韩勇:《【案例】足球前锋比赛伤人: 过错推定责任原则》《【案例】足球比赛各方均无过错受伤案 (一)》《【案例】足球比赛各方均无过错受伤案 (二)》, 载韩勇:《学校体育伤害的法律责任与风险预防》, 人民体育出版社 2012 年版, 第 68-70 页。

④ 韩勇. 学校体育伤害的法律责任与风险预防 [M]. 北京: 人民体育出版社, 2012: 69.

始关注我国法院的校园足球判例实践。有学者注意到了一例校园课外足球比赛伤害案例，认为我国司法实践将足球伤害列为《民法通则》第132条公平责任原则的适用范围。作者批评这一原则的适用，因为其"毫无道理地增加了受害人获得赔偿的概率"①。

显而易见，校园足球活动一片繁荣开展的表象之下，隐藏着一股对法律政策预期不确定性之担忧。由于我国是成文法系国家，法律不可能事无巨细规定一切情势，且个案差异巨大，因此基于对案例进行考究的实证研究，以及相配套的法学理论分析对于校园足球伤害领域中存在的各方法律问题之解决都是十分必要的。

## 二、校园足球伤害的特殊性

与竞技体育、社会体育中的伤害争端不同，在现代社会，体育进入教育领域使得体育伤害的责任认定变得更为复杂。② 职业运动员的伤害争端一般通过完善的保险机制解决，较少存在民事赔偿争议。社会体育伤害争端只有两方，多为成年人，赔偿能力强，法律关系亦较为简单。与前两者相比，校园体育伤害争端显示出法律关系复杂（存在包括学校在内的三方当事人）、主体行为能力受限（运动双方大多是未成年人）以及伤害发生后"校闹"与讼争在近年来呈爆炸式增长的特点。在最高人民法院主办的中国裁判文书网（http://wenshu.court.gov.cn/）输入"体育课"三字进行关键词检索可知③，仅在2014、2015、2016三年间，有关学校体育伤害的法院判决书就分别有417、363、508份之多。这意味着，我国每天有1.18个校园体育争端诉至法院，其中还有不少是二审、再审案件，社会影响重大。法院有关损害赔偿范围的裁判立场可能影响体育教育目的之实现，这并非危言耸听。

而心理学的研究指出，运动损伤对人的心理影响极大，因为一个劣性

---

① 程啸. 侵权责任法 [M]. 北京：法律出版社，2015：106 – 107.
② Glenn M. Wong. Essentials of Sports Law [M]. Santa Barbara, Denver, Oxford: Praeger, 2010：117.
③ 本研究所有检索的最后截止时间皆为2017年6月8日。

刺激往往会在人的大脑皮层中留存1~3个月的痕迹。① 最近的一个研究显示，校园足球的发展并不尽如人意，其中一个重要原因就是：家长不愿意看到因为过于剧烈的足球运动导致身体伤害事故②。正如韩勇所指出的那样，一旦出现运动伤害，家长就会认为，学生是在学校受伤的，应该由学校承担全部责任。而且，随着家长法律意识的增强，家长起诉学校，与学校对簿公堂的情况也日益常见。一个高额赔偿事故的发生常常使学校处于缺乏经费的巨大压力之下，校长们普遍反映："现在别的不怕，就怕学生出事。"③

这似乎造就了一个悖论：来自顶层的校园足球设计要求"各地中小学把足球列入体育课教学内容"，以此"作为扩大足球人口规模、夯实足球人才根基、提高学生综合素质、促进青少年健康成长的基础性工程"④，但是作为具体实施者的家长（考虑到学生大多为无民事行为能力和限制民事行为能力人，家长的态度至关重要）和学校则在实践中顾虑重重。此时，法律的作用就凸显出来：它能给参与者一定的预期，知道在什么情况下承担什么样的责任，又在什么情况下获得免责。与一般的对抗性运动伤害不同，校园足球活动存在两方或者三方当事人。当校园足球运动伤害发生时，他们在其中扮演什么样的法律角色？承担何种责任？如何获得豁免？此时，对于校园足球伤害问题的研究就显得十分重要。

然而近来开展得轰轰烈烈的"校园足球"运动，缺乏从运动伤害层面进行的预警与反思。须知，足球是一项具有高度危险性的运动项目，以脚支配球进行集体对抗为特征，比赛场地大、时间长、技术复杂、运动量大，常须头部、腰部、膝关节、踝关节等身体部位不断进行旋转、外展、内收、伸屈活动，极易造成关节及其周围的肌肉处于超负荷状态。由此，足球运动成为伤害发生率最高的运动项目，"几乎每场比赛都会有球员受伤倒下接

---

① 王德浩. 运动损伤对学生的心理影响及防治［J］. 兵团教育学院学报，2005（1）：83-84.

② 姚轩. 影响足球运动在苏州市区中学校园内开展的几点因素［D］. 苏州：苏州大学，2015：10-11.

③ 韩勇. 学校体育伤害的法律责任与风险预防［M］. 北京：人民体育出版社，2012：7.

④ 这些都是《中国足球改革发展总体方案》的明确要求。

# 第九章 校园足球伤害问题的研究意义

受治疗"①。以 2006 年德国世界杯足球赛决赛阶段为例,在总共 64 场比赛中,球员伤害事件达到 131 件,这些伤害大部分(共 98 件,占 74.8%)皆非犯规引发,可见该项运动伤害频率发生之高。② 世界顶级的职业球星尚且如此,业余和校园足球的参与者更是处在一种高度危险的情境中。有实证研究显示,爱好足球运动的学生虽然直线上升,但由于专业训练缺乏,自我保护能力弱,相互碰撞和损害的频率极高,加之学生对运动伤害预防知识知之甚少,更是使得足球伤害问题变得普遍化。③

另外,足球项目在伤害风险性上最具典型。从运动训练学的角度看,足球运动是损伤发生率最高的运动项目之一,"所有队员将面临各种运动损伤"④,复杂的技术特征和猛烈的身体接触极易造成外伤和软组织损伤,较强的训练负荷又易造成机能性疲劳损伤。⑤ 石岩教授主持的中学生体育活动项目风险评估调查结果也显示,一线体育教师和学生皆把足球列为高危项目,且排序第一。⑥ 在这样一种情境下,从法律视角审视校园足球伤害争议就具有相当的意义。

---

① 周思洋,毛立群. 足球运动损伤的调查与分析 [J]. 中国社区医师(医学专业),2010 (13):51-53.

② 王峰,付海燕,蒋宁,张颂. 足球运动员伤害风险研究——以 2006 年德国世界杯决赛阶段中的伤害事件为研究对象 [J]. 成都体育学院学报,2007 (2):17-19.

③ 黄峰,赖炳森,杜光宁,古文东. 中学生足球运动损伤情况的调查研究 [J]. 体育成人教育学刊,2004 (2):64-66.

④ 何永超. 足球 [M]. 北京:人民体育出版社,2008:163.

⑤ 李吉慧,侯会生,兰保森. 现代足球训练理论与实践 [M]. 北京:人民体育出版社,2008:256.

⑥ 石岩,等. 中小学体育活动风险管理 [M]. 北京:北京体育大学出版社,2012:73-75.

# 第十章 校园足球伤害的责任认定问题

校园足球伤害一旦涉诉，于法院而言最具争议的问题即在于当事人各方在伤害中的责任认定。而校园足球伤害案件中无论是自伤案件或是他伤案件（当事人分别为学校、受害人双方和学校、受害人、加害人三方），学校责任认定与责任分配均为其重中之重，校园足球伤害责任认定兼具复杂性与典型性。有鉴于此，我们将从学校责任认定方面入手，解读校园足球伤害责任认定方面的具体内容与争议焦点，力求为校园足球运动安全健康开展给予法政策和技术上的指导与帮助。

## 一、学校的安全保障义务

### （一）学校与学生的法律关系问题

"法律规范与法律关系都包含着主体的权利与义务，但它们在法律规范与法律关系中的表现形态不同。"① 厘清学校与学生间的法律关系是确定学校承担责任的基础与前提。有学者认为学生与学校是以监护代理制度为基础的服务型契约或者合同关系，学校与未成年人及其监护人之间存在着无须书面合同形式表现出来的隐形的监护代理合同，这是法定的定型化合同，因此当学生发生事故，学校承担的是一种违约责任而非侵权责任。② 也有学者认为学校与学生之间存在监护关系，有"监护关系自动转移说"与"委托监护说"，前者认为学生去学校学习脱离其父母等监护人的范围，此时监护责任自动转移到学校；后者认为家长将学生送入学校的同时也将监

---

① 孙国华. 法理学 [M]. 北京：法律出版社，1995：378.
② 佟丽华. 未成年人法学 [M]. 北京：中国民主法制出版社，2001：154 - 155.

护权委托给了学校,学校就成了学生的监护人。① 还有较多的学者认为根据《义务教育法》和《未成年人保护法》,学生与学校之间应是法定的教育管理关系,即学校对学生具有法定的教育管理的义务,依法应尽安全保障和保护义务。对此理论界与实务界进行了深入的探讨,已经取得共识。②

### (二) 研究校园安全保障义务之必要性

为何要明晰学校的安全保障义务?因为这对于学校足球教学活动的正常开展和足球活动中的风险预防都极其重要。一般民事侵权责任由四个要件组成:损害事实的客观存在;损害行为具有违法性;违法行为与损害事实间具有因果关系;行为主观上存在过错。原则上确定学校对学生伤害承担责任同样需要满足以上四个要件。前三个构成要件的判断与认定相对容易,由于过错是主观的存在而非客观,如何判定学校存在过错较复杂,那么在实践中法院是如何审查学校是否存在过错的呢?过错分为故意和过失,故意是指行为人明知道自己的行为将导致某种结果,仍然希望其发生或者对其采取听之任之的态度。过失是指行为人对自己行为的结果应当预见而疏忽大意没有预见或者行为人预见到自己行为的后果但过于自信其能避免结果发生。在体育伤害事故中学校的主观过错大多表现为过失。过失的核心是注意义务的违反。

我国《侵权责任法》第 38 条规定:"无民事行为能力人在幼儿园、学校或者其他教育机构学习、生活期间受到人身损害的,幼儿园、学校或者其他教育机构应当承担责任,但能够证明尽到教育、管理职责的,不承担责任。"第 39 条规定:"限制民事行为能力人在学校或者其他教育机构学习、生活期间受到人身损害,学校或者其他教育机构未尽到教育、管理职责的,应当承担责任。"可见,受伤主体为无民事行为能力人时(即不满 10 周岁时),首先推定学校未尽教育管理职责,除非学校证明其尽到教育管理职责;若受伤主体为限制性民事行为能力人(10 周岁以上不满 18 周岁),须先由受害方证明学校未尽到教育管理职责,学校方承担责任。事实上,两个法条的关键点皆在于如何确定学校教育管理职责的具体标准。教

---

① 张新宝. 侵权责任法原理 [M]. 北京:中国人民大学出版社,2005:314 - 315.

② 韩勇. 学校体育伤害的法律责任与风险预防 [M]. 北京:人民体育出版社,2012:62.

育部颁布的《学生伤害事故处理办法》第5条第2款规定:"学校对学生进行安全教育、管理和保护,应当针对学生年龄、认知能力和法律行为能力的不同,采取相应的内容和预防措施。"那么,实践中校园足球伤害发生时,法院在哪些情况下认定学校尽到教育管理职责,哪些情况下认定学校未尽到教育管理职责呢?这些职责的具体内容是什么?这些都是学校在法律上所负安全保障义务之内容。在此,我们将从一些典型法院判决出发,分析学校教育、管理义务的具体内容,其目的不仅在于有效保证学校教学工作任务的顺利完成,还在于要求学校等教育机构在教育教学活动和管理过程中,重视通过采取并完善安全措施、积极注意安全防范,使其在发挥教书育人之功能的同时,亦能有效地防范和杜绝各种不利风险的发生,从而更好地实现对在校未成年学生的保护。如果学校未履行或未适当履行法定义务,那么就认定学校存在过错,需要对学生的损害承担一定比例的赔偿责任。另外,我们也尝试为司法实践中法官判断学校是否尽到教育管理、保护职责、完善安全校园足球运动预防与管理工作提供借鉴。

### (三) 学校安全保障义务之核心内容

校园足球伤害学校过错之判断的核心,就是要看学校是否尽到相当的注意义务,即学校按照法律规定、规章规程、行业惯例、自身承诺、履行能力等要求付出一定的意志努力,尽到了对学生人身健康安全的、合理的、谨慎的注意义务。司法实践中,安全保障义务又可细化为事前的安全教育义务、事中的组织管理义务、事中的指导保护义务及事后的通知救助义务四个方面。

1. 学校之安全教育义务

安全教育包括对体育活动场所的安全教育、使用运动器械的安全教育和体育活动本身的安全教育。做好学生的体育安全教育工作有未雨绸缪之效。需要注意的是,安全教育不能是笼统的,而需要真切具体并细节化,要落到实处,要细致而非模糊。比如,如何正确进行传接球练习,如何注意足球活动场所的安全隐患,在足球活动时有哪些安全注意事项,等等。例如在2016年江苏省南京市中级人民法院宣判的"上诉人南京市宁海中学与被上诉人徐浩儒健康权纠纷一案"中①，法院认为学校在进行足球类教学中，应履行更为严格的安全保障与教育义务，在开展运动前，应告知学生运动规则和注意事项，避免出现职业运动中的剧烈拼抢和危险性动作。宁海中学抗辩称已进行了安全教育，但未能提供相应证据，学生的证言中也未提及，因此该抗辩意见原审法院不予采信。因此，根据宁海中学的过错情况，原审法院认定其作为教育活动的组织者和管理者，应承担事故50%的责任。

安全教育能够使学生意识到运动风险的存在，防范运动伤害的发生。当学生活动场所附近有其他形式的危险运动如铅球、标枪时，应提醒学生注意活动场所的范围，保持安全距离；提醒警示学生不得擅自进行足球活动，甚至将篮球当足球踢；在体育运动时要求学生着装宽松，适宜运动，避免发生伤害等。在法院判决学校败诉的一些案件中，校园足球伤害事故往往与学校未进行安全教育存在直接因果关系，法院由此而判定学校承担相应的损害赔偿责任。

2. 学校之组织管理义务

组织管理包括对体育活动进行合理组织，提供符合安全要求的场所和设施，消除安全隐患，采取适当的预防和保护措施，维护活动现场的秩序，防止混乱，等等。学校作为体育活动的组织管理者，理应肩负起对体育活动的组织管理义务，尽其所能防止学生伤害事故的发生。在一些地方，足球场地、设施、器材的陈旧、老化，足球运动场所坑坑洼洼、不平整、湿滑，甚至部分学校不具备合格的足球课开设场地。对此，学校应积极采取措施，定期检查，消除安全隐患。教师在上课之前同样需要对器材的安全性进行检查，防止出现意外伤害事件。通过对大量案例的研究，我们发现如果学校尽到组织管理义务，严格把关控制场地、器材的安全性，部分伤害是可以有效避免的。而在"胡丰策与合肥市庐阳高级中学生命权、健康权、身体权纠纷案"②中，庐阳中学体育场地凹凸不平，存在明显的安全隐患，易发生危险，且无教师在场，不能对学生不适度的运动加以管理。

---

① 江苏省南京市中级人民法院. (2016) 苏 01 民终 87 号民事判决书[EB/OL]. http://wenshu. court. gov. cn/2017-03-15.

② 安徽省合肥市中级人民法院. (2015) 合少民终字第 00065 号民事判决书[EB/OL]. http://www. wenshu. court. gov. cn/2017-03-15.

对胡丰策踢足球意外所受的损害，法院判定庐阳中学承担全部赔偿责任。

另外，良好的活动秩序也能够促进足球活动安全有序开展，因此维持好足球课上现场秩序也极为重要。多个班级进行上课时应加强管理，统筹安排，防止学生意外伤害；在进行足球活动热身以及练习时，体育教师对学生间嬉戏打闹的行为要及时制止，避免因此而导致的伤害事故。

3. 学校之指导保护义务

学校的指导保护义务包括对学生进行运动技术及规则的指导教育，学生活动中随时关注学生动态，采取及时有效的安全防护及保护措施。体育教师应确保学生充分领会运动的技术规则、要领，同时随时关注并予以指导，防止学生受到伤害。特别是像足球运动这种难度系数较大、规则相对复杂的体育运动，体育教师务必耐心讲解教育，确保学生熟悉运动规则，掌握技术要领；同时在准备充足的基础上指导学生练习，体育教师应对学生活动情况给予足够关注并采取有效的保护措施防范伤害发生。司法实践中，有因学生练习传接球时体育老师不在场而引起伤害的，有因学生自主在不符合场地要求的篮球场踢足球引发伤害的，有因学生未做充分的踢球前热身准备而导致自身受伤的……这些案件在审理过程中，法院会因此认定学校未尽到教育管理职责，判决其承担相应的损害赔偿责任。

4. 学校之事后通知救助义务

伤害事故发生后的及时通知与救助义务，包括采取紧急的救助措施，及时将学生送往医院，及时通知学生家长，等等。事后通知救助义务非常重要，一旦耽搁就可能造成无法挽回的损失。学生受伤后，学校是第一时间直接观察、了解到学生伤情的主体，应尽快了解学生的情况并尽可能地预见是否有采取救助和通知的必要。若学生受伤严重，学校应及时采取相应措施对学生进行救治，并通知学生家长。如果体育教师在学生受伤后未予重视，学校专业医务人员亦未对其伤情及时查看与处置，甚至在学生伤情表现较重的情况下仍未积极救助，就会在相当长的时间内增加扩大损害的风险。需要注意的是，体育教师应具备基本的意外伤害救助常识，能够判断学生受伤的程度，比如，何时仅需要自己或校医院来处理，何时需要送往医院进行治疗。体育教师还应掌握一定的急救常识，防止采取不当的救助措施加重受害者伤情。

四项安全注意义务是法院判断学校有无过错之界限，是体育安全防范的警示语、指引线,是体育活动组织与开展的程序标准和行为规范,能有效降低体育活动风险,进而有效防止体育伤害事故的发生。在体育活动,尤其是像足球类冲撞性较为激烈的活动中,我们更应谨守这四项注意义务,预防与降低足球伤害事故的发生。

5. 其他注意事项

关于法院对学校教育管理职责、注意义务认定的理解还需注意以下两点:一,学校所负的这种法定义务,随着学生年龄的不同,要求也不尽相同。低年级如一、二、三年级的学生年龄较小、好奇心强、活泼好动、自我安全注意能力较低,上体育课对学生来说,本身就增加了受伤的概率,相较于限制性民事行为能力人,对于无民事行为能力的儿童,这对教师的责任心、学校的管理提出了更高的要求。① 笔者所整理的案例中,当受害人为无民事行为能力人特别是一、二年级的学生时,法院对学校及教师的要求十分严格,此时由学校证明自己不存在过错,如果学校不能证明其尽到教育管理、保护职责,法院一般判决学校承担100%的责任。此种情况下法院也很少根据与有过失原则减轻学校的责任,即使学生存在严重过错,减轻的比例也相对较小。二,学校所负的这种法定义务在上课期间和课余休息时间要求同样有所区别。学生课间课后进行的体育游戏不同于上课,因此对于教师的管理保护要求也随之降低,要求教师随时随地陪护学生也是不可能、不科学的,不具备相当的期待。

## 二、学校责任的限度与法定抗辩事由

### (一) 立法上的表现

《侵权责任法》第38、39条规定学校未尽到注意义务,也就是存在过错时要承担与其过错相应的责任;而《侵权责任法》第24条又规定"受害人和行为人对损害的发生都没有过错的,可以根据实际情况,由双方分担损失",也就是说即使是在不具有过错的情况下法院也会认为学校抗击经济风险的能力较强,而为了案结事了将学校置于承担过重责任的不利地位。

---

① 徐军,叶慧敏. 学校体育伤害事故调查与思考——写在《学生伤害事故处理办法》施行10周年之际 [J]. 教育学术月刊, 2012 (10): 48-50.

这是否就意味着只要学生在学校足球课上受伤,无论案情如何、学校是否具备相应过错,学校都应该对学生受伤的事实承担责任呢?不言而喻,法院对学校责任分担比例的认定,直接影响到学校开展体育运动的积极性及学生参与体育运动的热情。由此,如何在保护学生利益与维护教育管理之间平衡,使得受伤害的学生得到救济,同时又不会对学校要求过于严苛而挫伤其开展体育活动的积极性尤为重要。通过我们已有研究可知,学校的管理教育、保护义务并非抽象性的表述而是可以具体化的,从而使得我们对于体育运动伤害纠纷中过错认定更加清晰。对湖北、江苏近几年来发生的校园足球伤害案件与法院判决之解读显示,与有过失、意外事件、自甘风险经常被用作校园体育伤害事故的抗辩事由,但其适用条件与情形不尽相同,法院对公平分担损失原则的适用十分谨慎。

**(二) 司法实践中的经验**

**1. 与有过失**

从本质上分析,与有过失制度是过错责任原则的发展,体现了过错责任的提出应根据过错确定责任有无和责任范围的要求。① 它能够平衡、保护双方利益,充分体现过错责任的固有作用,不仅体现了公平正义的要求,也体现了责任自负的精神。具体法律规定体现在我国《民法通则》第131条、《侵权责任法》第26条。

在校园足球伤害中,如果受害人存在过错,法院同样会减轻学校责任承担的范围。一般认为学生在足球活动期间同样具有认真听从学校及教师的安排与指导,在从事足球活动时注意自身安全的义务。有学者认为无民事行为能力人不应适用与有过失条款,他们年龄较小,心智发育尚未成熟,活泼好动,对自身健康安全并不十分重视,如果因为他们对自己的安全未尽注意义务而减轻学校的责任承担范围未免有失偏颇。我们认为民事主体如果具备基本认知能力,随着年龄的增长会自然地注意自身的安全健康,在校园体育伤害中无民事行为能力人也可适用与有过失条款,但是不同年龄阶段的学生的注意义务要求须有所区别。正如前文中提及学校、教师对无民事行为能力人的管理保护义务要求较限制性民事行为能力人要求较高,同样地,未满10周岁的儿童,对事物的判断能力和自我保护能力较差,安

---

① 杨立新. 侵权责任法 [M]. 北京:法律出版社,2010:180.

全防范能力较弱，对这些方面注意义务要求自然要低于限制性民事行为能力人。如在2016年呼和浩特市赛罕区人民法院宣判的"原告王文龙与被告内蒙古经贸学校健康权、身份权纠纷一案"① 中，原告王文龙在上体育课踢足球时跌倒摔伤，虽然学校应当对于注意事项进行讲解而未讲解存在过错，但是法院并未判决学校对原告的损失承担全部责任，因为原告在事发时已17周岁，应知足球运动的危险性，而未尽到安全注意义务，自身存在过错，考虑到原、被告的过错程度，法院认为被告应对原告损失承担10%的责任，原告自行承担90%的责任。另一陕西省城固县人民法院宣判的"刘某某与橘园镇小学教育机构责任纠纷一案"②，体育课期间进行教师组织的学生踢足球训练，当教师将足球传给原告，原告用右脚踩球时，由于地面不平导致原告摔伤。法院认为学校、学生或其他相关当事人的过错造成的学生伤害事故，相关当事人应按照过错程度的比例及其损害后果的因果关系承担相应的责任。原告刘某某在上体育课过程中所使用的操场是砂石铺垫，坑洼不平，存在安全隐患，学校使用的操场明显不符合国家规定的标准，故学校未使用符合国家安全标准的操场，是导致原告刘某某受伤的主要原因。被告明知其教学所用操场存在安全隐患，仍在不符合国家安全标准的操场上进行教学，导致原告发生安全事故，被告存在过错，应承担主要的赔偿责任。原告刘某某已年满12周岁，属于限制民事行为能力人，已经具有了一定的认知能力，原告对自身的安全也应尽到一定的注意义务，但其在上体育课期间未充分注意自身安全，对自身损害后果的发生也存在一定的过错。法院综合考虑原告刘某某的受伤情况、损失情况和其家庭经济负担能力，酌定由被告城固县某某镇某某小学承担原告损失总额70%的责任。

2. 意外事件

意外事件是指行为在客观上虽然造成了损害结果，但不是出于行为人的故意或者过失，而是由于不能预见的原因所引起的。在当事人已经尽到合理的谨慎和注意义务的情形下，仍然发生了事先难以预料的事件，造成

---

① 呼和浩特市赛罕区人民法院. (2016) 内0105民初3429号民事判决书 [EB/OL]. http://wenshu.court.gov.cn/2017-03-15.

② 陕西省城固县人民法院. (2016) 陕0722民初36号民事判决书 [EB/OL]. http://wenshu.court.gov.cn/2017-03-15.

了损害结果,此时当事人是否应对结果承担损失呢?罗马法有一古谚:"不幸事件只能由被击中者承担。"许多国家也承认意外事件在民事侵权行为领域的抗辩效力。虽然我国《民法通则》以及《侵权责任法》并未规定意外事件为不承担责任或者减轻责任的情形之一,意外事件能否作为违法性阻却事由在民法学界也存在争议,但并不排除其适用的科学性及合理性。风险常伴体育运动左右,这也是体育运动之魅力所在,因而体育运动中发生意外伤害的案例并不罕见。若学校及加害人均尽到了谨慎合理的注意义务,尚且不能预见到损害结果的发生,即学校尽到相应的教育管理保护义务,加害人也完全遵守运动规则,此种情况下,再要求学校或加害人承担责任既不利于纠纷的合理解决,也不符合公平正义的要求。

像足球此类对抗性比赛,所体现的强烈的竞技对抗色彩客观上使得肢体碰撞成为必然,可以说该运动与人身损害相伴共生,发生碰撞、摔倒等意外伤害较为常见。由于此类运动的特殊性,教育部《学生伤害事故处理办法》第12条第5项规定:在对抗性或者具有风险性的体育竞赛活动中发生意外伤害的,学校已履行了相应职责,行为并无不当的,无法律责任。最高人民法院2010年发布的关于《侵权责任法》适用的司法解释第49条规定:"依照侵权责任法第6条第1款规定的适用过错责任的侵权责任纠纷案件,加害人可以主张意外事件而减轻或者免除责任。"这些法律条文为意外事件在校园足球伤害案件中作为抗辩事由的适用提供了合法的依据,同时也拓宽了其适用的范围。在2014年吉林白城宣判的"李森与张西宁、张殿学、刘金荣、白城市实验高级中学健康权纠纷一案"①中,原告李森与被告张西宁系同学关系,二人均系被告白城市实验高级中学学生,在被告白城市实验高级中学上体育课时,被告张西宁将原告腿部踢伤。被告白城市实验高级中学辩称原告的损伤是在学校踢足球过程因合理冲撞而发生的意外伤害,被告白城市实验高级中学作为教育机构在课前已对学生进行教育、管理,在上课时,老师亦在现场,法院对此予以支持,判定学校不存在过错,无须承担责任。2014年湖北武汉宣判的"足球运动伤害案"②,亦

---

① 吉林省白城市洮北区人民法院.(2014)白洮民一初字第663号民事判决书[EB/OL]. http://wenshu.court.gov.cn/2017-03-15.
② 湖北省武汉市中级人民法院.(2014)鄂武汉中民二终字第00343号民事判决书[EB/OL]. http://openlaw.cn/2017-03-15.

## 第十章 校园足球伤害的责任认定问题

是如此,原告在参加体育课的户外运动时,在足球场上进行传球练习时造成左胫骨骨折等损伤,后诉至黄陂区人民法院,要求学校赔偿损失,学校辩称其不存在过错,不应赔偿原告的损失。法院审查后认为任课体育老师组织了热身并进行了安全提示,原告的身体损伤亦与运动场地无关,其损伤属于意外造成的运动损伤,认定学校尽到了教育管理与保护的职责。

### 3. 自甘风险

自甘风险指的是被告以原告知道或应当知道自己所介入的风险,因此不能因为风险的实现而主张权利的抗辩理由。① 有学者认为自甘风险并非一个独立的违法性阻却事由,而是将其纳入"与有过失"或者"受害人部分过错"的范畴,但实际上在校园足球侵权中将两者联系在一起并不科学,因为过失的核心是注意义务的违反,而自甘风险的核心是冒险性。② 在英美国家的相关案件中,被告常常以自甘风险作为抗辩的理由,该理论的引入对我国法院关于校园足球伤害案件责任的判决产生了潜移默化的影响。《学生伤害事故处理办法》第 12 条的规定对自甘风险原则有所体现但并未明确,我国《侵权责任法》并未将其规定为不承担责任和减轻责任的情形之一,值得欣慰的是最高人民法院于 2010 年 6 月发布的关于《侵权责任法》适用的司法解释明确了自甘风险原则之适用。基于足球运动的风险性与特殊性,我们认为自甘风险作为校园足球侵权中的一个独特的抗辩事由,应具备广阔的空间,实践中的案例也印证了这一点,越来越多的法院认可被告以自甘风险作为抗辩事由,最终减轻或免除了侵权人的责任。

在足球这种具有高度危险性和激烈对抗性的竞技体育运动中,每个人既是风险的制造者又是承担者,如果危险的存在是合理而且显而易见的,那么参加这项运动的人就被认为是接受了这种危险的存在和危险可能带来的后果。而且足球比赛中发生碰撞、摔倒等意外伤害较为常见,参与人员对相应风险应有清晰的认识,并应正确衡量有关力量对比,加强防范与自我保护,尽量避免伤害。在 2015 年上海浦东宣判的"陈某甲与上海市南汇

---

① 韩勇. 学校体育伤害的法律责任与风险预防 [M]. 北京:人民体育出版社,2012:97.

② 郭佳宁. 侵权责任免责事由研究 [D]. 长春:吉林大学,2008:121.

第一中学、顾某甲等教育机构责任纠纷案"中①，体育课上，原告在踢足球时与被告顾某甲发生碰撞受伤，致原告右肩锁骨断裂。虽然学校体育老师不在场，未尽到教育管理职责，学校需要对原告的损伤承担责任，但是法院同时认为原告受伤系瞬间发生，其参与的足球活动本身具有一定风险，在活动过程中因正常争抢等发生碰撞实属难免。从参与学生的年龄及认知水平来看，应能预见并谨慎注意，加强自我保护。因此法院最后并未判决学校对原告的伤害承担全部责任，而是承担40%。

关于自甘风险在学校体育伤害事故中作为抗辩事由适用时需要注意的是，自甘风险的关键在于行为主体自身意识到运动的风险性以及可能带来的后果，并自愿参加该活动。"自愿"是出于行为主体的意愿，不受他人强制与干涉，倘若学生参加的篮球、足球练习或比赛并非本人意愿而是受到学校或教师的强制干预，那么学校等被告以自甘风险作为抗辩事由就不合理了。

## 三、江苏法院有关学校责任裁判的最新动向

为了突出重点，我们在此选取了在校园足球方面近来着力巨大的江苏省作为法院裁判实证的考察对象。通过在中国裁判文书网（http://wenshu.court.gov.cn/，最后访问时间为2016年10月23日）对校园足球伤害案例进行逐一筛查，课题组精选了江苏法院在2012年至2015年4年间宣判的7个典型案件，以此纵观法院裁判发展趋势，并提炼校园足球法律适用的最新动向，为校园足球参与各方开展这一运动提供必要之预警。

### （一）学校"过错"判定之裁判动向

1. 立法与学理见解

足球运动伤害归责，与其他体育运动伤害归责一样，都适用过错归责原则。这也意味着，有过错的行为人根据过错大小向受害者承担赔偿责任，无过错者无责任。过错责任最大限度地保障了体育运动参与者在运动中的自由，同时又能对因运动而产生的伤害提供合理救济。② 就足球运动中的

---

① 上海市浦东新区人民法院.（2015）浦少民初字第633号之一民事判决书［EB/OL］. http://wenshu.court.gov.cn/2017-03-15.

② 李钧. 论过错原则下的体育损害责任［J］. 体育科学，2015（1）：68-79.

学校责任而言，我国法律在教育机构的侵权责任下予以讨论。《侵权责任法》第38—40条专门分3个条文就教育机构之侵权责任做了具体规定。① 教育机构之所以承担侵权责任，就是因为其过错，也即未尽到教育、管理职责。

同时，我国学者也指出，我国地域辽阔，各地经济社会发展水平差异很大，各级各类教育机构也条件各异，因此，受害人的年龄、损害发生的时间、直接加害人是谁、教育机构的种类与管理模式、收费高低等，都应是法院对教育机构是否尽到教育、管理职责进行全面考量的因素。② 显然，在作为危险活动的校园足球活动中，学校的教育、管理职责应重于一般课堂教学；而学校在足球课堂上的教育、管理职责也应重于学生在课间进行足球活动的教育、管理职责。

2. 江苏法院的裁判动向

对于学校在校园足球活动中是否尽到了相应的教育、管理职责，法院在具体的个案司法裁判实践中形成了特有的判断模式。在作为样本考察的7个校园足球伤害案件中，有3个案件学校被判过错成立。依案件是否存在加害人，这7个案件又可分为有加害人的案件和无加害人的案件。在前一种案件中，学校和加害人是共同被告；在后一种案件中，学校是唯一的被告。

先看较为简单的无加害人案件（见表4），此处只涉及受害人与学校两方之间的关系。

---

① 第38条规定："无民事行为能力人在幼儿园、学校或者其他教育机构学习、生活期间受到人身损害的，幼儿园、学校或者其他教育机构应当承担责任，但能够证明尽到教育、管理职责的，不承担责任。"第39条规定："限制民事行为能力人在学校或者其他教育机构学习、生活期间受到人身损害，学校或者其他教育机构未尽到教育、管理职责的，应当承担责任。"第40条规定："无民事行为能力人或者限制民事行为能力人在幼儿园、学校或者其他教育机构学习、生活期间，受到幼儿园、学校或者其他教育机构以外的人员人身损害的，由侵权人承担侵权责任；幼儿园、学校或者其他教育机构未尽到管理职责的，承担相应的补充责任。"

② 程啸. 侵权责任法［M］. 北京：法律出版社，2015：479.

表 4 无加害人案件情形学校过错之认定
Table 4 Identification of Fault of School in the Cases of Without-Offender

| 案件简称 | 受害人主张 | 学校主张 | 法院立场 | 结果 |
|---|---|---|---|---|
| 南京泰山小学案① | 原告作为一无民事行为能力的人,其在校的行为理应由学校监督,其在学校组织的足球训练中受伤,应由校方承担相关费用 | 原告受伤并不是原告在诉状中陈述的事实,而是原告在上课时未按照老师要求,自行玩耍造成的,相关后果应由原告自行承担 | 因原告系无民事行为能力人,其对事物的认知能力有限、对自身行为所带来的危险性预估不足,被告老师虽对原告在球网中玩耍行为予以制止,但在原告从球网中走出来后,被告老师未对球网设施进行检查,对其中存在的安全隐患防备不足,最终导致原告在正常的体育训练中被球网绊倒受伤,被告未尽到管理之职,应对原告因此造成的伤害承担民事赔偿责任 | 学校过错成立 |
| 建湖第二实小案② | 原告在被告校园内课间活动时,被突然倒塌的足球门砸伤 | 无 | 原告受伤系被告的足球门突然倒塌所致,被告存在安全管理上的疏忽,应当承担全部赔偿责任 | 学校过错成立 |
| 南京工业技术学校案③ | 事发时,被告没有安排教师在场监督指导,应当承担赔偿责任 | 原告系在课外学生自发的娱乐活动中受伤,并且原告提供的证据显示原告系不慎扭伤非摔伤,属于意外伤害 | 原告踢球系课外学生自发体育活动,其要求学校安排教师在场监督指导,显然过于加重了学校的教育、管理职责,且原告作为限制民事行为能力人应当知道参加足球运动可能会造成伤害 | 学校无过错 |

很明显,在建湖第二实小案中,学校之所以被判过错成立并须承担全部责任,在于其体场地设施存在缺陷。就南京泰山小学案和南京工业技术学校案而言,法院对学校教育、管理职责的要求并不相同。就前者而言,

---

① 南京市浦口区人民法院. (2013)浦少民初字第 91 号民事判决书[EB/OL]. http://wenshu.court.gov.cn/2017-03-15.

② 江苏省建湖县人民法院. (2014)建少民初字第 0011 号民事判决书[EB/OL]. http://wenshu.court.gov.cn/2017-03-15.

③ 南京市江宁区人民法院. (2014)江宁汤民初字第 58 号民事判决书[EB/OL]. http://wenshu.court.gov.cn/2017-03-15.

## 第十章 校园足球伤害的责任认定问题

对象为无民事行为能力人,根据《侵权责任法》第38条的规定,学校责任为更为严格的过错推定责任。申言之,只要学生在校期间遭受了伤害,法律就推定学校没有尽到教育、管理职责,就应承担侵权责任,除非教育机构证明自身已经尽到了教育、管理职责。在南京泰山小学案中,被告仅主张原告的伤害是其上课时未按照老师要求、自行玩耍造成的,但并未提供有力证据证明自身已尽到了相应职责,反而球网的安全隐患通过因果关系被推定出来,学校由此被法院判定过错成立。而在南京工业技术学校案中,由于受害人为限制民事行为能力人,根据《侵权责任法》第39条的规定,举证责任转为受害人承担,此时学校所负之注意义务比之无民事行为能力人情形时要低。故而法院认为,要求在课外的足球活动中也安排教师监督指导,显然加重了学校义务,学校并不对因此而导致的伤害承担责任。

在有加害人案件中(见表5),出现了三方乃至多方法律关系,因为受害人往往同时混合主张加害人的过错和学校过错。然而,学校过错仍然是一个单独审查的问题,加害人过错成立与否只影响与学校的责任比例分担。

表5 有加害人案件情形学校过错之认定
Table 5 Identification of Fault of School in the Cases of With-Offender

| 案件简称 | 受害人主张 | 学校主张 | 法院立场 | 结果 |
|---|---|---|---|---|
| 南通工贸技师学院案[①] | 无 | 案涉足球运动是同学之间自发组织的,并非学校授课内容,没有理由要求老师现场指导和组织 | 工贸技师学院作为教育机构未尽到教育职责,在学生上体育课时,教师离开教学现场又未妥善安排教学活动,对学生组织的足球运动未给予安全教育和指导,存在一定过错 | 学校过错成立 |

---

① 江苏省南通市中级人民法院.(2015)通中民终字第01213号民事判决书[EB/OL]. http://wenshu.court.gov.cn/2017-03-15.

续表

| 案件简称 | 受害人主张 | 学校主张 | 法院立场 | 结果 |
|---|---|---|---|---|
| 南京一中马群分校案① | 被告鲁某甲飞腿抢球无度,其行为是造成原告受伤的直接原因。被告马群分校在刚开完运动会后,对学生管理、安全教育不到位,与原告受伤也有一定关系 | 原告的受伤是发生在放学后、学生自行组织的活动中,与当天进行的校运动会没有任何的关系。在原告受伤后,学校的老师发现后,及时进行了处理,尽到了相关的管理职责 | 学生在非教育教学活动期间擅自进校或者滞留学校期间发生伤害事故、在对抗性或者具有风险性的体育或者竞赛活动中发生的意外伤害事故,学校行为并无不当,不承担法律责任。原告吴某甲无证据证实被告马群分校的行为在原告吴某甲受伤过程中存在过错,也无证据证实其具有未尽到管理职责的行为,而该行为与原告吴某甲的损害事实存在因果关系 | 学校无过错 |
| 高淳高中案② | 原告与被告刘某某在被告高淳中学操场踢足球过程中发生碰撞,导致原告脾脏破裂 | 1. 原告受伤是在课外活动期间、进行足球运动时,与被告刘某某相撞行为所致。2. 事发当时,原告所在操场是标准操场,面积相当大,也有其他学生在进行体育活动,学校安排的2名老师在周边巡逻,相撞时恰巧不在附近;且相撞后,原告、被告刘某某与同学均未察觉伤情的严重程度,仅是由被告刘某某陪伴原告在场外休息,其他同学继续踢足球,致使巡逻老师未能发现原告异状。后原告感觉疼痛难忍,由被告刘某某陪同去校医务室途中,行政值日老师发现异状,立即联系校医,校医检查后立即派车送往医院、通知家长、垫付医疗费,让原告得到了及时治疗 | 原告陈某在被告高淳中学就学期间,选修足球,接受了相关内容教育,学校尽到教育职责。原告陈某受人身损害确是在最后一节课外活动课期间。众所周知,课外活动课,学校并不安排教师授课,仅提供场所及活动器械,由学生自行选择是否活动、活动内容。被告高级中学出借足球、提供标准操场让学生进行体育活动,在损害发生后积极救助,其管理并无不当 | 学校无过错 |

① 南京市栖霞区人民法院.(2015)栖民初字第423号民事判决书[EB/OL]. http://wenshu.court.gov.cn/2017-03-15.

② 南京市高淳区人民法院.(2015)高民初字第1196号民事判决书[EB/OL]. http://wenshu.court.gov.cn/2017-03-15.

续表

| 案件简称 | 受害人主张 | 学校主张 | 法院立场 | 结果 |
|---|---|---|---|---|
| 南京春江学校案① | 受害人在学校上体育课过程中受伤，学校应当对此承担赔偿责任 | 受害人当时骨折是由于自己踩在足球上摔倒，学校平时注重安全工作的宣传及教育，在安全工作方面已经尽到义务，对本次事故没有任何不当，不存在任何过错 | 受害人在学校进行正常体育教学活动踢足球过程中意外受伤，事发时体育老师在场，具备相应的教学资质，且在发现孙某受伤后及时将其送至医院并通知家属，学校亦垫付了部分医疗费用，同时受害人未能证明事发的场地设施存在安全瑕疵，亦未能证明学校对其受伤存在未尽到教育、管理职责的情形，故学校对孙某的受伤不存在过错，不应对孙某的损失承担赔偿责任 | 学校无过错 |

从表5的4个案件可以看出，法院对学校过错之判定持相当审慎之态度。首先，由于上述案件受害人皆非无民事行为能力人情形，举证责任需要由受害人自行承担。在"南京一中马群分校案"和"南京春江学校案"中，法院皆因受害人无法证明学校怠于行使教育、管理职责而未支持其主张。其次，根据《学生伤害事故处理办法》第13条第3项，对于学生在放学后自行滞留学校发生的运动伤害，学校不承担责任；《江苏省中小学生人身伤害事故预防与处理条例》第22条第3项进一步规定，学校亦不对学生在非教育教学活动期间发生的伤害承担责任。在"南京一中马群分校案"和"高淳高中案"中，学校即因此而获得了免责。再次，《学生伤害事故处理办法》第12条第5项和《江苏省中小学生人身伤害事故预防与处理条例》第22条第8项专门规定，学生在对抗性或者具有风险性的体育或者竞赛活动中发生意外伤害的，学校不承担责任。校园足球活动正好具备对抗性和风险性特征，"南京春江学校案"即是一种在足球运动中不可避免的典型意外伤害事件，学校因此而获得免责。但是，正如"南通工贸技师学院

---

① 江苏省南京市中级人民法院.(2014)宁少民终字第117号民事判决书[EB/OL].http://wenshu.court.gov.cn/2017-03-15.

案"所示，如果学校在校园足球的课堂开展活动中有怠于行使教育、管理义务之事由，比如教师擅自离开教学现场、未进行足够的安全教育和指导等，学校将就此而负过错责任。

江苏法院近年来的裁判动向显示，整体而言，校园足球伤害中的学校责任并不严苛，法院对于学校的足球工作组织给予了相当的理解。对于判定学校承担责任的3个案件，都有明确的法律依据和事实依据：涉及无民事行为能力人且学校不能证明完全尽到管理职责（南京泰山小学案）；学校设施存在缺陷（建湖第二实小案）；教师擅离教学现场（南通工贸技师学院案）。除此之外，法院都没有认可对学校怠于行使教育、管理职责的过错指控。我们还可以发现一个规律，学生年龄与学校责任之间似乎呈现一种反比例关系，学生越大，认知能力越强，学校承担责任的可能性就越低。在"南通工贸技师学院案"中，学校虽然被判过错成立，但只承担了20%的责任，受害人和加害人则分别承担60%和20%的责任。

### （二）学校无过错时损失分担情况之裁判动向

#### 1. 既有实践及批评

按照一般的逻辑推理，在校园足球伤害案件中，如果学校（也包括加害人）被法院认定为没有过错，则应由受害人自担损害。甚至，受害人对自身从事足球运动而发生的伤害也谈不上有过错，在这种情况下，如果学校统一购买了保险或者受害人自购了保险，损害可以在保险所承担的限度内解决。如果没有，伤害就是天意，不构成法律上的损害，无论是学校还是加害人都无须承担赔偿责任。所以，过错责任是体育归责的核心原则，它源于古老的斯多葛哲学理念：凡是符合自然理性的都是正确的，违背自然理性的行为则应受到处罚。① 对自然理性的违反对应着行为人在主观上的过错，因此，有过错者应当根据过错大小向受害方承担责任，无过错则无须承担责任。在罗马法上，参加者自己承受对抗性运动中的风险是一个普遍被接受的原则，因为参加者既然加入了竞赛就意味着他甘冒此等风险，由此造成他人死亡或者伤害也不具有不法性。②

然而，在我国，《民法通则》第132条规定的公平责任原则和与之一脉

---

① 李钧. 论过错原则下的体育损害责任 [J]. 体育科学, 2015 (1): 68 – 79.
② 黄文煌. 阿奎流斯法——大陆法系侵权法的罗马法基础 [M]. 北京：中国政法大学出版社, 2015: 168 – 169.

# 第十章 校园足球伤害的责任认定问题

相承的《侵权责任法》第 24 条规定的损失分担规则打破了上述平衡。按照该两条的规定，即使加害人和学校对损害的发生没有过错，他们也会被强制要求对受害人进行适当补偿。这在世界各国立法中是一个孤例，因为无论《德国民法典》《意大利民法典》还是我国台湾地区"民法"，对于公平责任都只规定适用于法律明文规定的、极个别的、具体的情形。而在我国，由于两条对于一般性、模糊性的规定，公平责任的适用被大大扩张了，体育伤害就是这一扩张的典型领域。

按照一些法院的做法，学校即使无过错，也须分担受害者一定的损失。① 这一做法的理论基础是，损失分担比自承风险更能起到促进和谐、定纷止争之效，贯彻的是对弱者权益保护之矫正正义理念。② 还有学者认为，公平责任的本质是以国家干预对经济权利的再分配，因为不同于自由主义法律体系中侵权法贯彻的无过错即无责任原则，公平责任目的在于提升经济弱势群体应对社会风险的能力。③ 但是，无论对于法律理论还是法律实践，这一原则之确立都受到了极多批评。即使公平责任有其存在的合理性，但如果完全以财产之有无、多寡而作为责任分担的根据，体现的事实上是分配正义而非矫正正义，本质上为道德规范的法律化。在实践中，这也会导致法院不加审慎地认定加害人是否具有过失，而仅是处于方便、人情或其他因素的考量就向公平责任逃避，最终导致侵权法传统上的过错责任和无过错责任原则在预防损害功能上的弱化。④ 这一规则适用于学校足球伤害领域的弊端也已显现，与传统观点认为中国人厌讼不同⑤，家长面对子女在学校体育中的伤害极为好讼，法院不分过错皆让学校分担损失助长了这一风气。有媒体报道，由于司法实践中存在让校方分担损失的加

---

① 比如：江苏省邳州市人民法院（2014）邳民初字第 4787 号民事判决书；上海市长宁区人民法院（2012）长少民初字第 40 号民事判决书.
② 赵毅. 学校无过错，为何仍需赔偿损失——"长宁小学生体育课手球伤害案"判决评析 [J]. 教学与管理，2013（17）：10 - 12.
③ 杜维超. 干预规范及其功能模型——基于中美两个案例的研究 [J]. 南海学刊，2015（2）：54 - 62.
④ 程啸. 侵权责任法 [M]. 北京：法律出版社，2015：106.
⑤ 李自然. 中国厌讼传统再认识 [J]. 广西大学学报（哲学社会科学版），2015（4）：94 - 98.

重倾向,学校只能通过压缩体育课实践进行规避。①

在体育界学者看来,不区分过错地要求运动参与方和学校分担运动伤害损失忽略了体育特殊性的要求②,促生"不做不错,多做多错"的观念③。也许是学者们多年批评与呼吁产生了一定效果,江苏法院最新的一些判决在此问题上实现了一定立场转向。

2. 江苏法院的裁判动向

在上述学校无过错的 4 个案例中,只有"南京一中马群分校案"要求学校根据《侵权责任法》第 24 条的规定,补偿受害人一定损失。然而,需要注意的是,对于该案的两个被告——加害人鲁某甲和学校而言,法院虽然认定它们都不负过错责任,但在损失分担问题上,法院对它们的态度似乎并不一致。对于加害人,法院的态度是,"原、被告对原告吴某甲所受损害均没有过错,考虑到原告吴某甲确实因足球比赛而受伤的事实,故本院按照公平原则,酌情认定由被告鲁某甲对原告吴某甲的实际损失按照40%的比例予以分担"。这似乎显示,加害人进行损失分担是理所当然的事。但是对于学校,法院则充满了同情的理解。首先,法院认可被告在原告受伤后在校内举行的义卖和捐赠活动,被告筹集的 6 517.9 元被法院在损失分担计算时予以扣除。其次,法院似乎也并未强制学校进行损失分担,法院的表述是:"被告马群分校表示,其在无责任基础上,从人文关怀角度考虑,可以补偿原告吴某甲 3 000 元,此举是其自愿处分了自己的实体权利,且未违反法律规定,本院予以采纳。"这似乎暗示,如果学校不愿意分担此项损失,法院可能就不会强制它那么做。

与这一判决形成呼应的是"高淳高中案"。法院同样既未认定加害人也未认定学校的过错责任。但是,法院指出:"虽受害人和行为人对损害的发生都没有过错,但原告陈某的损失巨大,可根据实际情况,由双方分担损失。"由此,法院判定原告与加害人按 7∶3 的比例分担了此次伤害损失。至于学校,法院未置一词。那么,为何法院在损失分担时将学校与加害人区

---

① 刘可. 学校为何怕开体育课?[N]. 北京日报,2014-04-08 (3).

② 黄璐. 运动技术考量在体育伤害责任认定中的重要性——基于上海新泾公园体育伤害案的分析 [J]. 体育成人教育学刊,2015 (3):16 – 20.

③ 陈华荣,王家宏. 美国学校体育伤害事故责任分析 [J]. 体育学刊,2009 (6):31 – 35.

# 第十章 校园足球伤害的责任认定问题

别对待？这可能并非因为支持学校体育发展。在判决书中，法院谈到，利益获取、风险的开启与维持、受害人自我保护的可能性都是损失分担参考的要素："原告陈某在做出扑球的动作时，即开启了风险，其扑球的方向、方式、力量等细节，很大程度决定了风险控制的可能性以及自我保护的可能性；而被告刘某某做出膝盖顶球的动作，也在一定程度上降低了风险控制的可能性以及原告陈某自我保护的可能性。"相较而言，双方课外进行的足球活动风险很难被认为是由学校开启的。

在"南京工业技术学校案"中，法院直接驳回了原告的诉讼请求，完全没有考虑损失分担问题。但在"南京春江学校案"中，法院立场经历了一个反复。在一审中，法院认为，"本案孙某在事故发生时未参加基本医疗保险和其他人身保险，南京市春江学校亦未投保相关校园意外伤害保险，故宜依照《民法通则》该项规定基于公平原则由双方当事人分担损失"。由此双方被判各承担50%的损失。但春江学校旋即提起上诉。二审法院撤销了前判，转而支持了春江学校的主张。理由是："孙某应当自行承担其在踢球过程中意外摔倒造成的损失，本案并不符合公平责任的适用条件。"虽然这一理由严格来说也只是一种价值判断上的决定，但显然，这是自承风险理论相较于公平责任原则在南京这一司法辖区的胜利。

考虑到"南京一中马群分校案"法院对于学校分担损失立场上的软化，我们可以认为，近来的江苏法院裁判（巧合的是，这4个案件都是南京法院审理的）在校园足球伤害案件上基本实现了对学校损失分担义务的豁免。这对于江苏省的学校开展校园足球运动而言，应该是一个好消息。

# 第十一章
## 校园足球伤害的赔偿范围问题

### 一、为什么研究损害赔偿范围论

体育运动通过肢体动作展示身体力量，相较于其他人类活动具有远高于引发人身伤害的概率。运动伤害与法律争议总是如影随形，从两千年前的罗马法至今，运动伤害争议一直是体育法之核心议题。① 参与运动本身是否就是一种自甘冒险行为？运动伤害中如何界定加害人、被害人乃至运动组织者的责任？中外文献对此都已经进行了极为详尽之探讨。② 然而，无论国内还是域外的体育法研究者，专就运动伤害损害赔偿范围论开展的研究几乎还是空白。

为什么要开展损害赔偿范围论的研究？它对于我们重新审视体育运动的组织与开展到底有什么意义？我们不妨从运动伤害法律争议的最初发起者——受害人——之视角开展观察。受害人首先面临的问题就是，如何将

---

① 赵毅. 运动伤害免责的罗马法基础［J］. 体育与科学，2017（1）：77－120.
② 中国台湾地区学者陈聪富的论文《自甘冒险与运动伤害》（载《台北大学法学论丛》2009 年总第 73 期，第 141—184 页）和吴志正的论文《运动参与者于运动中对于他人人身侵害之法律责任》（载《台湾大学法学论丛》2013 年第 1 期，第 117—169）提供了丰富的英文、德国、日文文献索引，可作此一问题研究之入门概览。在体育运动和体育法研究都极为发达的意大利，运动伤害侵权是体育法学界最重要的主题之一，学者们一般会从过错认定、危险活动及自甘风险三处专门讨论运动伤害侵权的特殊性，最具代表性专著可见于 Bruno Bertini, *Le responsabilità sportive*, Milano：A. Giuffre, 2012. 汉语学界研究概况，近来三篇博士论文［邱金松：《运动事故法律责任之研究》，台湾体育大学（桃园）体育研究所博士论文，2009 年；李倩：《英美侵权法上的过失体育伤害研究》，武汉大学博士学位论文，2012 年；杨艳：《侵权法上自甘风险规则研究》，吉林大学博士学位论文，2016 年］较有代表性。

# 第十一章 校园足球伤害的赔偿范围问题

自身所受肉体伤害转换为法律上可获评价之"损害",并通过和解(所谓的"私了")或是向法院起诉,获得加害人或运动组织者的赔偿。如果按照常识,医疗费显然属于主张赔偿之范围,那么,由于运动伤害往往具有潜伏性,未来可能发生的后续治疗费是否纳入主张赔偿范围呢?如果受害人是学生,他因受伤住院疗养缺席了一些课外补习,造成的补课费损失又由谁承担?律师费呢?是否还存在赔偿精神损失的可能?凡此种种,需要我们思考一个更为根本的问题:运动伤害造成的赔偿范围是否存在限度?显然,受害人冀望的"全部赔偿"和潜在的赔偿义务人期待的"合理赔偿"之间,存在着两种并非一致的利益诉求。

不同于自甘冒险之承认与否将导致运动参与人截然不同的法律评价——或者因此而免责,或者要担责,损害赔偿范围的大小是法律评价运动伤害的第二道关隘:即使加害人因过错存在赔偿责任,法律上对这种赔偿责任认定的宽紧也将鲜明显示出体育运动在承受法律评价上负荷之轻重。毋庸置疑,过重的法律负荷将不利于体育运动发展。所以,体育法研究关注损害赔偿范围论问题大有意义。

## 二、实证案件检索与初步观察

### (一) 实证案件研究方法的选取

不同于从某些假设出发、通过逻辑演绎得到理论的规范研究方法,实证研究方法主要通过观察获得经验,再将经验归纳为理论。对于运动领域内的损害赔偿问题,既有法律并无明文规定,法官一般基于我国《侵权责任法》和相关司法解释的原则性规定,因应不同个案进行自由裁量。事实上,大部分校园足球运动的政策制定者、组织者和参与者都不清楚:学生如果从事校园足球运动受伤,有过错的学校或其他踢球者到底该赔付哪些费用给伤者?这些赔付之法理依据为何?赔付标准又该如何计算?足球运动本身之高危特点和涉案主体的低龄性又是否能提供体育法上特殊考量之理由?① 可见,对于校园足球损害赔偿范围论的研究,采实证研究方法优

---

① Francesca Cardini. La responsabilità civile in ambito sportivo [D]. Università di Pisa, 2007/2008:8.

于规范研究方法，目的在于获取丰富个案下法官之倾向性意见并尝试总结一般规律。另外，基于田野的调查问卷、专家访谈等都是典型的实证研究方法，但本研究由于具有较强的专业性，且中国法院已经将绝大多数案件判决上传至网络供人免费获取，极具权威性的法院裁判文书将为研究者提供绝佳的实证研究土壤，所以本研究将从对案件的实证研究出发展开。

### （二）实证案件的检索方式

研究以中国裁判文书网作为案件检索工具，检索区间为 2012 年 1 月 1 日至 2016 年 12 月 31 日。先以"体育课"为关键词进行第一轮案件检索，再以关键词"足球"进行第二轮案件检索，共获得判决书 116 份（另外还有 2 份调解书，由于调解结案不能反映法律适用的一般规律，该 2 份调解书不在本文考察范围之内）。但是，这 116 份判决书并非都与损害赔偿范围论相关，还须通过以下标准进行筛选：第一，排除发生在校园体育课上，非因足球运动本身致害的案件，如"在足球课上打架"；第二，排除因足球运动导致财产损害（如"破坏学校窗户"）的案件；第三，排除部分重复出现的判决书；第四，排除存在形式瑕疵、无法看到完整内容的判决书。经过筛选，共得到有效样本案件 63 个（共计 69 份判决书，包括 46 个案件的一审判决书，11 个案件的二审判决书，以及 6 个案件既有一审判决书又有二审判决书，见表 6）。

表 6　样本案件的判决书类型
Table 6　Types of Judgments in Sample Cases

| 判决书类型 | 案件个数/个 | 占比 |
| --- | --- | --- |
| 仅有一审判决书 | 46 | 73% |
| 仅有二审判决书 | 11 | 17% |
| 一、二审判决书都有 | 6 | 10% |
| 总计 | 63 | 100% |

### （三）样本的初步观察

在作为样本考察的 69 份判决书中，一审判决书共 52 份，其中 34 份（65%）判决书适用简易程序，由一名审判员独任进行审判。在 17 份二审判决书中，有 13 份（76%）判决书对判决驳回上诉，维持原判；其余 4 份虽有改判，也仅涉及损害赔偿金额和责任分配比率的调整，二审查明事实与原审判决认定事实基本一致。总的来说，校园足球伤害案件在事实认定方面争议较小,争议点主要集中于责任认定和损害赔偿范围及计算标准上。这从侧面说明开展独立的损害赔偿范围论研究具有较大理论与实践价值(见表7)。

表7 样本案件的程序适用与裁判结果
Table 7 Procedures and Results of Judgments in Sample Cases

| | 适用程序 | 案件个数/个 | 占比 |
|---|---|---|---|
| 一审判决书 | 简易程序 | 34 | 65% |
| | 普通程序 | 18 | 35% |
| | 总计 | 52 | 100% |
| | 判决结果 | 案件个数/个 | 占比 |
| 二审判决书 | 维持原判 | 13 | 76% |
| | 改判 | 4 | 24% |
| | 总计 | 17 | 100% |

### (四)保险作用的有限性

《中国足球改革发展总体方案》和《关于加快发展青少年校园足球的实施意见》皆强调完善保险机制的重要性,以此解除学生、家长和学校的后顾之忧。《中国足球中长期发展规划(2016—2050年)》更是明确要求:"引导保险公司根据足球运动特点开发职业球员伤残保险、校园足球和社会足球人身意外伤害保险、足球场地设施财产保险等多样化的保险产品,鼓励企事业单位、学校、个人购买运动伤害类保险。"主流理论认为:"实现学校体育伤害事故赔偿的社会化,是解决学校体育伤害事故的关键。"① 然而从样本案件来看,只有18个案件(占29%)存在通过保险转移赔偿风险的情况②。况且,即使保险公司赔钱了,有的家长也会跟学校过不去,

---

① 谭小勇、宋剑英、杨蓓蕾,等. 学校体育伤害事故法律问题研究[M]. 北京:法律出版社 6,2015:137.

② 这一数据与其他实证案件研究得出的数据非常契合。根据唐勇在《我国学校体育伤害案件的司法实践与法理评析——基于91份民事裁判文书的统计分析》(载《武汉体育学院学报》2016年第4期,第61-67页)中的研究,在校园体育伤害案件中,校方责任险的办理比例只有20.2%。尽管《教育部 财政部 中国保险监督管理委员会关于推行校方责任保险 完善校园伤害事故风险管理机制的通知》(教体艺〔2008〕2号)明确要求,"全日制普通中小学校(含特殊教育学校)、中等职业学校原则上都应投保校方责任保险",但现实的执行情况不容乐观。

因为他们认为保险公司所赔与学校无关①。还有一些赔偿项目——如精神损害抚慰金,也不在校园责任险投保范围②。至少从现阶段看,冀望于通过保险等社会分担机制完全解决校园足球伤害争议并不现实。所以我们应该正视保险作用的有限性,毕竟,将运动伤害争议隔绝于法庭之外只是美好的理想,损害赔偿范围论仍是校园足球政策制定者、组织者和参与者无法绕开的问题。

## 三、总体性数据

63个样本案件大致有自伤案件和他伤案件之分:20个为不存在加害人的自伤案件(仅有学校和受害人两方当事人),42个为有加害人的他伤案件(存在学校、加害人、受害人三方当事人),还有1个案件也属他伤案件(Ⅹ),但学校未被列为被告,法院最后判定双方皆有过错,各自承担相应责任③。

当案件仅有两方当事人时,责任承担情况主要有四种:第一,学校无过错且不分担损失,受害人自担全部损失(Ⅰ);第二,学校无过错,但分担损失(Ⅱ);第三,学校与受害人皆有过错,皆承担部分责任(Ⅲ);第四,学校因过错承担全部责任(Ⅳ)。这四种情况分别有2个、4个、10个、4个样本案件支持。那么,90%(情形Ⅱ、Ⅲ、Ⅳ)的案件都存在损害赔偿范围之确定问题(见表8)。

---

① 张薇,李嘉,公兵. 校园足球系列调研报道之二保险!保险!校园足球的软肋[J]. 校园足球,2015(9):25-26.

② 在"原告刘念诉被告牛博、牛耀华、谭冬云、钢城四中、人保青山支公司健康权纠纷案"中,法院认为,"因被告钢城四中已为原告刘念在被告人保青山支公司处投保校园责任险,根据合同约定,除精神损害抚慰金外,学校应承担的损失应由被告人保青山支公司负责赔偿"。参见湖北省武汉市青山区人民法院(2014)鄂青山民一初字第00700号民事判决书.

③ 辽宁省沈阳市中级人民法院.(2014)沈中民一终字第1712号民事判决书[EB/OL]. http://wenshu.court.gov.cn/2017-03-15.

表 8　自伤案件中的责任认定情形
Table 8　Liability in Self-injury Cases

| 自伤案件情形 | 案件个数/个 | 占比 |
|---|---|---|
| Ⅰ | 2 | 10% |
| Ⅱ | 4 | 20% |
| Ⅲ | 10 | 50% |
| Ⅳ | 4 | 20% |
| 总计 | 20 | 100% |

当案件存在三方当事人时，责任承担情况可以归纳为五种：第一，学校与加害人皆无过错且皆不分担损失，受害人自担全部损失（Ⅴ）；第二，加害人无过错且不分担损失，其余两方承担部分过错或分担损失（Ⅵ）；第三，学校无过错且不分担损失，其余两方承担部分过错或分担损失（Ⅶ）；第四，受害人无过错且不分担损失，其余两方承担部分过错或分担损失（Ⅷ）；第五，学校或加害人、受害人都承担部分过错，或某一方无过错但分担损失（Ⅸ）。这五种情况分别有 0 个、9 个、2 个、5 个、26 个案例样本予以支持，再加上 X，100% 的他伤案件与损害赔偿范围有关（见表 9）。

表 9　他伤案件（有三方当事人）中的责任认定情形
Table 9　Liability in Be-injured Cases（Including 3 Parties）

| 他伤案件情形 | 案件个数/个 | 占比 |
|---|---|---|
| Ⅴ | 0 | 0% |
| Ⅵ | 9 | 21% |
| Ⅶ | 2 | 5% |
| Ⅷ | 5 | 12% |
| Ⅸ | 26 | 62% |
| 总计 | 42 | 100% |

## 四、损害赔偿范围确定之法理依据与实证表现

上述数据显示，在 63 个样本案件中，有 61 个（占 97%）涉及学校或加害人之损害赔偿问题。一方面，学校被认定为过错的情况相当多（占 79%）；另一方面，由于《侵权责任法》上损失分担规则的存在，学校与

学生即使无过错,也可能负担赔偿义务(占32%)。所以,至少从责任认定层面看,组织校园足球运动的学校与参与该项活动之加害人都处于法律评价的不利地位。可以预见,进入损害赔偿范围确定阶段后,如果这种不利地位继续,将对校园足球运动开展造成极大法律风险。那么,我国法院是否会从损害赔偿范围角度将已经稍许失衡的天平拨回到被告(特别是背负了更重法律负荷的学校)一边呢?

### (一)损害赔偿范围确定之法理依据

囿于损害赔偿旨在填平损失,依侵权法法理,有关损害产生之基础理论,以"差额说"为通说。所谓"差额说",即以受害人在伤害发生前后所生财产差额为准衡量损害的一种学说。① 此种损害产生学说与损害赔偿指导原则相互呼应。

就损害赔偿指导原则而言,我国秉承欧陆法传统,以全部赔偿原则(或完全赔偿原则)作为确定侵权损害赔偿范围的最高指导原则。这就是说,赔偿范围并不取决于学校或加害人之过错程度,而是取决于其造成的损害,只要是行为人造成的损害,无论为现有财产损失,还是可得利益损失,都应得到相应的赔偿。然而有学者认为,即使德、法等国名义上虽采全部赔偿原则,其所谓的全部损害也并非损害之全部,而只是其中之一部分。② 申言之,损害赔偿必须受到限制,只有"可赔偿损害"才能获得赔偿,所以,法官须经过相应的价值判断将受害人事实上之损害上升为法律上之损害。③ 由此,严格意义上的完全赔偿原则近年来受到了诸多挑战,校园足球损害赔偿范围之确定亦是如此。比如,有样本案件涉及当事人的补课费请求,虽说补课费乃损害发生所致之财产损失,依据全部赔偿原则应得到赔偿,然碍于其并非直接损失,实务中此项请求并不能得到我国法官支持。④

我国法律上对损害赔偿范围采列举制。《侵权责任法》第16条和《最高人民法院关于审理人身损害赔偿案件适用法律若干问题的解释》(以下简

---

① 曾世雄. 损害赔偿法原理 [M]. 北京:中国政法大学出版社,2001:119.
② 曾世雄. 损害赔偿法原理 [M]. 北京:中国政法大学出版社,2001:25.
③ 叶金强. 论侵权损害赔偿范围的确定 [J]. 中外法学,2012(1):155 – 172.
④ 湖北省武汉市青山区人民法院. (2014)鄂青山民一初字第00700号民事判决书 [EB/OL]. http://wenshu.court.gov.cn/. 2017-03-15.

称《人身损害赔偿解释》）第 17、18 条都详细规定了人身损害赔偿的具体项目，它们当然也适用于校园足球伤害案件具体情形赔偿项目：（1）常规赔偿，医疗费、护理费、误工费、交通费、营养费、住院伙食补助费、住宿费等；（2）受害人因伤致残的，＋残疾赔偿金、残疾辅助器具费以及必要的康复费、后续治疗费等；（3）受害人死亡的，＋丧葬费、死亡补偿费、被扶养人生活费等；（4）造成精神损害的，＋精神损害抚慰金。

上述赔偿项目可分为财产损害与非财产损害两类。财产损害指受害人财产上之损害，它不仅包括财产额度之减少，亦包括财产额度之消极未增加。上列（1）（2）（3）皆为财产损害项目，原则上以"差额说"为理论基础进行全部赔偿。非财产损害在我国侵权法中无明确定义，一般为精神损害赔偿金所替代，此时"差额说"已不能负担其评价功能，而应由法官基于个案之不同情形予以综合考量。简言之，财产损害以全部赔偿为原则；非财产损害仅在法律明文规定之情形，方能独立主张。

财产损害从其表现形式出发，又可分为直接损害与间接损害。直接损害一般为已得利益之丧失；间接损害则为虽于受害时尚不存在，然受害人若不受损害则必得之利益。这种划分具有较强实践意义。在校园足球伤害案件中，由侵权行为所引发之直接损害皆应予赔偿，而间接损害则除非法律另有规定，原则上不予赔偿。例如，误工费之赔偿请求属于有法律明文规定的间接损害，补课费就不在此之列。还须注意，无论是《侵权责任法》还是《人身损害赔偿解释》，赔偿项目皆非穷尽式列举，都有类似"等为治疗和康复支出的合理费用"这样的兜底表述。所以，在样本案件中，受害人主张的依实际情况支出的合理费用，如鉴定费、律师费、配镜费等请求，也多为法院所支持。

（二）损害赔偿范围确定之实证表现

在各类损害赔偿项目中，有关医疗费、鉴定费的确定争议很少，以受害人实际支付为准，法院一般要求被告全额赔偿该两项费用。61 个样本案件皆有医疗费赔偿请求，法院判定的全额赔付率为 100%；42 个案件有鉴定费赔偿请求，全额赔付率也为 100%。校园足球案件的受害学生一般未工作，误工费请求较少，在仅有的 1 例中，法院最后参照当地上一年度职工平均工资标准支持了原告的请求①。另有58个、51个和36个样本案件支持了护理费、住院伙食补助费与营养费赔付请求。对于这些费用的确定，需要参照医疗机构或鉴定机构的意见。在司法实践中，如果有相关证据支持，法官一般都会要求被告全额赔偿。赔付了交通费的案件有49个，碍于其多伴随治疗发生，法院往往支持原告实际主张下的赔偿。赔付残疾赔偿金的案件有39个，其是否得到支持多以伤残等级鉴定结果为参照标准。总体而言，当事人就上述费用是否具有可赔偿性争议不大。

精神损害赔偿金之确定则存有争议。受害人多是处于青春年华的学生，身体伤残往往与精神痛苦相伴，所以有多达31个案件支持了精神损害赔偿请求。但也有持否定态度者，如"吴天与武汉市黄陂区第一中学生命权、健康权、身体权纠纷案"，因为被告学校被认定并无过错，只须分担损失，而精神损害被认为不在损失分担范围之内。法院并未详细论证，而只以"原告吴天提出的精神损害赔偿诉求，由于本案损害非侵权行为所致，故该项诉求没有事实依据和法律根据，本院依法不予支持"② 一句话带过。相反的处理路径则为"杨爱弟诉上海市蒙山中学、干宇涛、干希兵、杨华健康权纠纷案"，被告被判分担之损失，包含了精神上的损失。法院依据《侵权责任法》第22条认为，"精神损害抚慰金，原告请求15 000元尚属合理，本院予以确认"③。后一种处理路径值得商榷，因为与一般赔偿项目不同，精神损害赔偿有较大特殊性，规范旨在于填补损失、抚慰受害人并制裁违法行为，一般依过错程度予以确定，而不宜适用于无过错之分担损失情形。在精神损害赔偿整体进入校园足球损害赔偿范围的大背景下，如果不适当压缩其适用空间，诉争各方利益有过于失衡之危险。

后续治疗费问题也值得探讨。足球伤害受害人的治疗可能是一个长期过程，有时法院即使已经做出判决，治疗仍未完成。在样本案件中，法院支持了14个案件的后续治疗费赔偿请求。这主要是由鉴定机构或医生诊断

---

① 新疆维吾尔自治区乌鲁木齐市米东区人民法院.(2014)米东民一初字第897号民事判决书[EB/OL]. http://wenshu.court.gov.cn/2017-03-15.

② 湖北省武汉市黄陂区人民法院.(2013)鄂黄陂前民初字第00355号民事判决书[EB/OL]. http://wenshu.court.gov.cn/2017-03-15.

③ 上海市金山区人民法院.(2015)金民一(民)初字第3012号民事判决书[EB/OL]. http://wenshu.court.gov.cn/2017-03-15.

书确定的后续费用,如二次手术费用。但如果后续费用无法确定,法院往往就不予支持,而仅以实际发生为准,未来如果发生后续治疗费用,原告只能再行提起诉讼。这种处理办法减少了损害赔偿范围的不确定性,但对原告稍显不利。

样本案件还显示,在校园足球伤害案件中,伤害形式多表现为致伤,仅有 1 例案件存在致人死亡情形。在该案中,学校被认定有 15% 的过错,由此被判承担受害人丧葬费 23 119.5 元、死亡赔偿金 203 720 元的相应比例①（见表 10）。

表 10　样本案件主要项目赔付情况
Table 10　Major Compensation Projects in Sample Cases

| 赔付类别 | | 案件数/个 | 占比 |
| --- | --- | --- | --- |
| 常规赔偿 | 医疗费 | 61 | 100% |
| | 鉴定费 | 42 | 69% |
| | 误工费 | 1 | 2% |
| | 住院伙食补助费 | 51 | 84% |
| | 护理费 | 58 | 95% |
| | 营养费 | 36 | 59% |
| | 交通费 | 49 | 80% |
| 受害人因伤致残的 + | 残疾赔偿金 | 39 | 64% |
| | 后续治疗费 | 14 | 23% |
| 受害人死亡的 + | 丧葬费 | 1 | 2% |
| | 死亡补偿金 | 1 | 2% |
| 造成精神损害的 + | 精神损害赔偿金 | 31 | 51% |

显然,并非所有事实上的损害都是法律上之可赔偿损害,后者范围较前者为窄。那么,如何将个别赔偿项目排除在法律上可赔偿损害范围之外呢? 这就需要一定的标准了,即需要考察影响损害赔偿范围确定的相关因素。

---

① 河北省晋州市人民法院. (2015)晋民二初字第 00025 号民事判决书[EB/OL]. http://wenshu.court.gov.cn/2017-03-15.

## 五、影响损害赔偿范围确定的相关因素

校园足球损害赔偿范围的确定过程，就是将受害人事实上损害上升为法律上损害的过程。其中，存在着多个影响损害赔偿范围确定的"控制阀"，它们发挥着预防损害赔偿规模无限扩大的作用，目的是将这一范围控制在法律允许的合理限度内。比如，同为因踢球导致眼睛受伤，损害范围却可能不同。在个案中，因果关系联系度、过错程度、行为违法性程度、行为人年龄智力等因素，都会对校园足球损害赔偿范围之确定造成影响。

### （一）因果关系联系度

因果关系的存在是校园足球伤害中学校或加害人承担责任的基础。只有学校或加害人的行为与受害人之损害结果存在因果关系时，责任承担方为可能，而无因果关系就无责任。易言之，学校或加害人只对与自己行为有因果关系的损害承担赔偿责任。在侵权法理论上，因果关系有责任成立因果关系（事实因果关系）与责任范围因果关系（法律因果关系）之分①。前者是加害行为与权益受侵害之间的因果关系，比如甲的踢球行为造成乙的健康权受侵害，它是加害人是否承担责任之评价标准；后者是权益受侵害与损害之间的因果关系，比如乙的健康权被侵害和乙支出的医疗费、护理费、误工费之间的因果关系，它决定了学校与加害人是否要对受害人的某一具体损害给予赔偿。②显然，在确定校园足球伤害案件的赔偿范围时，一个重要影响因素即责任范围因果关系。

那么，责任范围因果关系的判断标准为何呢？大陆法系的通说采相当因果关系说，即"被告必须对以他的不法行为为'充分原因'的损害负责赔偿，但是对超出这一范围的损害不负责任"③。我们以9个涉及律师费的样本案件为例，依据一般的经验知识，律师费乃受害人伸张权利之必要，也就是"有此行为，通常即足生此种损害"④，因此受害人权益之受侵害和

---

① 程啸. 侵权责任法 [M]. 北京：法律出版社，2015：221.
② 方新军. 侵权责任法学 [M]. 北京：北京大学出版社，2013：101.
③ 王利明. 侵权责任法研究（上卷）[M]. 北京：中国人民大学出版社，2010：381 – 382.
④ 王伯琦. 民法债编总论 [M]. 台北：正中书局，1962：77.

为维护权利所生之律师费，存在相当因果关系。如果相当因果关系不存在，则无须赔偿。在"李卓然诉果菁菁等侵权责任纠纷案"中，法院认为，原告因踢球导致的牙齿受伤并不构成支出牙齿美白费用之充分原因，两者缺少因果关系相当性之满足程度，该项费用最终未受法院支持。①

当然，相当因果关系理论亦有其弊端，所谓"相当"之标准极不确定，在认定过程中多采"可能发生的""依社会普通观念"等弹性较大的用语，法律政策色彩较浓，会导致法官的自由裁量权过大，"法官往往会因损害已发生而同情受害人，从而过于宽泛地认定相当因果关系之存在"②。所以，仅基于因果关系联系度，并不能完成确定校园足球损害赔偿范围的任务，实践中还须与过错程度、行为的违法性程度等其他影响因素一起，综合进行衡量。

（二）过错程度

在校园足球伤害案件中，学校和加害人承担的主要是过错责任。一般认为，过错大小对损害赔偿的范围影响不大，损害赔偿范围之确定，主要依全部赔偿原则，按照实际损害决定。但是，不能就此认为过错程度对于损害赔偿范围之确定不重要。

第一，在精神损害赔偿领域，侵权行为人主观过错之轻重对于损害赔偿范围之确定具有重要影响，它是考虑精神损害赔偿范围的重要依据。③这是因为，精神损害赔偿除具有抚慰受害人、补偿损害的功能外，制裁违法行为人也是重要功能之一，主观过错轻重，当然涉及精神损害赔偿范围的大小。④ 在表 11 选取的 3 个皆为 9 级伤残的样本案例中，学校过错与精神损害赔偿数额呈正比例递增关系。

---

① 北京市西城区人民法院.（2015）西少民初字第 28726 号民事判决书［EB/OL］. http://wenshu.court.gov.cn/2017-03-15.
② 程啸. 侵权责任法［M］. 北京：法律出版社，2015：237.
③ 杨立新. 侵权行为法［M］. 上海：复旦大学出版社，2005：365.
④ 王利明等. 民法学［M］. 北京：法律出版社，2005：923.

表 11 过错影响精神损害赔偿范围的典型样本案件
Table 11 Typical Sample Cases of Fault Affecting the Range of Compensation for Mental Damages

| 案件名称 | 法院认定的案情 | 法院对学校过错的认定 | 精神损害赔偿范围 |
| --- | --- | --- | --- |
| 原告刘念诉被告牛博、牛耀华、谭冬云、钢城四中、人保青山支公司健康权纠纷案① | "原、被告及其他几位同学自行组织足球比赛,在比赛过程中,被告牛博不慎将原告刘念踢伤",经鉴定为9级伤残 | "该班的体育老师却因故离开上课地点,故被告钢城四中对原告未能尽到必要的教育、管理职责" | 学校承担2 000元精神损害抚慰金中的1 200元 |
| 原告孙某某诉被告谭某甲、李某某、谭某乙、成都市温江区某某小学校身体权纠纷案② | "原告孙某某、被告谭某甲在奔跑过程中相撞,原告孙某某晕倒在地上",经鉴定为9级伤残 | "孙某某等人在上体育课时,在操场上将排球当足球踢,存在一定的危险性,其体育老师没有及时发现并制止导致事件发生,其学校存在一定过错" | 学校承担4 000元精神损害抚慰金的70% |
| 程全与胡华葆、安徽省桐城中学等生命权、健康权、身体权纠纷案③ | "原、被告等一群学生进行踢足球活动,原告盘带足球时,被告胡华葆上前截球将原告踢伤",经鉴定为9级伤残 | "足球运动是种有相当高度危险的运动,应在老师指导下进行,而被告安徽省桐城中学未有老师当场指导,放任学生从事该运动,造成意外伤害的发生" | 学校承担10 000元精神损害抚慰金中的9 000元 |

第二,过错是否存在是认定学校和加害人是否承担责任的基础条件,过错大小则是确定学校和加害人责任比例的重要标尺。所以,过错大小经由影响责任比例从而影响损害赔偿范围。在表 12 所列 2 个样本案件中,同为踢球导致眼睛受伤,但学校违反注意义务之不同导致了责任比例承担不同,由此影响了损害赔偿范围之确定。

---

① 湖北省武汉市青山区人民法院. (2014) 鄂青山民一初字第 00700 号民事判决书 [EB/OL]. http://wenshu.court.gov.cn/2017-03-15.

② 成都市温江区人民法院. (2015) 温江民初字第 1069 号民事判决书 [EB/OL]. http://wenshu.court.gov.cn/2017-03-15.

③ 安徽省桐城市人民法院. (2014) 桐民一初字第 01831 号民事判决书 [EB/OL]. http://wenshu.court.gov.cn/2017-03-15.

第十一章 校园足球伤害的赔偿范围问题

表12 过错影响财产损害赔偿范围的典型样本案件
Table 12 Typical Sample Cases of Fault Affecting the Range of Compensation for Property Damages

| 案件名称 | 法院认定的案情 | 法院对学校过错的认定 | 财产损害赔偿范围 |
| --- | --- | --- | --- |
| 汪庆军与徐政、徐维江等生命权、健康权、身体权纠纷案① | "原告汪庆军和被告徐政在踢球过程中，原告右眼部被徐政踢球致伤" | "学校对在校学生负有保护的义务……学校疏于这种对学生安全的注意义务，致使学生受到人身伤害" | 学校承担全部损失 187 613.19 元的 40%，共计 75 045.28 元 |
| 上诉人贵溪市象山学校与被上诉人郑俊、何孟宇健康权纠纷案② | "被上诉人何某在体育课自由活动时，对滚落至脚下的足球抬脚踢出时，没有注意周边附近的同学，致使踢出的足球伤到同在上体育课的同学郑某的左眼" | "被上诉人象山学校任课老师在获知郑某受伤后，没有及时对受伤学生的伤情进行观察询问和采取救治措施，使郑某的眼部伤情没有得到及时的诊治，可能导致不良后果加重，未尽到教育、管理职责，亦应当承担一定的责任" | 一审判决：学校承担全部损失 29 370.45 的 70%，共计 20 559.32 元 二审判决：学校承担 50% 的赔偿责任，即 14 685.23 元 |

"过错程度由轻到重连绵不断，相应赔偿范围亦由小到大连绵不断。"③ 在校园足球伤害司法实务中，对于当事人（特别是学校）责任范围之认定，应充分考虑过错程度在损害赔偿范围确定上扮演的角色。体育课程改革将学生能力培养置于中心角色④，学校过错在此背景下更应谨慎认定，特别是不能因为学校的经济风险抗击能力较强，而使其承担与自身过错不对等的赔偿数额。

（三）行为违法性程度

学校或加害人行为之违法性，体现为学校或加害人行为侵害了法律所

---

① 安徽省六安市裕安区人民法院. (2013) 六裕民一（民）初字第01599号民事判决书[EB/OL]. http://wenshu.court.gov.cn/2017-03-15.

② 江西省鹰潭市中级人民法院. (2013) 鹰民一终字第218号民事判决书[EB/OL]. http://wenshu.court.gov.cn/2017-03-15.

③ 刘海安. 过错对侵权法上填补性责任之赔偿范围的影响[J]. 政治与法律, 2009 (11): 97-106.

④ 时震宇, 王崇喜. 课程解构后中小学体育课堂教学的困境与出路[J]. 体育成人教育学刊, 2017 (2): 77-79.

保护的利益。所以,要对某种侵害后果予以赔偿,前提在于该种侵害所导致之损害必须在法律保护范围之内。如果某项损害虽然实际发生了,但不在法律保护范围之内,它将因为"没有法律上的根据"而被排除在损害赔偿范围之外。① 例如,在样本案件中,有些受害人主张补课费、换药费等损失,它们属于法律未予保护之间接损失,在实务中往往无法得到法院的支持。

法律对不同权益保护之力度,也会直接影响校园足球损害赔偿范围之确定。在公民所受保护之各项权益中,生命权最高,身体健康权次之。所以,在校园足球伤害中,如果受害人仅是一般健康权受损,只会涉及常规赔偿,赔付范围最小;但在身体残疾与生命丧失情形中,将会相应增加残疾赔偿金、丧葬费、死亡赔偿金等费用,损害赔偿范围就会相应扩大。

有关行为违法性判断的一个例外是正当理由抗辩,此时,学校或加害人行为虽然客观上造成他人损害,但如果符合《侵权责任法》规定的法定抗辩事由,就无须承担责任。但体育运动本身就有较大之固有风险,《学生伤害事故处理办法》第12条明确排除了"在对抗性或者具有风险性的体育竞赛活动中发生意外伤害的"情形下之学校责任,受害人自冒风险成为司法实践中被告惯常援引的抗辩理由。在"蔡某与陈仁豪、陈煜坚等生命权、健康权、身体权纠纷案"中,法官将原告蔡某"自身应承担的风险"作为了确定精神损害抚慰金的重要依据之一。② 在"上诉人南京市宁海中学与被上诉人徐浩儒健康权纠纷案"中,一审法院更是明确指出:"足球作为具有一定危险的体育运动,参与者无一例外地都处于潜在的危险之中,既是危险的制造者,也是危险的承担者。未成年人(事发时徐浩儒与刘思明均为限制民事行为能力人)由于对行为后果缺乏必要的认知和预见能力,其本身就是一种特殊的危险源,受害人因此种危险或者风险导致其遭受损害的,依据风险自担原则,受害人自身应承担一定责任。"最终,一审法院判定原告对事故的发生承担30%的责任,二审亦维持原判。③

---

① 叶金强. 论侵权损害赔偿范围的确定 [J]. 中外法学,2012 (1): 155–172.
② 福建省厦门市海沧区人民法院. (2014)海民初字第26号民事判决书[EB/OL]. http://wenshu.court.gov.cn/2017-03-15.
③ 江苏省南京市中级人民法院. (2016)苏01民终87号民事判决书[EB/OL]. http://wenshu.court.gov.cn/2017-03-15.

### （四）其他因素

损害赔偿范围的确定过程是一个复杂的价值判断过程，除以上三种影响因素外，校园足球伤害案件赔偿范围之确定，还会受到诸多其他因素之影响，譬如加害人及受害人行为能力（包括年龄、智力与认知能力）、相关当事人家庭经济状况和实际承受能力以及当地经济发展水平等。在"汪庆军与徐政、徐维江等生命权、健康权、身体权纠纷案"中，原告虽是在校学生，但已满18周岁为完全民事行为能力人之事实，成为法院减缓被告一定赔偿责任的影响因素之一。① 在举证责任分配上，受害人行为能力不同将导致学校承担过错责任（《侵权责任法》第39条）或过错推定责任（《侵权责任法》第38条）之差异，由此间接对损害赔偿范围产生影响。② 学生年龄、智力与认知能力越弱，学校负担的风险越重，赔偿范围也就相应越大。

## 六、损害赔偿范围的计算问题

### （一）计算方式的选择问题

损害赔偿范围的计算是受害人获取赔偿金额的最后一步。计算方式有主观计算与客观计算两种，区别仅在是否将被害人之主观特别因素考虑在内，主观计算考虑之，客观计算则相反。③ 主观计算的目的在于恢复受害人所遭受的全部损害，着眼于个案实际情况，以损害发生前后的全部利益差额为赔偿额；客观计算考虑的是一般情况下受害人所受到的损害，以给

---

① 安徽省六安市裕安区人民法院. (2013) 六裕民一（民）初字第 01599 号民事判决书[EB/OL]. http://wenshu.court.gov.cn/2017-03-15.

② 在"李森与张西宁、张殿学、刘金荣、白城市实验高级中学健康权纠纷案"中，原告李森属限制民事行为能力人，由于不能证明学校未尽到《侵权责任法》第39条规定的教育、管理义务，学校被认定对损害的发生不承担责任。参见吉林省白城市洮北区人民法院（2014）白洮民一（民）初字第 663 号民事判决书。在"奚恒伟与诸暨市应店街镇中心学校教育机构责任纠纷一案"中，原告奚恒伟在事故发生时属无民事行为能力人，法院根据《侵权责任法》第38条推定学校对其受到人身伤害的事实具备相应的过错，学校未能证明其不具备过错，应当承担赔偿责任，参见浙江省诸暨市人民法院（2015）绍诸民初字第 2154 号民事判决书。

③ 张初霞. 侵权损害赔偿的客观与主观计算[J]. 广西政法管理干部学院学报, 2012（5）: 81-85.

予合理赔偿为目的。损害大小相同，计算方式不同，计算结果可能有异。囿于侵权损害赔偿之要旨在于填补损害、填平损失，要使受害人的全部损失得到应有赔偿，主观计算方式似乎更符合侵权法之目的。

然而，在校园足球伤害司法实践中，完全依赖主观计算方式也有弊端。校园足球侵权案件的归责原则是过错责任原则，受害人一般都在8周岁以上，根据《民法总则》第19条，至少属限制民事行为能力人，根据《侵权责任法》第39条，需要就其主张之损害负举证责任。如果单纯采用主观计算方式，受害人必须举证证明其所受之全部损害。一旦受害人出现举证不能，这种方法就因无法救济受害人而存在天然缺陷。此时，客观计算方式之融入，就具备了一定的合理性，因为后者不完全依赖个案中受害人之举证，而是考虑此种情形下一般人都能获得之损害赔偿。《人身损害赔偿解释》遵循的就是主观计算（具体计算）与客观计算（抽象计算）相结合的原则①。法官在计算校园足球伤害赔偿数额时，同样也需要结合主观计算与客观计算两种方式。在涉及损害赔偿范围确定的61个样本案件中，不同赔偿项目之计算，争议焦点往往也有异，以下对主要争议项目一一分类说明。

（二）主要争议项目的计算问题

1. 医疗费、鉴定费

前已述及，就该两项费用之可赔偿性，争议不大。对于赔偿金额之计算而言，鉴定费的争议也不大，以鉴定机构出具的证明为准。医疗费金额之计算则属实务争议焦点。

此处之常见问题在于，如果受害人已投医疗保险或商业保险，因为可以获得保险赔付，该赔付额是否可以从损失请求中扣除？在"吴天与武汉市黄陂区第一中学生命权、健康权、身体权纠纷案"中，原告获得城镇医疗保险赔付金额21 685.34元、校园责任保险和学生平安保险赔付金额27 284.76元，一审却将它们在医疗费及残疾辅助器具费共计59 316.13元中予以扣除，最终认定原告实际付出医疗费及残疾辅助器具费10 346.03元。② 在二审中，法院支持了扣除医疗保险费用的做法，但将商业险赔付

---

① 陈现杰. 关于人身损害赔偿司法解释中损害赔偿金计算的几个问题［J］. 法律适用，2004（4）：9－12.

② 湖北省武汉市黄陂区人民法院.（2013）鄂黄陂前民初字第00355号民事判决书［EB/OL］. http：//wenshu. court. gov. cn/2017-03-15.

金额 27 284.76 元纳入损失赔偿范围之内。① 如何评价二审将商业险赔付纳入损失赔偿范围的做法？根据《保险法》第 46 条，被保险人或受益人在保险公司给付保险金后，仍有向第三人的赔偿请求权。申言之，商业保险的赔付不影响受害人对赔偿义务人提出赔偿请求，受害人从自己所投商业保险中获得的赔偿款不应从其损失中扣减。但是，一、二审为何都将医疗保险排除在损害赔偿范围之外呢？根据《社会保险法》第 30 条，应当由第三人负担的医疗费用不纳入基本医疗保险基金支付范围，在第三人不支付或者无法确定第三人时，由基本医疗保险基金先行支付；基本医疗保险基金先行支付后，有权向第三人追偿。在本案中，城镇医疗保险基金先行垫付给了吴天 21 685.34 元，后续享有追偿权，但该项金额并不重复计入吴天的损害赔偿金额之内。

2. 住院伙食补助费、护理费

受害人入院治疗发生的伙食补助费与护理费属于损害赔偿范围无疑。但在校园足球伤害司法实践中，受害人主张的住院伙食补助费往往高于实际获赔数额。原因在于，根据《人身损害赔偿解释》第 23 条，住院伙食补助费可以参照当地国家机关一般工作人员的出差伙食补助标准予以确定，因此计算公式为：住院伙食补助费赔偿额 = 本地国家机关一般工作人员的出差伙食补助标准 × 实际住院天数。显然，这是一种客观计算标准。问题在于，校园足球伤害的受害人年龄跨度极大，用成年人的标准算在小学生身上就过高了，但对处于身体发育期的高中生则可能不够，所以平衡客观计算方式与主观计算方式在此处非常必要。

就护理费之计算，根据《人身损害赔偿解释》第 21 条，计算公式为：护理费 =（护理人员的年收入或者当地护工从事同等级别护理的劳务报酬标准/12 个月/30 天）× 护理人数 × 护理天数。护理人员有收入的，按照其固定年收入计算，受害人须提供其收入证明或所在行业证明；如受害人不能证明其收入状况，则参照当地护工从事同级别护理的劳务报酬标准计算。第 21 条也明确规定了护理人数，原则上为一人，但可根据鉴定机构或医疗机构的意见增加。在校园足球伤害案件中，有争议者为护理天数，特别是

---

① 湖北省武汉市中级人民法院.（2014）鄂武汉中民二终字第 00343 号民事判决书[EB/OL]. http://wenshu.court.gov.cn/2017-03-15.

受害人出院后护理期限的计算。法官此时一般只能综合考虑受害人的伤残状况,在个案中做出相应的判断。

3. 营养费

《人身损害赔偿解释》第 24 条规定:"营养费根据受害人伤残情况参照医疗机构的意见确定。"一般认为,营养费的发生应该以必需和实际发生为限。所谓必需,是指根据医疗机构开具的诊断意见,认为加强营养对受害人的健康恢复是十分必要的;所谓实际,是指营养费的赔付必须有诊断证明书、住院病案作为证据支持。营养费的计算公式为:营养费 = 日营养费 × 营养期限。在 36 个涉及营养费赔付的样本案件中,日营养费最高为 90 元,最低为 12 元,体现的是主观计算方式。当然,个案中日营养费之参照标准非常不同。在"徐甲与上海市古美学校、戴甲等生命权、健康权、身体权纠纷案"中,日营养费参照的是当地最低职工平均工资标准[①];在"李某某与索某某、河北峰峰春光中学生命权、健康权、身体权纠纷案"中,法院参照的却是国家机关一般工作人员出差伙食补助标准[②];还有部分案件由法官根据受害人伤情"酌定",判决书中并未详列计算过程。就营养期限而言,一般由鉴定机构出具鉴定意见,或参照医疗机构的诊断意见确定。

总体而言,营养费之计算缺乏统一标准。法官存在较大的自由裁量权,不同法院计算标准各异。与住院伙食补助费相似,营养费的计算亦存在主观计算与客观计算方式的选择问题。

4. 交通费

《人身损害赔偿解释》第 22 条规定:"交通费根据受害人及其必要的陪护人员因就医或者转院治疗实际发生的费用计算。交通费应当以正式票据为凭;有关凭据应当与就医地点、时间、人数、次数相符合。"但对校园足球伤害样本案件的考察显示,交通费的计算常常存在举证不能。然而,根据一般生活经验,交通费的发生在治疗过程中往往是实际存在的。所以,在司法实践中,法官通常根据当地的消费水平,酌情予以一定支持。在"上诉人南京市春江学校与被上诉人孙某健康权纠纷案"中,法官就是考虑

---

① 上海市闵行区人民法院. (2014) 闵少民初字第 30 号民事判决书 [EB/OL]. http://wenshu.court.gov.cn/2017-03-15.

② 河北省邯郸市峰峰矿区人民法院. (2014) 峰民少初字第 6 号民事判决书 [EB/OL]. http://wenshu.court.gov.cn/2017-03-15.

到受害人孙某住院两次共计12天,必然发生相应的交通费用,因此酌定其交通损失费为200元。① 客观计算方式在此处显然占据了上风。

5. 残疾赔偿金

有关残疾赔偿金之计算,我国采"劳动能力丧失说",根据鉴定机构所定伤残等级,抽象评定受害人劳动能力的丧失程度。② 该项目计算公式为:残疾赔偿金＝案件审结完闭上年度城镇居民人均可支配收入或农村居民人均纯收入×20年×伤残系数。在校园足球伤害案件的司法实务中,受害人应首先进行伤残等级鉴定。2017年1月1日施行的《人体损伤致残程度分级》统一了伤残等级鉴定的规则与尺度,伤残等级被分为10级,每级致残率相差10%,一级伤残系数为100%,等级每增加一级,系数减少10%。此处之争议点在于,到底应适用城镇标准还是农村标准计算残疾赔偿金? 原则上,就农村与城市标准之选择,户口为决定性因素,这是一种客观计算方式。但也存在着主观计算方式适用的例外:如果受害人能证明其住所地或经常居住地之城镇居民人均可支配收入或农村居民人均纯收入高于户口所在地标准,可依其住所地或经常居住地标准计算。城镇居民人均可支配收入和农村居民人均纯收入的具体数额,一般依照各地国民经济和社会发展统计公报公布的数据予以确定。

6. 精神损害赔偿金

《最高人民法院关于审理精神损害赔偿案件适用法律若干问题的解释》规定了精神损害赔偿金的适用范围和参照标准,但并未规定具体的计算方式。鉴于精神损害赔偿旨在抚慰受害人遭受的痛苦,而此种痛苦往往难以量化,所以为精神损害赔偿确定具体的计算方式十分困难。这是一个在个案中才能实现正义的领域,法官掌握着较大的自由裁量权。在支持精神损害赔付的31个校园足球伤害样本案件中,精神损害赔偿金的数目自500元到30 000元不等,存在较大差异。在实践中,经过司法鉴定的伤残程度是一个相对量化的参照标准,伤残等级越高,精神损害赔偿金额也就相对更高。当然,精神损害赔偿金额的确定并不为某个单一要素完全影响,还须

---

① 江苏省南京市中级人民法院.(2014)宁少民终字第117号民事判决书[EB/OL]. http://wenshu.court.gov.cn/2017-03-15.

② 陈现杰. 关于人身损害赔偿司法解释中损害赔偿金计算的几个问题[J]. 法律适用,2004(4):9-12.

在个案中结合侵权人的过错程度、侵害的手段、行为方式、侵害后果、侵权人承担责任的经济能力、受诉法院所在地平均生活水平等因素综合判定。

## 七、小结

基于我国法院司法实践经验之实证考察，我们可以发现，校园足球损害赔偿范围之确定，需要在充分把握校园足球运动个性特征的基础上，经由一个弹性评价的价值体系过滤，综合考量个案之多种影响因素予以确定。在保险分担风险机制不甚完善、学校过错多发、损失分担条款加重学校与加害人责任的背景下，作为法律评价的最后一环，损害赔偿范围论应发挥"控制阀"的作用，有必要在一定程度上向被告方（特别是学校）倾斜，在尽可能平衡校园足球参与各方利益的基础上，防止损害赔偿范围无限扩大，避免某一方因负荷过重而不愿再开展校园足球运动的局面。

实证案件研究结果显示，尽管精神损害赔偿的适用范围、主观计算与客观计算标准的选取等问题上还存在不同处理方案，我国法院已经在校园足球损害赔偿范围论上初步形成了一些规律性认识，表现在：（1）在损害赔偿指导原则上，采合理赔偿而非完全赔偿原则，通过把事实上的损害上升为法律上之可赔偿损害，对于法律无明文规定的间接损害不赔偿，限缩了赔偿范围空间。（2）通过因果关系联系度、过错程度、行为违法性程度、行为人年龄智力等因素防止损害赔偿规模无限扩大。（3）精神赔偿抚慰金逐渐进入校园足球伤害的赔偿范围，由此为学校开展校园足球运动提出新的挑战。将该种赔偿限缩在过错责任范畴，排除损失分担情形之适用，亦能在一定程度上缓和学校的法律负担。（4）赔偿范围之计算标准在主观计算标准与客观计算标准间进行综合权衡，由此尽可能照顾诉争双方利益。

作为基于某个典型项目开展的研究样本，校园足球损害赔偿范围论的研究结果显然对于我们认识学校体育损害赔偿范围的一般规律具有较强参照意义。遗憾的是，仍然有相当一部分法院对于足球运动（其他体育运动亦然）之固有风险缺乏准确认知，判决较为保守，这导致了受害人完全自担风险的案例比例相当低。在学校法律负担过重的情况下，损害赔偿范围论的弹性考量或许能在法技术上为学校减负发挥一定作用。

# 第十二章 多元化校园足球伤害救济模式之构建

## 一、当前救济模式存在的问题

中国青少年体质连续 25 年下降，力量、速度、爆发力、耐力等身体素质全面下滑，这与中小学体育课开课率不足、锻炼密度不大、质量难以保证不无关系。① 学校之所以宁愿对学生进行课间"圈养"②，也不积极或者保质地开设足球类相关体育课程，一个重要原因即缺乏完善的校园足球伤害纠纷解决机制。特别是，当前校园足球伤害救济模式正在面临不能有效回应现实问题的危机。

校园足球伤害属于业余体育范畴③，不同于职业足球和一般的社会足球伤害，其主体往往涉及学校、学生、家长、体育教师或教练多方，是体育法、教育法和侵权法交错之地。在目前的校园足球伤害救济模式中，普遍做法是依托《侵权责任法》划定相关主体的责任范围，再以责任保险为保障机制，分散责任风险；责任保险赔付又依托于《侵权责任法》对责任主体之认定而实现。两者是一体两面的关系，正如理查德·刘易斯所言，"保险人是侵权法体系中的买单者：他们运作着日常的赔付程序，并且决定

---

① 彭芸. 青少年体质连续 25 年下降 别让孩子输在健康起跑线 [N]. 中国妇女报, 2014 – 4 – 14 (B1).
② 李长伟. 课间圈养问题探析 [J]. 北京社会科学, 2016 (11): 33 – 41.
③ Walter T. Champion, Jr. Sports Law: Cases, Documents, and Materials [M]. New York: Wolters Kluwer Law & Business, 2014: 1 – 5.

损害赔偿请求的哪些部分将会被接受或拒绝"①。这种模式也就是以侵权法体系为核心的单一救济模式。在这种模式下，受害学生往往得不到足额赔偿，学校又承担了过重责任，导致因校园足球伤害发生的诉讼纠纷居高不下，大大损伤了各方从事校园足球活动的积极性。那么，单一的侵权法司法化救济模式到底存在何种问题？实践中对于解决这些问题是否已经有所探索？校园足球伤害的救济途径从单一化走向多元化是否可行？如何构建一种更为理想的校园足球伤害救济模式？这就是本文问题之所在。

## 二、单一侵权法司法化救济模式之困境

单一的侵权法救济模式是一种完全司法化的救济模式，以相关主体的侵权责任认定为主，以责任保险制度为辅。具体来说，就是在传统的过错责任理论与《侵权责任法》第 24 条创设的损失分担条款的基础上，通过司法过程确定责任承担的主体与范围，再以该种责任认定为基础，决定责任保险的赔付。然而，目前的司法实践显示，这种思路存在固有缺陷，并不能很好地解决问题。

### （一）侵权法司法化模式本身之固有困境

第一，司法运作本身需要高昂成本，包括时间、诉讼费用、烦琐的程序、证据的取得、判决执行的可能性等问题。如果将校园足球伤害主要诉诸司法渠道解决，学校与受害学生都需要付出高额时间与金钱成本。

第二，司法模式无法在相互冲突的利益主体中设置最优解决方案。如果要弥补受害学生的全部损失，就会在一定程度上牺牲学校利益；如果想兼顾学校利益，受害学生和家长往往又不能接受。更形象的比喻是，学校足球伤害救济就像一块蛋糕的分配，现行司法救济模式只能解决哪一方分配得更多的问题，却无法确保当事双方都满意。实践中，受害学生和家长往往可以分得更多蛋糕，因为家长从朴素的正义观出发，认为自己的子女在学校受到了伤害，学校作为监护人就必须承担责任，并在事故发生后采取一切可能的手段索取赔偿，学校则往往从息事宁人的角度不得不做出一

---

① ［威尔士］理查德·刘易斯. 侵权法与保险的关系：来自英格兰与威尔士的报告［C］//［德］格哈德·瓦格纳. 比较法视野下的侵权法与责任保险（2012 年卷）. 魏磊杰，王之洲，朱淼，译. 北京：中国法制出版社，2012：57.

定让步。

第三，现有侵权法司法化救济模式缺乏相应社会保障体系配合，从而在伤害事故的责任分配中难以做到公平公正。20世纪以来，侵权法的价值取向发生了很大转变，从过去的以制裁为中心转向以补偿为中心①，这种转变需要以完善的社会保障体系作为配套。但在校园足球伤害领域，我们的现有制度却恰恰缺乏这种配套。不管是城镇居民基本医疗保险，还是新型农村合作医疗，都尚未将学生在足球课上所受伤害纳入保护范围，即使有所涉及，保障水平也很低，难以发挥作用。所以，单一的侵权法救济模式留给校园足球伤害的选择路径不多，法官在司法实践中时常把本应由社会保障体系承担的损失转嫁给学校，这会恶化学校足球课的开设环境，使得中小学足球课的教育、教学目的难以实现。

**（二）公平责任滥用造成不公平后果之困境**

公平责任是我国侵权法上的一大特色。无论是《民法通则》第132条规定的公平责任原则（最近通过的《民法总则》不再有此条款）②，还是现在出现在《侵权责任法》第24条的损失分担规则，通说认为，就是在双方当事人对造成损害均无过错的情况下，而法律没有规定适用无过错责任时，由法院根据公平的观念，在考虑当事人的财产状况以及其他情况的基础上，判令双方当事人合理分担损失的一种做法③。这一制度在比较法上相当少见，学理上的批评也较多，有如学者所言，"如果一个人的行为既不能通过过错责任进行归责，也不能通过无过错责任原则进行归责，而法官能够不受限制地基于公平的观念将损失在当事人之间进行分配，那么法律创立过错责任，以及只有在法律明确规定的情况下才能适用无过错责任原则的意义将荡然无存"④。

校园足球伤害领域是否适用公平责任原则或损失分担规则，法律没有明文规定，实践中往往由法官通过运用自由裁量权解决。法官大多不是体

---

① 黄本莲. 事故损害分担研究——侵权法的危机与未来［M］. 北京：法律出版社，2014：83.

② 江必新，何东宁. 民法总则与民法通则条文对照及适用提要［M］. 北京：法律出版社，2017：101.

③ 王利明. 侵权行为法归责原则研究［M］. 北京：中国政法大学出版社，2004：104.

④ 方新军. 侵权责任法学［M］. 北京：北京大学出版社，2013：49.

育法的专家，对校园足球和足球课教学也很陌生，在面对校园足球伤害案件的时候，往往出于息事宁人、快速解决争端的立场，在无法认定相关责任主体过错的时候，倾向于适用所谓的公平责任原则或损失分担规则，由相关各方分担受害学生的损失。

的确，在司法实践中，法官适用公平责任原则解决案件的例子相当多。公平责任原则的本来用意是在万不得已的情况下，如果不对受害人进行救济将会造成极其不公正的后果，而由相关当事人分担损失的一种做法。然而，公平责任原则在校园足球伤害领域的司法适用日益常态化，既曲解了其本来用意，又造成了一些负面的社会影响。学校作为公益事业单位，经费主要来自财政拨款，每一笔经费都有特定用途，以保证教育事业的正常发展与运作。在经费预算中，并没有专门预算用于体育课受害学生之赔偿。如果每一个学生上体育课受伤了都要学校来赔，学校就没法开展正常的教学活动了。在学校有过错的情况下，学校承担责任还可以理解，因为学校还可以向有过错的相关工作人员追偿；但若学校无过错还让其分担损失，那就是让全体纳税人为受害学生的损失买单，这对纳税人来说亦不公平。纳税人的钱通过国家财政拨款分配给学校，目的是保证法律要求的义务教育或其他教育顺利开展，而非不合理地分担受害人损失。而且，法官在适用公平责任原则时，最重要的考量因素就是当事人分担损失的财力状况①。王泽鉴教授就曾对此提出过两点疑问：第一，公平责任条款中的"根据实际情况"主要针对财产状况，进而导致财产的多寡变成一项民事责任的归责原则；第二，在实务中，难免造成法院不审慎地认定加害人是否具有过错，而是基于方便、人情或其他因素从宽适用该条款，致使过错责任和无过错责任不能发挥应有的规范功能。② 所以，在校园足球乃至整个体育伤害领域，公平责任原则的适用产生了诸多弊端，扭曲了侵权法的归责原则，破坏了侵权法体系的安定性，使学校承担了沉重的负担。

### （三）过错责任考量因素扭曲之困境

《侵权责任法》第38、39条规定，学校对在校学生于学习、生活期间受到的人身损害承担过错责任。在比较法上，校园足球伤害案件亦主要通

---

① 张金海. 公平责任考辨 [J]. 中外法学，2011 (4)：758-773.
② 王泽鉴. 民法学说与判例研究 [M]. 北京：北京大学出版社，2015：182.

## 第十二章　多元化校园足球伤害救济模式之构建

过适用过错责任，逐个考量教练、教师、管理者、学校和体育组织之归责及免责因素并进行解决。① 因此，过错责任归责原则适用的正确与否，对于公平、合理地解决校园足球伤害案件至关重要。然而，法官在司法实践中往往会对过错责任之考量因素发生扭曲，这主要表现在两个方面：第一，证据获得困难使过错责任的考量因素不精确。中小学生心智尚未成熟，发生事故后很难准确描述当时情形，证明事故的物证不易收集。而且，体育教师和上课学生等证人证言会受到利害关系人的压力，很难确保真实。在实践中，法官经常不加审慎地调查学校是否存在过错，就对学校课以责任。第二，足球运动的对抗性、固有风险等特殊因素也会扭曲法官对当事人过错的认定。在司法实践中，"自甘冒险"能否作为免责事由一直存在争议。体育法学者一般持肯定观点，其立场在于，体育运动的固有风险是不可避免的，只有承认这种固有风险，体育的发展才能成为可能。② 然而，在传统侵权法理论上，"自甘冒险是一个非法定概念，其要件和法律效果都是不特定的、含糊不清的"③，由此必然导致法官对自甘冒险与过错之关系产生混淆④。一些美国法院抛弃了自甘冒险理论⑤，在有的判例中，受害人的自甘冒险行为并不被认为可以排除加害人过失⑥。对于体育侵权中自甘冒险之识别，有欧洲学者近来指出的方案是：运动参与者能接受"通常的和合理的风险"（normal and reasonable risks），但并不接受"非正常的事故"（abnormal incidents）⑦。然而，如何在真实环境下对两者进行准确界定，仍然是一个难题。

---

① Glenn M. Wong. Essentials of Sports Law [M]. Santa Barbara, Denver, Oxford: Praeger, 2010: 110-127.
② 韩勇.体育伤害自甘风险抗辩的若干问题研究[J].体育学刊,2010(9):26-31.
③ ［德］埃尔温·多伊奇，［德］汉斯-于尔根·阿伦斯．德国侵权法——侵权行为、损害赔偿及痛苦抚慰金［M］.叶名怡，温大军，译．北京：中国人民大学出版社，2016：82.
④ 赵毅.体育伤害自甘风险与过失关系之解释论——由上海新泾公园篮球伤害案展开［J］.体育成人教育学刊，2015（3）：6-10.
⑤ William Powers Jr. Sports, Assumption of Risk, and The New Restatement [J]. Washburn Law Journal, 1999 (3): 771-780.
⑥ 陈聪富．自甘冒险与运动伤害［J］.台北大学法学论丛，2009（3）：141-184.
⑦ Maria Cimmino. L'indisponibilita del diritto all'integrita fisica della persona umana in ambito sportivo e i limiti al rischio[J]. Ius Humani. Revista de Derecho,2016(5):69-104.

## （四）责任保险分担损失"低社会化"之困境

责任保险制度是对侵权损害赔偿制度分散风险能力不足的一种补救①，作为一种风险社会化机制，它在一定程度上可以分担学校赔偿责任带来的压力。但是，责任保险制度具有寄生性，其赖以存在的根基，即侵权责任之认定与归责，存在前述诸多弊端，由此会影响责任保险制度自身功能的实现。责任保险制度本身亦有局限性。正如对损害赔偿范围论相关案例样本的研究所示，在校园足球伤害案件中，校方责任险的办理比例只有20%左右。可以认为，责任保险制度难以发挥校园足球伤害领域损失分担社会化机制的作用。而且，即使学校办理了校方责任险，也不意味着一定能获得赔付。保险公司与学校经常就事故赔偿范围发生争议，故意伤害、意外事件等案件都在保险公司免责条款范围内。但是，究竟校园足球伤害哪些属于故意、哪些属于过失、哪些属于意外事件，保险公司和学校的立场并不一致。再加上法官在裁判中经常会滥用公平责任和扭曲过错责任的考量因素，由此加大了学校的赔偿负担，导致保险公司的责任也随之扩大，保险公司就会采用提高保费、收缩业务范围和制定众多免责条款的针对性措施，以使自己尽量少赔钱。毕竟，责任保险属于商业保险，保险公司需要追求营利。② 学校只能要么放弃保险，要么以高价保费获得低额补偿，投保积极性不高也是理所当然。

责任保险的运作程序亦有缺陷。只有在侵权责任主体确定以后，责任保险才会启动赔偿程序。现实中许多校园足球伤害属于意外事件，并不存在责任主体，由此成为责任保险难以覆盖的领域。

所以，从现阶段校园足球伤害的司法实践来看，单一的侵权法救济模式处在困境之中。一方面，对受害人的同情心使得责任主体有扩大倾向；另一方面，成熟的保险与社会保障体系在现阶段相当匮乏，侵权法由此不得不承担超越其自身承受范围的功能。③ 因此，如何设计一种制度，不仅

---

① 张俊岩. 风险社会与侵权损害救济途径多元化 [J]. 法学家，2011（2）：91－102.

② 张俊岩. 风险社会与侵权损害救济途径多元化 [J]. 法学家，2011（2）：91－102.

③ 张俊岩. 风险社会与侵权损害救济途径多元化 [J]. 法学家，2011（2）：91－102.

要使受害学生损失得到公平合理的救济,同时亦要兼顾学校的积极性,就成为校园足球运动制度保障机制建设的当务之急。

### 三、"去司法化"救济思路的探索

如果侵权法自身立法不完善,司法权运作不规范,单一的侵权法司法化救济模式就存在天然不足。如果我们跳出这种思维模式,考虑"去司法化"救济的可能性,也许能够发展出新的校园足球伤害救济模式。在我国上海地区和日本,都出现了一些先期探索,我们可以作为经验进行利弊分析。

#### (一) 不完全司法化模式:上海的实践经验

基于"去司法化"的制度设想,上海市首创了"学校体育运动伤害专项保障基金"(以下简称"基金"),并于2016年3月开始试运行。"基金"覆盖了所有学校组织与安排的课外体育活动、体育课教学、体育竞赛、课余体育训练以及从事这些活动过程中出现的交通意外;内容涵盖了意外身故、猝死、伤残、医疗费用等;赔付的最高限额为意外身故20万元、伤残50万元、医疗费用10万元(含医保外5万元)[①],校园足球伤害自然也在此赔付范围之中。在资金的来源上,由"基金"的管理者,即中国人寿上海市分公司按照每个学生每年2元的标准收取保费。"基金"并不具有强制性,但如果学校已经加入了校园意外险,就自动纳入"基金"保障的范围,不须再交2元的费用。当然,这只是"基金"运行第一年的情况。我们可以发现,那些已经投保了校园意外险(保费相对较高)的学校,显然比只按每生每年2元标准获得"基金"保障的学校付出的成本高。可以预计,在新的一年,大部分学校可能只会选择投保"基金",而不再选择校园意外险了。在资金的筹集上,"基金"采取"以支定收"的方式,即根据每年基金赔付的支出决定未来的收费标准(每生每年2元标准就会存在着浮动),当年不足部分由"基金"管理方先行垫付。

"基金"以学校体育运动伤害事故的发生为理赔依据,不涉及对学校的

---

① 凌馨. 上海首创"学校体育运动伤害专项保障基金"[J]. 中国学校体育, 2016 (3): 16.

责任认定问题。也就是说，按照现有的程序，一旦发生学校足球运动伤害事故，先由区县教育部门及学校"认定"，再由"基金"的管理方——中国人寿上海市分公司依照赔付范围进行理赔。所以，这里的区县教育部门及学校"认定"，只是赔付范围的认定，而非责任主体是否存在过错的认定。因此，这一制度的本身定位和运作逻辑尚有不明晰之处。第一，"学校体育运动伤害"是否仅仅是像校园足球等学校体育运动的"意外"伤害？因为也有许多体育运动伤害存在着学校过错，并非意外伤害。在这种情况下，"基金"是否予以保障？第二，即使"基金"保障的是意外伤害，由于"基金"的赔付不以责任认定为前提，那么，即使学校有过错的伤害也会被纳入"基金"的赔付范围。因此，在"基金"赔付以后，是否应该向有过错的学校追偿？而且，"基金"的运作并不存在责任认定问题，又如何知道学校有没有过错呢？

按照上海"基金"的这种运作逻辑，我们也许可以得出结论，无论学校对于学生的足球伤害是否有过错，也无论足球伤害的发生是否属于意外，"基金"都会无条件地予以赔偿。当然，相比单一的侵权法救济模式而言，"基金"是对现有校园足球伤害以及整个校园体育伤害领域救济模式的重大突破。第一，"基金"保障了所有的校园体育运动伤害。只要学生在体育活动中出现伤害事故，无论是校园足球伤害还是其他校园体育伤害，"基金"都会予以保障，这无疑给了学校和家长支持校园足球运动开展的定心丸。第二，"基金"成本更少。商业性的校园意外险也保障学校足球意外伤害，但是保费相当高，很多学校没有投保的积极性。成本低廉的"基金"属于公益性质，可以有效解决这一问题。第三，"基金"大大降低了校园足球伤害进入司法层面的可能性。因为"基金"并不以责任认定作为赔付前提，受害学生都能获得赔付，也就没有必要通过司法程序获得救济，就更不存在广受学界批评的适用公平责任导致的不公平争议了。所以，尽管"基金"的自身定位和运作逻辑还有不明，但它的确是一种创新型的校园体育伤害社会保障机制。这种由区县教育部门与学校决定赔付范围，由"基金"管理方进行赔付的方式，实质上就是一种行政主导的校园体育伤害救济模式。这种模式在一定程度上避开了司法介入，节省了传统诉讼模式带来的时间成本和诉讼成本，最大化地体现了行政方式带来的支付快、给付足、效率高的优势，受害学生可以得到充分的救济。

然而，我们也会发出疑问，由于"基金"不分学校是否有过错，都可能一概予以赔付，学校是否就会淡化安全防范意识呢？更深入地分析，"基金"是否就有完全代替学校责任保险制度的可能呢？因为在原有的校方责任险制度下，有过错的学校在赔偿完受害学生后，可以得到保险公司的赔付。如果有了"基金"，学校就不需要再购买校方责任险了吗？

这样的疑问有一定道理，但"基金"其实并不能完全代替校方责任保险制度。第一，"基金"的赔付有限额。身故的赔偿限额非常低，才20万元；最高的伤残赔偿限额也才50万元，但真实的伤害费用往往可能超过这一限额。第二，家长和学生也不一定就会对教育部门与学校认定的赔付范围满意。在这两种情况下，学生都可能会再次选择司法途径，要求学校对限额外或不满足的支出进行赔偿。此时，学校就会面临因过错责任或无过错时损失分担条款进行赔偿的风险。因此，学校在"基金"之外，另行投保校方责任险仍然是有意义的。正是在这个意义上，学者也承认，"基金"与学校责任保险制度，可以构成学生体育运动伤害救济的两项并存措施。①

上海模式是在"去司法化"的设想中，解决校园足球伤害乃至整个校园体育伤害的损失救济问题。这一模式突破了单一的侵权法救济模式将损失交由双方当事人分担的瓶颈，运用保险的原理将损失交由校园足球运动的参与者——更为广阔的学生群体去分担。当然，这种模式并非完全的去司法化，因为在超出"基金"限额时，也有通过司法化的责任保险制度运作之必要。但是，这种模式不分过错地对学校体育伤害进行赔付难免有门槛过低、缺乏监督之嫌。在这种模式下，只要是发生在校园体育领域内的伤害，当然包括我们所研究的校园足球伤害，学生都可以得到赔付，而不论学校是否存在过错。再加上赔付范围的划定是由教育部门和学校主导的，这无异于"自己做自己案件的法官"，缺少了外部力量的监督。这种行政化主导的自由裁量权是很大的：有时，相关人员为了避免上级问责，会倾向于少划责任承担范围；但有时，相关人员为了尽快平息家长的纠缠，又会无原则地多划赔偿范围。所以，上海模式虽然减少了学校的赔偿压力，但也是一把双刃剑，因为同时也会减弱学校的安全防范意识，使得学校在有

---

① 傅鼎生. 化解校园体育运动意外伤害事故责任认定的困境——上海市设立"专项保障基金"的社会意义[J]. 人民教育, 2016 (6): 31-35.

过错时,无法体现外部的制裁压力。

### (二)完全去司法化模式:日本的理论探索

在上海模式之外,我们还可以思考日本学界已经进行的一些理论探索。20 世纪 80 年代,"侵权法危机"的思潮在日本法学界出现,原因既有来自责任保险等外部制度的冲击,也有侵权行为制度本身的问题。① 前者表现为责任保险的泛滥使得侵权行为制度的惩罚与预防变得徒有虚名;后者表现为过失、因果关系等理论使得侵权诉讼变得低效率,加害者财力有限使得被害者得不到有效救济等。所以,人们离开侵权制度转而寻求更为高效的制度化解决方式,由此日本出现了"脱侵权行为化"的说法。②

针对侵权行为制度存在的诸多问题,加藤雅信教授认为需要建立一个以社会集体责任为基础的、具有社会保障性质的单一综合救济体系,它的出发点就是建立"综合救济体系基金",从而取代目前以侵权行为制度为中心的人身损害救济制度。③ 具体而言,表现为以下三个方面:第一,基金的赔付不以责任认定为依据,只要发生了人身损害,就可以得到基金赔付。这就完全避开了侵权法体系在损害救济中的运作。第二,基金的来源由三大部分组成:危险行为附加税(比如机动车责任附加税、劳动伤害附加税、公害附加税、学校事故等)、自卫性的保险金(医疗保险、养老保险等自己负担的部分)、通过对故意侵权者的求偿得来的资金。最后,基金是一个行政化机构,负责资金标准的确立、税费的征收、对故意侵权者的诉讼等与综合救济体系有关的事务。④ 这种基金的救济具有确定性、快速性、一律公平性、效率性以及社会保障性等五个显著的特征。

我国校园足球伤害领域出现的单一侵权法救济模式之困境,与日本 20 世纪 80 年代出现的侵权法危机具有高度相似性。两者的共同表现是,来自侵权法内部与外部的冲击使得受害者无法得到有效救济,因此出现了所谓"脱侵权法化"(本质即"去司法化")思潮。根据加藤雅信的综合救济体

---

① [日]吉村良一. 日本侵权行为法[M]. 张挺,译. 北京:中国人民大学出版社,2013:14.

② 张挺. 日本综合救济论的生成与展开[C]//北航法律评论(2011 年第 1 辑). 北京:法律出版社,2011:113-133.

③ 于敏. 日本侵权行为法[M]. 北京:法律出版社,2015:92.

④ 渠涛. 从损害赔偿走向社会保障性的救济——加藤雅信教授对侵权行为法的构想[C]//梁慧星. 民商法论丛(第 2 卷). 北京:法律出版社,1994:288-320.

## 第十二章 多元化校园足球伤害救济模式之构建

系论,在校园足球伤害领域,可以建立将社会保障制度与人身损害赔偿制度合为一体的综合救济体系基金。这种综合救济体系基金具有天然的行政性优势,将完全取代以侵权法为中心的人身损害救济制度。首先,这种基金可以实现对受害者赔付的确定性。这种基金具有雄厚的财力,可以避免在侵权法体系下加害者赔付的不确定问题。其次,这种基金对受害者的救济速度也较快。基金的赔付省去了责任认定环节,进而节省了由诉讼程序产生的高昂成本。再次,这种基金赔付范围相当广泛。基金足以覆盖到校园足球伤害领域内的每一个学生,解决了侵权法模式下,加害者因为没有参加保险,且缺乏赔偿能力,而使受害者无法得到救济的困境。与上海模式相比,这种基金上不封顶,可以实现对受害学生损失的全面赔偿。因此,它就是一种完全去司法化的模式,基于广泛、完全的赔付范围,司法化的责任保险制度也不再具有存在的必要。最后,作为一个行政化的实体性组织,基金可以保证对受害者的定期支付。这种支付方式与对受害者的一次性赔偿相比,更能解决两个问题:一是逐年而非一次性的赔偿更能实现对受害者的生活保障;二是利于救济受害者当时尚未发现的病情与未来难以预料的支出。

日本模式之综合救济体系基金虽然具有一些天然的行政化优势,但也会带来新的问题,并且实现的成本太高,难以为我国现实的国情所允许。在与侵权法体系的关系上,基金仍然不能完全脱离侵权法而独自运作。基金的成立虽然可以防止学校因担心承担责任而形成的"课间圈养"问题,但是过分强调对受害学生的补偿而忽视侵权法之制裁功能,反过来会导致学校等加害者的责任意识淡薄化。这和上海模式的弊端如出一辙,由此形成了一个奇怪的现象:完善的事后救济措施反而导致了事前风险预防措施的削弱。事实上,侵权行为制度具有防止侵权行为再发生的功能,对事故的抑制和责任原则的维持仍然是整个社会所必需的。相比上海模式,日本的综合救济体系基金虽然增加了对故意等加害者的追偿功能,但被害者因为可以很方便地获得赔偿,就缺乏追究责任者的动力,甚至基金自身也无追偿之积极性。在取证方面,基金很难证明加害者的故意,因此追偿制度能否真正落实值得怀疑。即使能够落实,也仅限于故意领域,对于更加频繁发生的过失伤害仍然缺乏制约措施。

所以,完全移植日本模式并不现实。比如,在基金实现的可行性上,基金的资金来源是一个关键问题。我国法学界缺乏对相关主体承担基金资金比例的理论研究,如何能公平公正地分配资金比例是一个亟待填补的理论空白。如果不能有效地解决学校、学生以及政府承担资金的比例,则任何一方都不会加入基金。从基金承担损害的规模来看,由于它要承担校园足球伤害乃至整个体育伤害领域内的赔偿,既有故意、过失的场合,也包括无过错的意外事件,必然是一笔规模巨大的资金,分摊到学生群体上数额不菲。我国大部分的家长保险意识都不强,更遑论让他们接受这种基金分摊了。而且,基金的自身运作也需要一笔庞大费用,就如同新设一个全国性的官僚层级体系,雇佣专门的员工,购买相应的设备,所有这些成本都要分摊到学校与学生头上。因此,日本模式下的综合救济体系基金在我国目前尚不具备可行性。

综上所述,日本的完全去司法化模式虽然能够避免司法化的侵权法救济模式弊端,但是也阻挡了在侵权法体系内解决问题带来的好处。我们应当基于我国现实国情,综合上海模式与日本模式之优劣,结合去司法化模式与司法化模式之利弊,探索更为多元化的校园足球伤害救济模式。

## 四、校园足球伤害多元化救济体系之制度融合

如前所述,单一的侵权法救济模式和完全去司法化的日本模式都过于极端,无法适应现代社会对损害赔偿救济多元化的现实需求。正如王利明教授所言,现代社会是一个风险社会,在事故损害赔偿领域,应当建立侵权损害赔偿、责任保险和社会救助并行发展的多元化受害人救济机制。①在不完全去司法化的上海模式中,虽然既有侵权法体系的运作,也有社会保障性质的基金,表面上看是一种多元化救济机制,但两者之结合实非制度设计者有意考虑之结果,而是制度本身缺陷所致——单纯的基金救济并不能解决所有问题,才有了适用侵权法救济之必要。因此,我们应当在总结前述经验的基础上,提炼侵权法救济、社会保障基金、保险各自优势,在深度融合多种救济机制基础上实现校园足球伤害的多元化救济。

---

① 王利明. 建立和完善多元化的受害人救济机制 [J]. 中国法学, 2009(4): 146-161.

## （一）"基金为主、司法化为辅、保险补充"的层次化救济模式构建

在多元救济模式制度融合之背景下，强调"基金为主、司法化为辅、保险补充"的层次化救济模式具有重要意义。校园足球伤害事故发生后，我们所设想的"校园足球意外伤害救济基金"应发挥主要作用。该项基金先行对事故进行理赔，提前垫付受害学生的损失，特别是保证受害学生的治疗费用得到及时足额的支付，而无须事先认定伤害事故各方的责任。与同样全部由基金负担损失的日本模式不同，"校园足球意外伤害救济基金"应明确追偿程序，即在学校或加害学生有过错时，基金可向有过错的相关方追偿。只有在伤害事故相关方都无过错的情况下，基金才最终承担全部赔偿责任。增加追偿程序的好处在于，通过对加害者施加一定的注意义务，学校的安全防范意识可以得到提高，事前风险预防机制可以获得完善，事故发生的概率也可能降低。

进入追偿程序后，又出现了新的制度路径选择。在基金向有过错的学校追偿方面，是采用侵权司法救济路径，由法官这样的中立司法者认定责任？还是在事故发生前，由学校与基金预先签订合同，同意将责任认定交由一个独立的第三方鉴定机构负责呢？如果将责任认定交给法官，司法程序本身带来的高成本暂且不论，作为司法程序发动者的基金本身亦缺乏追偿的积极性。这是因为，对于负责追偿的基金管理人员来说，出资人不是自己，资金非由自己垫付，难以满足诉讼当事双方的强对立性特征。但如果存在一个独立的第三方鉴定机构，此弊端可有效避免，鉴定机构不负责追偿，只负责划分责任，其独立性又可保证结果的公平公正。由于基金与学校事先合同之拘束力，鉴定结果能被双方接受，追偿结果能够得到有效保证。

如果还存在加害人，由于他们并不受基金与学校事先合同之约束，期待所有加害学生都能认可鉴定机构的责任认定结果并不现实。此时，具备更大权威性的司法化责任认定模式将发挥辅助作用。在此情况下，基金方与加害学生方可以通过司法化程序明确加害学生方是否存在过错，并由此决定基金是否有权向加害学生方追偿。

在学校和加害学生因过错承担了相应责任后，或者受害学生不满足于基金赔付数额之情形，保险将发挥基金和侵权司法化救济之外的补充作用。就学校而言，校方责任险是其转嫁责任的重要手段之一。在制度衔接的要求下，独立鉴定机构的责任认定既应作为基金与学校之间责任划定的依据，

也应在保险合同中被明示作为保险公司是否赔偿学校损失的依据,这样可以避免作为责任实际承担人的保险公司与学校在责任认定方面产生纠纷并诉诸司法程序,提高责任认定的效率。对于学生而言,无论是从受害人的角度还是加害人的角度,都可以通过投保相应商业保险规避风险。

构建校园体育伤害多元救济体系的法理基础在于,任何制度都非完美无缺,都存在漏洞,都有可能使受害人的救济坠入制度间的缝隙。① 以"基金为主、司法化为辅、保险补充"的层次化救济模式构建能够最大限度填补单一制度的漏洞,实现多元价值诉求下的各方利益平衡。"校园足球意外伤害救济基金"是此一体系之"发动机",由它事先垫付资金,由它启动制度追偿;作为辅助手段的司法化救济模式只在加害学生不认可鉴定机构的责任认定结论时发挥作用;保险则是一种重要补充手段,可以有效转嫁相关各方从事体育运动的法律风险。这种多元、分层的救济体系逻辑框架可从图1加以理解。

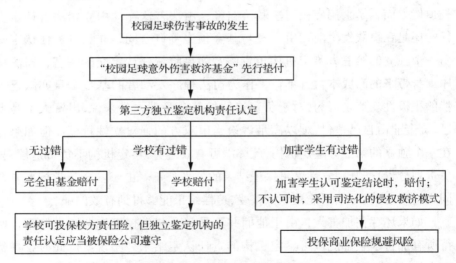

**图1 校园足球伤害多元化救济体系逻辑框架图**
Picture 1: Logic Frame of Multielement of Relief to Campus Sports Injury

### (二)"校园足球意外伤害救济基金"与上海模式"基金"之差异

我们所设想的"校园足球意外伤害救济基金"不同于上海模式的"学

---

① 王艳华. 从损害赔偿到综合救济制度——论侵权行为法的发展方向 [J]. 郑州大学学报(哲学社会科学版),1999(5):88-92.

校体育运动伤害专项保障基金"。前者只救济校园足球伤害中学校无过错时发生的意外体育伤害,保障范围较后者为窄,但更能发挥学校在安全保障上的主动性。

另外,上海模式下的"学校体育运动伤害专项保障基金"虽然是一种公益性质的基金,但在实践中是由具有商业属性的中国人寿上海市分公司运营,没有与其职能相适应的实体性组织进行管理。那么,一个营利性质的公司在从事公益事业时,能否最大限度地满足公益目的的实现,值得怀疑。比如,这种基金"以支定收"的运营方式给予了中国人寿公司对保费金额予以浮动调整的自主权,该种权利一旦缺乏监管,便很容易被企业滥用,从而使基金成为企业捞取金钱的工具。也许有人会说,中国人寿公司可以通过完善自律机制进行自我约束,但与其相信一个营利性企业的自我约束机制,不如成立一个专门的非营利性机构,以最大限度地保障校园足球、校园体育社会保障基金的公益目的不被扭曲。

作为一个实体性、公益性的非法人组织,"校园体育意外伤害救济基金"在自身章程规定下开展活动。章程应该详细地规定基金的缴纳主体、缴纳比例、资金的收取与管理程序等。在基金的资金来源方面,不能像上海模式那样全部依赖于学生投保,社会捐赠与政府拨款也应当占据一定比例。政府有义务对"校园足球意外伤害救济基金"进行扶持的理由在于:一方面,少年强则中国强,青少年是国家重要的人力资源,理应得到国家的特殊保护,如果放任学生伤害不予救济,将严重影响国家和民族的未来;另一方面,基金的公益属性决定了其必要之运营管理费用只能来自政府,而不可能由私人或企业负担。正如学者所言,国家对弱势学生群体予以特殊保护,是一种国家亲权的体现,这意味着,国家在自然亲权不能有效履行职责时,即父母无法有效救济自己的孩子时,国家应当出面替代自然亲权承担监护的职能,这是一种政府义务的体现。① 在基金的运作与管理方面,我们仍然可以借鉴上海模式的创新,采取"以支定收"方式保证所筹集到的资金全部用于受害学生之赔偿。在基金的保障范围上,应包括足球课、足球比赛、足球训练等学校组织的足球活动,但以学校不存在过错的

---

① 徐国栋.普通法中的国家亲权制度及其罗马法根源[J].甘肃社会科学,2011(1):186-190.

意外事故为限。在基金的保障水平上,应以全面保障为原则,如果对基金责任限额规定过低,受害学生和家长难免会寻求司法途径的救济,造成基金救济功能不能有效发挥。在基金的支付方式上,应允许受害人选择一次性或分期支付方式,这可以避免隐藏病情与未来损失无法提前预知的问题。

## 五、小结

在我国法学界,损害救济的多元化路径已经多有人提及,日益成为学界之共识。① 但是,在校园足球伤害领域,综合救济论还是一种崭新的尝试,虽然已经有诸如上海模式这样的实践探索,但理论上的提炼仍显不足,必然就会导致制度设计上的龃龉。构建多元化的校园足球伤害救济模式顺应了风险社会背景下现实状况的复杂性,能够有效融合侵权责任认定、责任保险和社会保障基金制度各自的优势,既能最大限度保障受害学生的救济,也能促进学校开展体育教学活动的积极性,符合与公正、平等、诚信共存的友善型社会主义核心价值观。② 我们还须考虑,中国幅员辽阔,各地经济社会发展水平存在很大差异,多元化的校园足球伤害救济模式具有较大的制度弹性空间,能够将这种差异带来的负面影响降低到最小。故而,我们应当基于我国现实国情,综合上海模式与日本模式之优劣,结合去司法化模式与司法化模式之利弊,提炼侵权法救济、社会保障基金、保险各自优势,在深度融合多种救济机制基础上实现校园足球伤害的多元化救济。

---

① 王利明. 侵权责任法研究(上卷)[M]. 北京:中国人民大学出版社,2010:179.

② 黄明理. 友善之为社会主义核心价值观论析[J]. 广西大学学报(哲学社会科学版),2015(5):29-36.

# 参考文献

## 一、著作

### (一) 中文著作

1. 盖威.中国社团立法研究:以市民社会为视角[M].北京:中国书籍出版社,2015.
2. 金锦萍.中国非营利组织法前沿问题[M].北京:社会科学文献出版社,2014.
3. 蔡磊.非营利组织基本法律制度研究[M].厦门:厦门大学出版社,2005.
4. 郑国安,等.国外非营利组织的经营战略及相关财务管理[M].北京:机械工业出版社,2001.
5. 陈金罗,金锦萍,刘培峰,等.中国非营利组织法专家建议稿[M].北京:社会科学文献出版社,2013.
6. 王浦劬,[美]莱斯特·M.萨拉蒙,等.政府向社会组织购买公共服务研究——中国与全球经验分析[M].北京:北京大学出版社,2010.
7. 徐家良.互益性组织:中国行业协会研究[M]北京:北京师范大学出版社,2010.
8. 金锦萍,葛云松.外国非营利组织法译汇[M].北京:北京大学出版社,2006.
9. 范健.商法[M].北京:高等教育出版社,2011.
10. 鲍明晓.体育产业——新的经济增长点[M].北京:人民体育出版社,2000.
11. 张吉龙,付华.激情英超[M].北京:光明日报出版社,2005.
12. 任先行,周林彬.比较商法导论[M].北京:北京大学出版社,2000.

13. 江和平,张海潮.中国体育产业发展报告(2008~2010)[M].北京:社会科学文献出版社,2010.
14. 李吉慧,侯会生,兰保森.现代足球训练理论与实践[M].北京:人民体育出版社,2008.
15. 韩勇.学校体育伤害的法律责任与风险预防[M].北京:人民体育出版社,2012.
16. 程啸.侵权责任法[M].北京:法律出版社,2015.
17. 何永超.足球[M].北京:人民体育出版社,2008.
18. 石岩,等.中小学体育活动风险管理[M].北京:北京体育大学出版社,2012.
19. 孙国华.法理学[M].北京:法律出版社,1995.
20. 佟丽华.未成年人法学[M].北京:中国民主法制出版社,2001.
21. 张新宝.侵权责任法原理[M].北京:中国人民大学出版社,2005.
22. 杨立新.侵权责任法[M].北京:法律出版社,2010.
23. 黄文煌.阿奎流斯法——大陆法系侵权法的罗马法基础[M].北京:中国政法大学出版社,2015.
24. 谭小勇,宋剑英,杨蓓蕾,等.学校体育伤害事故法律问题研究[M].北京:法律出版社,2015.
25. 曾世雄.损害赔偿法原理[M].北京:中国政法大学出版社,2001.
26. 方新军.侵权责任法学[M].北京:北京大学出版社,2013.
27. 王利明.侵权责任法研究(上卷)[M].北京:中国人民大学出版社,2010.
28. 王伯琦.民法债编总论[M].台北:正中书局,1962.
29. 杨立新.侵权行为法[M].上海:复旦大学出版社,2005.
30. 王利明,等.民法学[M].北京:法律出版社,2005.
31. 黄本莲.事故损害分担研究——侵权法的危机与未来[M].北京:法律出版社,2014.
32. 江必新,何东宁.民法总则与民法通则条文对照及适用提要[M].北京:法律出版社,2017.
33. 王利明.侵权行为法归责原则研究[M].北京:中国政法大学出版社,2004.

34. 王泽鉴. 民法学说与判例研究[M]. 北京：北京大学出版社，2015.

35. 于敏. 日本侵权行为法[M]. 北京：法律出版社，2015.

## （二）中文译著

1. ［美］塞缪尔·P. 亨廷顿. 变化社会中的政治秩序[M]. 王冠华，刘为，等，译. 北京：生活·读书·新知三联书店，1989.

2. ［德］马克斯·韦伯. 经济与社会（上卷）[M]. 林荣远，译. 北京：商务印书馆，1997.

3. ［德］哈贝马斯. 交往与社会进化[M]. 张博树，译. 重庆：重庆出版社，1989.

4. ［美］莱斯特·M. 萨拉蒙，等. 全球公民社会——非营利部门视界[M]. 贾西津，魏玉，等，译. 北京：社会科学文献出版社，2002.

5. ［英］大卫·鲍乔弗，［英］克里斯·布莱迪. 向足球学习——英超足球经营启示录[M]. 陈斌，萧艾，译. 北京：人民邮电出版社，2003.

6. ［法］热拉尔·埃尔诺. 穿西装的足球——对话普拉蒂尼[M]. 赵威，译. 北京：北京理工大学出版社，2014.

7. ［德］埃尔温·多伊奇，［德］汉斯-于尔根·阿伦斯. 德国侵权法——侵权行为、损害赔偿及痛苦抚慰金[M]. 叶名怡，温大军，译. 北京：中国人民大学出版社，2016.

8. ［日］吉村良一. 日本侵权行为法[M]. 张挺，译. 北京：中国人民大学出版社，2013.

## （三）外文著作

1. Quirk, James & Mohamed EI Hodiri. The Economic Theory of a Professional Sports League[M]. Washington, D. C.：Brookings Institution，1974.

2. Glenn M. Wong. Essentials of Sports Law[M]. Santa Barbara, Denver, Oxford：Praeger，2010.

3. Walter T. Champion, Jr. Sports Law：Cases, Documents, and Materials[M]. New York：Wolters Kluwer Law & Business，2014.

# 二、论文

## （一）中文论文

1. 赵毅. 足球改革背景下中国足协法律地位之困境及破解[J]. 苏州大

学学报(法学版),2016(4).

2. 赵毅.自治的黄昏?——从我国法院裁判考察司法介入体育的边界[J].体育与科学,2015(5).

3. 赵毅.学校无过错,为何仍需赔偿损失——"长宁小学生体育课手球伤害案"判决评析[J].教学与管理,2013(17).

4. 赵毅.运动伤害免责的罗马法基础[J].体育与科学,2017(1).

5. 赵毅.体育伤害自甘风险与过失关系之解释论——由上海新泾公园篮球伤害案展开[J].体育成人教育学刊,2015(3).

6. 肖嵘,汤起宇,吕万刚.我国省区市体育社团经费来源现状及其发展思路的研究[J].北京体育大学学报,2005(7).

7. 冯欣欣,曹继红.资源依赖视角下我国体育社团与政府的关系及其优化路径研究[J].天津体育学院报,2013(5).

8. 姜熙.开启中国体育产业发展法治保障的破局之路——基于中国体育反垄断第一案的思考[J].上海体育学院学报,2017(2).

9. 吕来明,刘娜.非营利组织经营活动的法律调整[J].环球法律评论,2005(6).

10. 金锦萍.论非营利法人从事商事活动的现实及其特殊规则[J].法律科学(西北政法学院学报),2007(5).

11. 胡科,虞重干.政府购买体育服务的个案考察与思考——以长沙市政府购买游泳服务为个案[J].武汉体育学院学报,2012(1).

12. 许小玲.政府购买服务:现状、问题与前景——基于内地社会组织的实证研究[J].思想战线,2012(2).

13. 王凌燕.行政法视野下政府购买公共服务的思考[J].长春理工大学学报(社会科学版),2013(4).

14. 财政部科研所课题组.政府购买公共服务的理论与边界分析[J].财政研究,2014(3).

15. 崔正,王勇,魏中龙.政府购买服务与社会组织发展的互动关系研究[J].中国行政管理,2012(8).

16. 崔卓兰,周隆基.社会管理创新与行政给付新发展[J].当代法学,2013(1).

17. 王占坤,吴兰花,张现成.地方政府购买公共体育服务的成效、困境及化解对策[J].天津体育学院学报,2014(5).

18. 冯维胜,曹可强.政府购买公共体育服务的评估实践与反思[J].首都体育学院学报,2016(6).

19. 张敏.政府购买公共服务后的行政担保责任[J].行政论坛,2015(5).

20. 黄剑宇.政府购买公共服务的影响因素及其优化机制——基于合作治理变革趋势的分析视角[J].福建农林大学学报(哲学社会科学版),2014(6).

21. 沈海燕.政府购买社会组织公共服务的现状、问题与对策[J].大连海事大学学报(社会科学版),2016(3).

22. 邱伟昌,等.上海体育赛事组织管理发展对策研究[J].体育科研,2007(2).

23. 朱忠梁,韩春利,王秋华.我国体育竞赛业发展探析——以中超联赛、乒超联赛、ATP上海大师杯为例[J].河北体育学院学报,2015(3).

24. 王润斌,肖丽斌.治理现代化视野中体育赛事审批制度的取消[J]体育成人教育学刊,2015(1).

25. 苏明,贾西津,等.中国政府购买公共服务研究[J].财政研究,2010(1).

26. 南音.负面清单管理语境下体育赛事审批制度改革[J].中共山西省委党校学报,2015(2).

27. 何强.转变体育发展方式进程中的项目协会改革[J].北京体育大学学报,2015(1).

28. 王诗宗,宋程成.独立抑或自主:中国社会组织特征问题重思[J].中国社会科学,2013(5).

29. 史康成.全国性体育社团从"同构"到"脱钩"改革的路径选择[J].北京体育大学学报,2013(12).

30. 易剑东,施秋波.论完善中国足球法人治理结构的关键问题——写在《中国足球改革总体方案》颁布一周年[J].体育学刊,2016(3).

31. 黎军,李海平.行业协会法人治理机制研究[J].中国非营利评论,2009(1).

32. 陈林,徐伟宣.从企业法人治理到非营利组织法人治理[J].中共宁波市委党校学报,2003(4).

33. 林卉.浅析体育自治及其对司法介入的排除[J].浙江体育科学,2006(6).

34. 谭小勇.依法治体语境下的体育行业自治路径[J].上海体育学院学报,2016(1).

35. 曹锦秋,狄荣.论行业协会的自治权及其限制[J].辽宁大学学报(哲学社会科学版),2011(1).

36. 董红刚.关系与合约:英格兰足球联赛的两种治理机制[J].武汉体育学院学报,2014(5).

37. 李云广,张廷安.日本职业足球发展战略[J].北京体育大学学报,2015(1).

38. 李晓龙.我国职业足球联盟理论研究综述[J].体育世界(学术版),2007(2).

39. 吴义华,张文闻.英格兰足球转会制度研究[J].体育文化导刊,2005(5).

40. 吴建喜.意大利足球甲级联赛研究[J].体育文化导刊,2009(5).

41. 黎军.基于法治的自治——行业自治规范的实证研究[J].法商研究,2006(4).

42. 殷泽锋.中国体育社会团体自治权的法理研究[J].北京体育大学学报,2011(12).

43. 梁进,叶加宝,周进强,杨爱东.足球职业化改革中的制度研究[J].体育科学,2002(3).

44. 杨铄,郑芳,丛湖平.欧洲国家职业足球产业政策研究——以英国、德国、西班牙、意大利为例[J].体育科学,2014(5).

45. 黎军.试论行业组织管理权力的来源[J].当代法学,2002(7).

46. 魏静.商会自治权性质探析[J].法学评论,2008(2).

47. 汪莉.论行业协会的经济法主体地位[J],法学评论,2006(1).

48. 张文山.论自治权的法理基础[J].西南民族大学学报(人文社科版),2002(7).

49. 王立武,黄世席.欧洲体育运动争议解决机制浅析[J].体育与科学,2009(1).

50. 姚旭,车流畅.论行业协会组织的法律性质——从制度动力学视角[J].法学杂志,2011(5).

51. 曹黎明.英国体育仲裁制度探析[J].教育现代化,2016(30).

52. 赵军.德国职业足球发展研究[J].河北体育学院学报,2014(1).

53. 刘波.德国体育联赛体系的研究[J].体育与科学,2007(5).

54. 彭国强,舒盛芳.德国足球成功崛起的因素及启示[J].体育学刊,2015(5).

55. 梁伟.公司治理结构优化下的中国足球超级联赛管办分离研究——基于对公司自治与政府规制的理解[J].中国体育科技,2015(1).

56. 张春合."管办分离"背景下的中国体育管理多中心治理问题研究[J].体育与科学,2015(5).

57. 江平.改革的重要目标,扩大社会权力[J].中国改革,2008(3).

58. 姜世波,姜熙,赵毅,等.国际体育组织自治的困境与出路——国际足联腐败丑闻的深层思考[J].体育与科学,2015(4).

59. 李砚忠.多重竞争模式和我国公共服务体制改革路径选择[J].中央财经大学学报,2007(7).

60. 梁伟,梁柱平,张珺.中国足球协会"双向代理人"角色定位及其对职业联赛的治理研究[J].天津体育学院学报,2014(6).

61. 陈元欣,王华燕,张强."营改增"对体育场馆运营的影响研究[J].体育文化导刊,2016(2).

62. 吴金勇,敖祥飞.中超公司:足球宪政预演[J].商务周刊,2005(9).

63. 董红刚.职业体育联赛治理模式:域外经验和中国思路[J].上海体育学院学报,2015(6).

64. 杜丛新,等.中国职业体育组织产权制度创新[J].武汉体育学院学报,2009(4).

65. 张挺.日本综合救济论的生成与展开[C]//北航法律评论(2011年第1辑).北京:法律出版社,2011.

66. 龚波,陶然成,董众鸣.当前我国校园足球若干重大问题探讨[J].上海体育学院学报,2017(1).

67. 李永刚,谷平.校园足球开展中运动伤害事故的法律责任认定探析[J].运动,2015(17).

68. 黄璐.社会足球伤害案件的运动技术合规性审查[J].上海体育学院学报,2016(3).

69. 王德浩.运动损伤对学生的心理影响及防治[J].兵团教育学院学报,2005(1).

70. 周思洋,毛立群.足球运动损伤的调查与分析[J].中国社区医师(医学专业),2010(13).

71. 王峰,付海燕,蒋宁,张颂.足球运动员伤害风险研究——以2006年德国世界杯决赛阶段中的伤害事件为研究对象[J].成都体育学院学报,2007(2).

72. 黄峰,赖炳森,杜光宁,古文东.中学生足球运动损伤情况的调查研究[J].体育成人教育学刊,2004(2).

73. 徐军,叶慧敏.学校体育伤害事故调查与思考——写在《学生伤害事故处理办法》施行10周年之际[J].教育学术月刊,2012(10).

74. 李钧.论过错原则下的体育损害责任[J].体育科学,2015(1).

75. 杜维超.干预规范及其功能模型——基于中美两个案例的研究[J].南海学刊,2015(2).

76. 李自然.中国厌讼传统再认识[J].广西大学学报(哲学社会科学版),2015(4).

77. 黄璐.运动技术考量在体育伤害责任认定中的重要性——基于上海新泾公园体育伤害案的分析[J].体育成人教育学刊,2015(3).

78. 陈华荣,王家宏.美国学校体育伤害事故责任分析[J].体育学刊,2009(6).

79. 张薇,李嘉,公兵.校园足球系列调研报道之二:保险!保险!校园足球的软肋[J].校园足球,2015(9).

80. 黄明理.友善之为社会主义核心价值观论析[J].广西大学学报(哲学社会科学版),2015(5).

81. 叶金强.论侵权损害赔偿范围的确定[J].中外法学,2012(1).

82. 刘海安.过错对侵权法上填补性责任之赔偿范围的影响[J].政治与法律,2009(11).

83. 时震宇,王崇喜.课程解构后中小学体育课堂教学的困境与出路[J].体育成人教育学刊,2017(2).

84. 张初霞. 侵权损害赔偿的客观与主观计算[J]. 广西政法管理干部学院学报, 2012(5).

85. 陈现杰. 关于人身损害赔偿司法解释中损害赔偿金计算的几个问题[J]. 法律适用, 2004(4).

86. 张金海. 公平责任考辨[J]. 中外法学, 2011(4).

87. 陈聪富. 自甘冒险与运动伤害[J]. 台北大学法学论丛, 2009(3).

88. 张俊岩. 风险社会与侵权损害救济途径多元化[J]. 法学家, 2011(2).

89. 凌馨. 上海首创"学校体育运动伤害专项保障基金"[J]. 中国学校体育, 2016(3).

90. 傅鼎生. 化解校园体育运动意外伤害事故责任认定的困境——上海市设立"专项保障基金"的社会意义[J]. 人民教育, 2016(6).

91. 渠涛. 从损害赔偿走向社会保障性的救济——加藤雅信教授对侵权行为法的构想[C]//梁慧星. 民商法论丛(第2卷). 北京:法律出版社, 1994.

92. 王利明. 建立和完善多元化的受害人救济机制[J]. 中国法学, 2009(4).

93. 王艳华. 从损害赔偿到综合救济制度——论侵权行为法的发展方向[J]. 郑州大学学报(哲学社会科学版), 1999(5).

94. 徐国栋. 普通法中的国家亲权制度及其罗马法根源[J]. 甘肃社会科学, 2011(1).

95. 李长伟. 课间圈养问题探析[J]. 北京社会科学, 2016(11).

### (二)中文译文

1. [南非]法莱·拉扎罗. 让体育远离法庭:南非足球联盟纠纷解决委员会——南非和非洲体育纠纷解决的模范[C]//周青山, 刘丹江, 译. 洪永红, 李伯军. 非洲法评论(2016年卷). 湘潭:湘潭大学出版社, 2016.

2. [威尔士]理查德·刘易斯. 侵权法与保险的关系:来自英格兰与威尔士的报告[C]//[德]格哈德·瓦格纳. 比较法视野下的侵权法与责任保险(2012年卷). 魏磊杰, 王之洲, 朱淼, 译. 北京:中国法制出版社, 2012.

### (三)外文论文

1. Walter Neale. The Peculiar Economics of Professional Sports: A Contribution to the Theory of the Firm in Sporting Competition and in Market

Competition[J]. Quarterly Jounal of Economics. 1964,78(1).

2. Depken. Wherein Lies Benefit of the Second Referee in NHL[J]. Review of Industrial Organization. 2004, 24(1).

3. Roger G Noll. The Economics of promotion and Relegation in sports Leagues:The Case of English Football[J]. Journal of Sports Economics. 2002,3(2).

4. Charnes A, Cooper. W, W. Rhodes. E. Measuring the efficiency of decision making units[J]. Eur. J. Oper. Res,1978(2).

5. Jonathan Michie. The Corporate Governance of Professional Football Clubs in England[J]. Corporate Governance:An International Review Investors,2005,13(4).

6. Maria Cimmino. L'indisponibilita del diritto all'integrita fisica della persona umana in ambito sportivo e i limiti al rischio [J]. Ius Humani Revista de Derecho, 2016(5).

7. William Powers Jr. Sports, Assumption of Risk, and The New Restatement[J]. Washburn Law Journal,1999(3).

## 三、裁判文书

1. 江苏省南京市中级人民法院.(2016)苏 01 民终 87 号民事判决书[EB/OL].http://wenshu.court.gov.cn/2017-03-15.

2. 湖北省武汉市中级人民法院.(2014)鄂武汉中民二终字第 00343 号民事判决书[EB/OL]. http://wenshu.court.gov.cn/2017-03-15.

3. 南京市浦口区人民法院.(2013)浦少民初字第 91 号民事判决书[EB/OL]. http://wenshu.court.gov.cn/2017-03-15.

4. 江苏省建湖县人民法院.(2014)建少民初字第 0011 号民事判决书[EB/OL]. http://wenshu.court.gov.cn/2017-03-15.

5. 南京市江宁区人民法院.(2014)江宁汤民初字第 58 号民事判决书[EB/OL]. http://wenshu.court.gov.cn/2017-03-15.

6. 南京市栖霞区人民法院.(2015)栖民初字第 423 号民事判决书[EB/OL]. http://wenshu.court.gov.cn/2017-03-15.

7. 江苏省南京市高淳区人民法院.(2015)高民初字第 1196 号民事判决

书[EB/OL]. http://wenshu.court.gov.cn/2017-03-15.

8. 呼和浩特市赛罕区人民法院. (2016)内0105民初3429号民事判决书[EB/OL]. http://wenshu.court.gov.cn/2017-03-15.

9. 陕西省城固县人民法院. (2016)陕0722民初36民事判决书[EB/OL]. http://wenshu.court.gov.cn/2017-03-15.

10. 吉林省白城市洮北区人民法院. (2014)白洮民一初字第663号民事判决书[EB/OL]. http://wenshu.court.gov.cn/2017-03-15.

11. 安徽省合肥市中级人民法院(2015)合少民终字第00065号民事判决书[EB/OL]. http://www.wenshu.court.gov.cn/2017-03-15.

12. 上海市浦东新区人民法院. (2015)浦少民初字第633号之一民事判决书[EB/OL]. http://wenshu.court.gov.cn/2017-03-15.

13. 江苏省南通市人民法院. (2015)通中民终字第01213号民事判决书[EB/OL]. http://wenshu.court.gov.cn/2017-03-15.

14. 江苏省南京市中级人民法院. (2014)宁少民终字第117号民事判决书[EB/OL]. http://wenshu.court.gov.cn/2017-03-15.

15. 湖北省武汉市青山区人民法院. (2014)鄂青山民一初字第00700号民事判决书[EB/OL]. http://wenshu.court.gov.cn/2017-03-15.

16. 新疆维吾尔自治区乌鲁木齐市米东区人民法院. (2014)米东民一初字第897号民事判决书[EB/OL]. http://wenshu.court.gov.cn/2017-03-15.

17. 湖北省武汉市黄陂区人民法院. (2013)鄂黄陂前民初字第00355号民事判决书[EB/OL]. http://wenshu.court.gov.cn/2017-03-15.

18. 上海市金山区人民法院. (2015)金民一(民)初字第3012号民事判决书[EB/OL]. http://wenshu.court.gov.cn/2017-03-15.

19. 河北省晋州市人民法院. (2015)晋民二初字第00025号民事判决书[EB/OL]. http://wenshu.court.gov.cn/2017-03-15.

20. 辽宁省沈阳市中级人民法院. (2014)沈中民一终字第1712号民事判决书[EB/OL]. http://wenshu.court.gov.cn/2017-03-15.

21. 福建省厦门市海沧区人民法院. (2014)海民初字第26号民事判决书[EB/OL]. http://wenshu.court.gov.cn/2017-03-15.

22. 北京市西城区人民法院. (2015)西少民初字第28726号民事判决书[EB/OL]. http://wenshu.court.gov.cn/2017-03-15.

23. 成都市温江区人民法院.（2015）温江民初字第1069号民事判决书[EB/OL].http://wenshu.court.gov.cn/2017-03-15.

24. 安徽省桐城市人民法院.（2014）桐民一初字第01831号民事判决书[EB/OL].http://wenshu.court.gov.cn/2017-03-15.

25. 安徽省六安市裕安区人民法院.（2013）六裕民一（民）初字第01599号民事判决书[EB/OL].http://wenshu.court.gov.cn/2017-03-15.

26. 江西省鹰潭市中级人民法院.（2013）鹰民一终字第218号民事判决书[EB/OL].http://wenshu.court.gov.cn/2017-03-15.

27. 上海市闵行区人民法院.（2014）闵少民初字第30号民事判决书[EB/OL].http://wenshu.court.gov.cn/2017-03-15.

28. 河北省邯郸市峰峰矿区人民法院.（2014）峰民少初字第6号民事判决书[EB/OL].http://wenshu.court.gov.cn/2017-03-15.

## 四、其他

### （一）学位论文

1. 李启迪.我国全国性单项运动协会改革与发展研究[D].北京：北京体育大学,2011.

2. 王金鲁.中外足球联赛电视转播权开发比较分析——以英超联赛和日本J联赛为例[D].上海：上海体育学院,2014.

3. 姚轩.影响足球运动在苏州市区中学校园内开展的几点因素[D].苏州：苏州大学,2015.

4. 郭佳宁.侵权责任免责事由研究[D].长春：吉林大学,2008.

5. 张剑利.职业体育联盟及其相关法律研究[D].北京：北京体育大学,2004.

6. 郑芳.职业体育联盟的经济学分析——基于竞争实力均衡视角[D].杭州：浙江大学,2010.

7. 王庆伟.我国职业体育联盟理论研究[D].北京：北京体育大学,2004.

8. Francesca Cardini. La responsabilità civile in ambito sportivo[D]. Pisa：Università di Pisa, 2007/2008.

### （二）报刊文章

1. 刘可.学校为何怕开体育课？[N].北京日报,2014-04-08(3).

2. 彭芸.青少年体质连续25年下降 别让孩子输在健康起跑线[N].中国妇女报,2014-4-14(B1).

(三) 电子文献

1. 网易体育.详解民政部处罚中国足协 条例包括没收违法所得[EB/OL].[2017-05-26].http://sports.163.com/12/0915/11/8BEJBB3000051C89.html.

2. 民政部对中国地区开发促进会作出撤销登记的处罚[EB/OL].[2019-03-09].http://www.gov.cn.zfig/content_793988.htm.

3. 网易体育.广州足协彻底脱钩体育局 成立公司经营实体化[EB/OL].[2017-05-26].http://sports.163.com/15/1126/07/B9B5O9AC00051C89.html.

4. 杜佳静.七成地方足协已"脱钩" 3年内达到7万块场地[EB/OL].[2017-08-16].http://sports.163.com/17/0616/08/CN1OMJUK00051C89.html.

5. 王晓易.蔡振华承认地方足协改革缓慢,没了"权"连生存都成问题[EB/OL].[2017-08-06].http://news.163.com/17/0118/10/CB2C3RF0000187VE.html.

6. 2015上海市民体育大联赛竞标结果出炉 51单位中标[EB/OL].[2017-08-06].http://sports.online.sh.cn/sports/gb/content/2015-03/02/content_7310141.hm.

7. 刘美岑.绵阳市社会组织孵化中心正式启动[EB/OL].[2017-08-06].http://www.sc.chinanews.com/bwbd/2016-12-26/64094.html.

8. 周畅,张端.艾弗森中国行又拒绝登场 主办方下跪致歉[EB/OL].[2017-08-13].http://sports.qq.com/a/20150530/007254.htm.

9. 姚明.取消赛事审批激活体育市场[EB/OL].[2019-03-09].http://sports.163.com/14/0415/21/9PTCUAFS0005227R.html.

10. 薛原.人民日报关注赛事审批之弊①:赛事审批制度到了改革关口[EB/OL].[2017-08-13].http://sports.people.com.cn/n/2014/0421/c143318-24919697.html.

11. 孙靓.全城热炼再掀全民健身热潮 2017年政府购买公共体育服务项目揭晓[EB/OL].[2017-08-13].http://news.cz001.com.cn/2017-05/16/content_3324673.htm.

12．江苏加快推进体育社会组织发展［EB/OL］．［2017-08-13］．http://sports.people.com.cn/n/2013/1113/c22176-23531694.html．

13．林德韧,刘刚.体育赛事审批制度改革任重道远［EB/OL］．［2017-08-13］．http://culture.people.com.cn/n/2015/0512/c172318-26987600.html．

14．侯局长.北京回龙观超级联赛_劲爆百科［EB/OL］．［2017-08-13］．http://www.jinbaosports.com/index.php?a=show&c=index&catid=1615&id=2896&m=content．

15．北京市足球运动协会会员建设工作会召开［EB/OL］．［2019-03-09］．http://www.sohu.com/a/125978568_509345．

16．许琰.江苏足协首次代表大会在宁召开 将接纳个人会员［EB/OL］．［2017-08-08］．http://news.cz001.com.cn/2016-06/18/content_323225.htm．

17．蒲垚磊."管办分离"说得热火朝天 但为何有地方足协不愿脱钩?［EB/OL］．［2019-03-09］．http://sports.163.com/15/1219/10/BB6KG85300051C89.html．

18．英超联盟组织结构［EB/OL］．［2017-07-03］．http://www.premierleague.com．

19．孙永军.本赛季中超上座率创历年最高 收视人次已达四亿［EB/OL］．［2017-08-07］．http://sports.sina.com.cn/china/j/2015-11-03/doc-ifxkhchn5922705.shtml．

20．靳鹏.中国职业足球联盟将成立［EB/OL］．［2017-07-07］．http://news.163.com/16/0221/03/BGAN68RK00014AED.html．

21．王帆.与DHL成为合作伙伴至2017年 中超公司再签大单［EB/OL］．［2017-07-09］．http://sports.sohu.com/20140729/n402869869.shtml．

22．网易体育.2013年中超商业价值报告［EB/OL］．［2017-06-11］．http://sports.163.com/13/1205/03/9FA6GESH000506UA.html．

23．夫然后.德甲电视转播费公布:拜仁多特居前二菲尔特垫［EB/OL］．［2017-06-16］．http://sports.163.com/13/0613/13/918L426300051C97.html．

24．陈均.世界排名:中超第16 比葡超还火?［EB/OL］．［2017-08-09］．http://sports.163.com/14/1117/10/AB8C5N2D00051C8U.html．

25．《云南省足球改革发展实施方案》出台［EB/OL］．［2017-09-11］．http://sports.163.com/16/0315/10/BI6LSKLN00051C8M.html．